Gunter Stemmler

Eine Geschichte der

Gehörlosenschule

in Frankfurt am Main

© 2020 Gunter Stemmler

Verlag & Druck: tredition GmbH, Halenreie 40-44, 22359 Hamburg.

ISBN:
978-3-347-04980-2 (Paperback)
978-3-347-04972-7 (e-Book)

Bibliografische Information der Deutschen Nationalbibliothek: Die Deutsche Nationalbibliothek verzeichnet diese Publikation in der Deutschen Nationalbibliografie; detaillierte bibliografische Daten sind im Internet über http://dnb.dnb.de abrufbar

Coverfotografie:
Johanna Vatter, geb. Rapp, Gehörlosenlehrerin und für Jahrzehnte in der Leitung des Internats tätig.
Abgebildet aus Johannes Vatter: Fünfzig Jahre Taubstummenlehrer. Lebenserinnerungen, Frankfurt am Main 1911, Seite 78.

Inhaltsverzeichnis

1. Einleitung   7
2. 1827 Gründung des Internats   7
3. Zusammenarbeit mit der Stadt 1829   14
4. Aktienverein 1839   22
5. Zweites Schulgebäude 1841   26
6. Bildungsziel Spracherwerb   32
7. Stiftungsgründung 1861   40
8. Gelebte religiöse Toleranz   43
9. Öffentlichkeitsarbeit im 19. Jahrhundert   47
10. Spenden im 19. Jahrhundert   50
11. Drittes Schulgebäude 1900   63
12. Übergriffe der Stadtregierung   67
13. Spenden um 1900   73
14. Schulgeld und Leitung   75
15. Erster Weltkrieg, Inflation und Hyperinflation   79
16. Zahlungen von Stadt und Land   87
17. Externat und Fortbildungsschule   94
18. Unruhige Zeiten und Veränderungen   103
19. „Drittes Reich"   106
20. Verlust der Verfügung über das Gebäude 1939   117
21. Städtische Stiftungsverwaltung nach dem Zweiten Weltkrieg   121
22. Wünschenswerte Aufgaben nach 1945 sowie Neubau 1977   128
23. Fazit   131
24. Anhang:
Schülerinnen und Schüler; Lehrerinnen und Lehrer; Familienangehörige von Schulleitern; Senioren und Mitglieder im Pflegamt   135
25. Quellen   142
26. Literatur   144
27. Endnoten   158

1. Einleitung

„Thue deinen Mund auf für die Stummen und für die Sache Aller, die verlassen sind. Spr. Sal. 31, 8." Dieser Vers aus der Bibel diente zum Schmuck für das Sandsteinkreuz auf dem Grab des Schulgründers Ludwig Kosel.[1]

Die Frankfurter Gehörlosenschule gewann Gestalt dank der Initiative von Eltern gehörloser Kinder, eines jungen, unternehmungslustigen Gehörlosenlehrers und vieler mildtätiger Frankfurterinnen und Frankfurter. Sie wuchs stetig und erhielt den Rechtsrahmen einer Stiftung, um auf Dauer etabliert zu werden. Dabei verfügte sie lokal wie international über einen sehr guten Ruf. Aber zwei Kriege, Inflationen und städtische Führungskräfte, die das Gut der Stiftung für ihre Zwecke mißbrauchten, beendeten die Gehörlosenschule in Frankfurt am Main. Weiterhin setzten sich Bürgerinnen und Bürger für sie ein, so daß nun die Stiftung ein Gehörlosenzentrum betreibt.

Diese historische Studie soll einen Überblick zur Gehörlosenschule in Frankfurt am Main von ihrem Beginn 1827 bis zu ihrem Ende 1943 geben, wobei charakteristische Momente hinreichend detailliert präsentiert werden. Die Schule wurde die meiste Zeit als Internat geführt. Es wird gezeigt, daß es in den Jahrzehnten nach dem Zweiten Weltkrieg den dringenden und zugleich vergeblichen Wunsch der Frankfurter Gehörlosen gab, zumindest frühere Internatsfunktionen wie kindliche Betreuung mit Vorschule oder berufsbegleitende Schulung für „Lehrlinge" angeboten zu bekommen. Die Geschichte der Stiftung Taubstummenerziehungsanstalt seit ihrer Errichtung 1861 wird nur so weit behandelt, wie es zum Verständnis der Schulgeschichte notwendig ist.[2]

2. 1827 Gründung des Internats

„Bis zur Einführung des Code Napoleon [1804] und des fast gleichzeitig verfassten österreichischen allgemeinen bürgerlichen Gesetzbuchs galten [in Österreich] Taubstumme zivilrechtlich als nur beschränkt handlungs- und geschäftsfähig. Sie galten wohl als erb- und besitzfähig, nicht jedoch als lehensfähig, durften kein

Handwerk selbständig ausführen und galten auch als nicht erziehungsfähig und auch nicht bildungsfähig."[3]

Häufig wird dargestellt, daß eine Schule für Gehörlose in Paris 1765/1770 gegründet wurde, dann im Jahre 1778 eine in Leipzig geschaffen wurde. Ein Jahr darauf, 1779, war dies in Wien der Fall.[4] Zudem gab es eine sehr frühe Schulung Gehörloser in Schwäbisch Gmünd.[5] Lübeck bekam eine Gehörlosenschule 1826; im nächsten Jahr folgten die drei weiteren Freien Städte Frankfurt am Main, Hamburg und Bremen.[6] Es zeigt sich nun, daß früh weitaus mehr Bildungsstätten für Gehörlose bestanden, in denen gerade Leiterinnen und Lehrerinnen tätig waren;[7] hier sind noch verborgene Vorgänge zu entdecken.

„So lange in Frankfurt keine Fürsorge für die Bildung der Taubstummen getroffen war, mußten die Eltern, wenn sie die Mittel dazu besaßen, ihre taubstummen Kinder in andere deutschen Anstalten, z. B. nach Berlin oder Leipzig, schicken; die unbemittelten Eltern waren rathlos und gezwungen, mehr oder weniger ihre unglücklichen Kinder" sich selbst zu überlassen, ohne ihnen helfen zu können. Immerhin gab es seit 1820 eine „Taubstummen-Anstalt" in Camberg. Die Kinder wurden dort in Pflegefamilien untergebracht und in der Schule in Zeichensprache unterrichtet, welche „Abbe de l'Epée, der berühmte Gründer der Taubstummen-Anstalt in Paris" erschaffen hatte. Dies wurde als Französische Methode bezeichnet, während der Gründer der Leipziger „Taubstummen-Anstalt", Samuel Heinecke, den Kindern das Sprechen beibrachte, die sogenannte Deutsche Methode.

In Camberg „befand sich seit 2 bis 3 Jahren die Tochter eines hiesigen Bürgers, als der Taubstummen-Lehrer Kosel, der davon gehört hatte, den Vater besuchte, um seine Bekanntschaft zu machen. Auf dessen Einladung reiste Kosel mit ihm ... nach Camberg und fand auf dieser Reise vielfache Gelegenheit, seine abweichenden Ansichten über die Bildung der Taubstummen auszusprechen." Der Vater dieses gehörlosen Mädchens hatte vergeblich medizinische Hilfe für seine Tochter gesucht. Nun setzte er sich „mit Kosel und drei andern, wohlhabenden Eltern taubstummer Kinder von Neuem in Verbindung, um gemeinsam über das, was für die Erziehung und Bildung ihrer Kinder geschehen könne, zu berathen. Der Wunsch lag nahe, den für seinen Beruf begeisterten jungen Mann und damit auch die eignen Kinder hier zu behalten."

Ludwig Christian Kosel war am 26. März 1802 geboren worden und von 1809 bis 1820 zur Schule gegangen. „Kosels Vater war Perückenmacher."[8] Ludwig Kosel studierte dann Jura, verdiente sich Geld durch Nachhilfeunterricht und arbeitete bei einem Juristen, um aber dann ein anderes Berufsziel anzustreben: Dafür ging er „im Mai 1825 auf das Schullehrer-Seminar zu Eßlingen ... und verweilte hier und in Schwäbisch-Gmünd bis ins Jahr 1827. Er ... machte sich insbesondere zu Schwäbisch-Gmünd mit dem Unterricht der Taubstummen und Blinden an der dortigen Anstalt vertraut." Kosel hatte sich an beiden Stätten „unter Denzel und Jäger für das Lehrfach im Allgemeinen und das Taubstummenfach insbesondere gebildet".[9] Zwischendurch absolvierte er 1826 ein sechswöchiges Praktikum an der Leipziger Gehörlosenschule. Sie wurde ein Vorbild für ihn. Die Oberschulbehörde in Württemberg bot ihm „eine Lehrerstelle an dem Taubstummen-Institut zu Gmünd an. Er begab sich nun im Frühjahr 1827 in seine Vaterstadt, um die nöthigen Papiere für seine Anstellung ... zu sammeln", als Frankfurter ihn gewinnen wollten, in Frankfurt tätig zu werden. „Da deren ´ehrenvolle Aufforderung seiner eigenen Neigung wie seinem Pflichtgefühle, das ihn zunächst an die Heimath bindet´, entsprach, und er außerdem durch einige einflußreiche Männer ermuthigt wurde, so reichte er mit jenen Vätern eine gemeinsame Vorstellung an hohen Senat ein, in welcher er ... um die Erlaubniß zur Errichtung eines Privatinstituts für taubstumme Kinder nachsuchte." Am 18. September 1827 bekam Kosel die Zustimmung durch einen Senatsbeschluß, der mit Auflagen versehen war: Demnach stand seine Bildungsstätte unter der Aufsicht der Gemischten Kirchen- und Schul-Commission, die er über seine Arbeit zu informieren hatte und deren Genehmigung er für die Anstellung von Lehrern benötigte. Er mußte für den konfessionsgemäßen Religionsunterricht sorgen. Es wurde von ihm gewünscht, „arme Kinder gegen ´leidliche´" Preise aufzunehmen, die mit der Kommission zu vereinbaren waren. „Am 1. November 1827 hatte Kosel die Freude, sein Privatinstitut in dem Hause Lit. D. No. VIII (7 neu, umgebaut) auf der Hochstraße zu eröffnen."
Kosel wollte „schon von Anfang an nur eine Erziehungsanstalt, keine bloße Schule für Taubstumme." Weil ein Junge nur für den Unterricht kommen, aber nicht Teil des Internats sein sollte, wurde

dieser nach Camberg geschickt. Nach knapp einem Jahr stellte Kosel einen Lehrer ein. Kosel nutzte als Druckmittel auch ein Stellenangebot in Weißenfels, um die Kommission zu bitten, finanziell aufgeschlossen zu sein, indem er argumentierte, lieber in seiner Heimat tätig sein zu wollen. Kosel wurde in jenen Jahren als gewissenhaft, fleißig, beharrlich charakterisiert; man sprach ihm eine eiserne Ausdauer zu.[10] Kosel war an manchen pädagogischen Projekten interessiert oder involviert und blieb es auch, so „1846, a Convention of Instructors of the Deaf and Dumb, was held at Esslingen, ... Frankfort ... were represented ... Before adjournment, the members of the convention decided to hold another conference of a similar character in 1847, at Frankfort-on-the-Main."[11] Denn die „ersten Pioniere ... pflegten einen engen, international geprägten Kontakt und inspirierten sich nicht selten gegenseitig." Beispielsweise sei auf Kosels freundschaftlichen Kontakt zum Reformpädagogen Friedrich Fröbel verwiesen.[12]

Briefe Kosels geben Einblicke in die Gründung. Er hatte Zweifel am Vorhaben, als er aus Esslingen am 2. März 1827 schrieb, „ob aber Frankfurter oder Hessische Eltern solcher Kinder diese mir anvertrauen wollen und 250 Gulden Kostgeld jährlich zahlen können, ist noch eine große Frage." In Frankfurt faßte er im August 1827 die Wende zum Erfolg in einem Brief an Direktor Carl Reich in Leipzig zusammen: „Bei den jüngeren Taubstummen hatte ich, da es mir gelang, in wenig Stunden die meisten Laute zu entwickeln, bald die ganze Zuneigung der Eltern und vieler angesehener hiesiger Bürger erworben. Man ließ sich mit mir in Unterhandlungen ein, bald aber wurden diese wieder abgebrochen, da ich, Ew. Wohlgeboren Ermahnungen und Winke über die Wichtigkeit der Stellung eines Taubstummenlehrers zu seinen Vorgesetzten stets vor Augen habend, keinerlei Fessel mir anlegen lassen wollte. Schon war ich entschlossen, im Laufe dieser Woche nach Gmünd abzureisen, fing bereits an zu packen, da ward ich aufs neue mit Vorschlägen wegen Einrichtung eines Taubstummen-Instituts dahier bestürmt, und da mir nun von einem hiesigen, aus Mailand zurückgekehrten Vater eines taubstummen Sohnes, nicht nur meine früheren Bedingungen zugestanden, sondern sogar noch manche andere günstige hinzugefügt wurde, so entschloß ich mich zu bleiben, und es wurden mit vier Vätern taubstummer Kinder nach dem Muster der Anlage Contracte abgeschlossen, und ich hoffe auf diese Weise meine Stellung gegen die Eltern, da ich und nicht sie an der Spitze stehen, sondern nur gleichsam mir wie in jede andere bestehende Anstalt ihre Kinder geben, gut begründet zu haben. Um die im Eingange des Contrakts festgesetzte Voraussetzung und Bedingung zu beseitigen, bin ich sowohl als auch die Eltern beim Hohen Senat mit der Bitte um Bewilligung zur Gründung eines hiesigen Privatinstituts für taubstumme Kinder eingekommen und habe vielfacher Zusage von Senatoren und Schöffen zufolge viel Hoffnung, daß ich die Erlaubniß erhalte."[13]

Dem Senat wird die Zustimmung leichter gefallen sein, da Kosel ein „hiesiger Bürgerssohn" war, wie es wiederholt betont wurde. Beispielsweise steht im Senatsprotokoll vom 28. August 1827: „Auf Bittschrift des hiesigen Bürgerssohnes Ludwig Kosel, de praes. 22. dieses um Zulassung zur Ablegung des Bürgereides und Erlaubniß zur Errichtung eines hiesigen Privat-Instituts für taubstumme Kinder betr. Es wird dem Supplikanten eröffnet, daß der Errichtung eines Taubstummen Instituts nichts im Wege stehe, insoferne derselbe sich durch Produzirung der gehörigen Zeugnisse bei würdiger gemischter Kirchen- und Schul-Commission hierzu befähigen wird; zu welchem Zweck dieses Gesuch an würdige gemischte Kirchen und Schul Commission zur Untersuchung und Gutachten abzugeben ist."
Am 18. September 1827 entschied der Senat zum „Vorhaben des hiesigen Bürgerssohn Ludwig Kosel, ein Privat-Erziehungs-Institut für Taubstumme allhier errichten zu dürfen betr. Es wird dem hiesigen Bürgerssohn Ludwig Kosel unter nachstehenden Bedingungen gestattet und er zur Ableistung des Bürgereides als Litteratus zugelassen, daß a) diese Erziehungsanstalt gleich allen anderen hiesigen Erziehungs-Instituten unter der beständigen Oberaufsicht der würdigen gemischten Kirchen- und Schul Commission stehe, und er zu dem Ende über das Betreiben und den Fortgang seines Instituts fortwährend an gedachte Commission Bericht erstatte, b) daß er jedesmal, bei Annahme eines bedürfenden Gehülfen zuvor die Anzeige davon bei gedachter Commission mache und von derselben die Genehmigung einhole; auch wenn ein anzunehmender Gehülfe fremd ist, derselbe um die Erlaubniß zum hiesigen Aufenthalt nach den gesetzlich bestehenden Vorschriften bei dem Senate nachzusuchen gehalten sey; c) daß er sobald die Kinder, welche er aufnehmen wird, zur Empfänglichkeit des Unterrichts der christlichen Confessionen gelangt seyn werden, sich

bei den verschiedenen Consistorial- und Commissions-Behörden ausweise, daß jedes Kind nach der Confession, zu welcher es gehört, den benötigthen Unterricht erhalte werde, d) daß er hier verbindlich mache, wegen solcher Eltern, welche ihm von wohltätigen Anstalten als Kinder armer Eltern wollten übergeben werden, leidliche und mit ihm durch die würdige gemischte Kirchen- und Schul-Commission zu verabredende Preise zu setzen und solche Kinder dafür in seine Anstalt aufzunehmen."[14]

Wie wenig der Historiker das, was schwarz auf weiß gedruckt wurde, nach Hause tragen kann, zeigt sich bei der Geschichte der Frankfurter Gehörlosenschule schon zu Beginn: wurde sie mit drei oder mit vier Kindern gegründet? Und was waren dies für Kinder?

Ziemlich bald nach der Gründung taucht die Zahl 3 auf, zum Beispiel in Veröffentlichungen aus den Jahren 1845, 1847 und 1857.[15] Erstaunlich ist, daß sie sogar der langjährige Direktor Johannes Vatter verwendet, der bereits 1863 an der Schule wirkte. Zur 50-Jahr-Feier 1877 bezieht sich Vatter auf die drei anwesenden Gehörlosen, „mit denen die Anstalt vor 50 Jahren eröffnet worden war." Von derselben Zahl ging das langjährige Mitglied im Pflegamt und Senior Dr. Schrader aus. Bis in die 1980er Jahre ist die Rede von 3 Gründungskindern.[16]

Zwei weitere Fehler sind in der Aussage enthalten, daß dort „vier arme Jungen"[17] unterrichtet worden seien. Zum einen war es stets bekannt, daß es nicht nur männliche Gehörlose waren, und zum anderen hatten die Gründungseltern die Kosten für Bildung und Unterkunft selbst getragen, werden also nicht arm gewesen sein. Es ist davon auszugehen, daß sie wohlhabend waren.

Die korrekte Angabe lautet 4 Kinder, und zwar sind es 2 Mädchen und 2 Jungen gewesen. Im Grundlagenwerk „Die Taubstummen-Erziehungsanstalt in Frankfurt am Main. Nach den Akten dargestellt" steht, daß „vier hiesige Bürger Kosel für ihre taubstummen Kinder (zwei Knaben und zwei Mädchen) zu gewinnen" suchten. Drei der vier Kinder lebten noch bei der 50-Jahrfeier und waren zu ihr gekommen: Eduard Foltz-Eberle, Federico Keutzer[18] und Billa Speltz. Die vierte Schülerin ist Henriette Beyschlag, die bereits im Februar 1841 wohl an Typhus starb, Kosels „älteste Schülerin und Pflegetochter, deren Vater die nächste Veranlassung gegeben hatte, ihn seiner Vaterstadt zu erhalten".

Ihre Eltern, Elisabeth Maria Margaretha Beyschlag, geb. Deckenbach, und Johann August Beyschlag hatten damals drei weitere Kinder, als sie sich für die Bildung und Ausbildung ihrer ältesten Tochter einsetzten; Henriette war 1817 geboren worden, eine weitere Tochter 1819 sowie zwei Jungen 1823 und 1826. Willlibald Beyschlag veröffentlichte Jahrzehnte später diese Angaben: „Die älteste, Henriette, ein hübsches, lebhaftes Kind mit schwarzem Haar und leuchtenden braunen Augen, war taubstumm; eine Operation, um derentwillen der Vater mit ihr nach Brüssel zu einem Specialisten reiste, blieb erfolglos, und so mußte sie, da in Frankfurt noch keine Taubstummenanstalt bestand, in eine solche nach Camberg in Nassau gebracht werden. Bei dieser ihm schmerzlichen Trennung ließ der Vater das etwa siebenjährige Töchterchen malen ... Bald darauf unternahm ein trefflicher Mann und begabter, liebevoller Erzieher, Dr. Ludwig Kosel, in Frankfurt ein Taubstummeninstitut, und mein Vater war unter den Ersten, welche sein an den Senat gerichtetes Gesuch um Genehmigung und Beihülfe unterstützten. Fortan ward meine Schwester hier, in einem großen vor dem Eschenheimer Thor gelegenen Landhause erzogen, nach einer neuen, verbesserten Methode, indem hier nicht wie in Camberg die Zeichensprache, sondern das Sichverlautbaren und dem Anderen von den Lippen Ablesen die Grundlage des geistigen Verkehrs bildete." Sie war „nach ihrer Confirmation wohlunterwiesen und –erzogen ins elterliche Haus zurückgekehrt" „und ging mit der zweiten ... unserer Mutter fleißig an die Hand. Die beiden Mädchen ... erwarben sich zugleich durch Sticken in ihren freien Stunden die Mittel" für persönliche Dinge. 1840 kam in die Familie ein Nervenfieber, das der überlebende Sohn als ansteckend, schmerzlich und in der Familie zumeist tödlich darstellte. In der Weihnachtszeit 1840 waren zwar die zwei Schwestern „wieder auf der Besserung; auch die älteste, taubstumme schien so; aber eine zurückgebliebene Rückenmarkstockung ließ sie nicht aufkommen ... Unter unendlichen Qualen, mit heldenmüthiger Geduld des Glaubens und der Hoffnung ging sie dem Tode entgegen, auf den ihr treuer Lehrer, der ... für die Taubstummen und ihre Freunde unvergeßliche Ludwig Kosel, sie vorbereitete; sie freute sich auf die Stunde ihrer

Erlösung, denn im Himmel, sagte sie, werde sie auch hören und reden können, da werde Alles gut."[19]
Das zweite Mädchen war Maria Sibylla Henriette Wilhelmine Speltz, genannt Billa. Sie kam aus der zweite Ehe von Tillmann Jacob Speltz und war „taubstumm geboren" worden am „22. November 1817".[20]
Bekannt wurde der Gehörlosenschüler Eduard Foltz-Eberle als Lithograph mit seinem Stadtplan „Geometrischer Grundriss von Frankfurt a./M. u. Sachsenhausen" von 1852. Er gründete nach einer Lehre 1839 bis 1840 in der Darmstädter C. W. Leskeschen Buchhandlung eine lithographische Anstalt, zu der 1845 eine Buchdruckerei kam. Er spezialisierte sich auf Geschäftsdrucksachen.[21]

Todesfälle kamen im Internet selten vor. 1869 starb ein Junge, bis dato das zweite Ableben. Später starb ein älteres Mädchen an Lungentuberkulose.

Die Schule war in einem Haus in der Hochstraße eingerichtet worden, das damals die Angabe „Lit. D. No. VIII" führte und später die Hausnummer „7". Kosel hatte zuvor Probleme, eine geeignete Wohnung für sein familienähnliches Internat zu finden: „'Das zur Zeit noch gemietete Lokal fand ich erst nach langem Suchen, weil man aus Vorurteilen gegen Taubstumme an den meisten Orten, wo ich gern gewählt hätte, das Taubstummen-Institut nicht im Hause haben wollte.'"[22] Deshalb befand sich die Wohnung am Rande der Kernstadt bei der ehemaligen Wallanlage. Ludwig Kosel annoncierte: „Das Lokal ... ist auf der Hochstraße, im Hause des Herrn Fritsch, D. VIII., unweit des Eschenheimer Thurms."[23]
Als offizieller Beginn gilt der 1. November 1827.[24] Offenkundig gelang es Ludwig Kosel, den Kindern das Sprechen beizubringen.[25]
Von 1827 bis 1829 war dort die Gehörlosenschule, obwohl sie „durch Mangel eines Gartens und größern Hofraums ungenügend, nicht mehr den nothwendigsten Raum bot".

3. Zusammenarbeit mit der Stadt 1829

Nachdem Kosel 1827 begonnen hatte, gehörlose Kinder in einer Wohnung in der Hochstraße zu unterrichten, kaufte er für diesen Zweck bereits im April 1829 ein Haus zusammen mit einem großen

Garten.[26] Ein Grund dafür war die Zunahme der Schülerzahl, vor allem aber die zwei Wochen zuvor erhaltene bedingte finanzielle Absicherung von seiten der Stadt.

Es kamen also zwei gute Momente zusammen. Die eine Chance war die Immobilie: „Da fand sich Gelegenheit zum Ankauf eines eignen Besitzthums für einen verhältnismäßig billigen Preis. Kosel kaufte am 29. April 1829 für 15000 Gulden an der Eckenheimer Landstraße Gewann IX. No. 62 ein Haus mit Nebengebäude und einem über 4 1/2 Morgen großen Garten, der später durch Ankauf von 2 eingeschlossenen Parcellen auf mehr als 5 Morgen vergrößert wurde. Hier war unter Anderem der Raum zu zwei Schulzimmern, Werkstätte, Schlafzimmern und Krankenzimmer und in dem mit schattigen Platanen- und Linden-Allee versehenen Garten ein geräumiger Spielplatz und Turngerüste im Freien vorhanden".
Das Haus wird als „Gartenhaus am Friedhofwege" beschrieben; es sei eine „heitere Wohnung in der Nähe der Stadt mit einem großen Garten" gewesen. Kosel schrieb: „Das Lokal der Anstalt ist vor dem Friedberger Thore an der eisernen Hand" zwischen „der Stadt und dem Friedhofe".[27]

Die neue Bleibe lag außerhalb der bisherigen Stadt: „Die Befestigungsanlagen waren bereits seit der Mitte des 18. Jahrhunderts militärisch sinnlos geworden und wurden zuerst auf Druck Frankreichs ab 1804 ... abgerissen."[28] „Mit den äußeren Mauern sollten in der Stadt auch die inneren Grenzen, die Beschränkungen des Standes und einer ... künstlichen Hierarchie fallen."[29] „Nachdem die für den abendlichen Verkehr hinderliche Torsperre in den dreißiger Jahren des 19. Jahrhunderts gefallen war, fand die wohlhabende Oberschicht immer mehr Gefallen, auch ständig außerhalb der Stadt zu wohnen." Dies betraf somit auch das Haus für die Gehörlosen. „Der Garten galt ... als Inbegriff natürlicher Lebensweise, indem er das Heraustreten aus der gesellschaftlichen Ordnung hinein in die Natur und in den selbstgestalteten Raum des privaten Lebens zu versprechen schien." „Das Leben in diesen Gartenvorstädten wurde von den Bürgern Frankfurts sehr genossen. ... 'Das Leben im Freien auf dem Lande sei ihren Kindern gut bekommen'", schrieb eine Frau. Es „'ist alles ihrer Gesundheit höchst zuträglich und in der Stadt unmöglich, ihnen zu verschaffen.'" Der Leiter der Gehörlosenschule lebte also zusammen mit seiner Familie und den Internatsschülerinnen und -schülern nach dem damaligen Ideal modern und wie in der Frankfurter Oberschicht.[30]

Aber bis es soweit kommen konnte, hatte noch ein zweites Moment günstig zu sein, nämlich die Finanzierung: „Da die Gesetzgebende Versammlung schon am 14. Januar beschlossen hatte, den Senat zu ersuchen, daß derselbe auf den zweckmäßigen Unterricht hiesiger Taubstummen möglichst Bedacht nehme ..., so wurde durch Senatsbeschluß vom 14. April 1829 der Taubstummen-Erziehungs-Anstalt Kosel's auf die Dauer von 8 Jahren, vom 1. Januar 1829 beginnend, eine Subvention von jährlich 1000 Gulden bewilligt, mit der Auflage, daß Kosel arme Kinder für eine Pension von jährlich 300 Gulden aufnehmen müsse. ... Zugleich wurden die hiesigen Wohlthätigkeitsanstalten von dem Senate aufgefordert, die betreffenden Kinder, die nicht mehr nach Camberg gebracht werden sollten, um den besagten Preis der Kosel'schen Anstalt anzuvertrauen."
Die jährliche Festsumme erfolgte durch die Freie Stadt,[31] die Gegenleistung dafür war eine signifikant verbilligte Internatsgebühr; die Wohltätigkeitsanstalten waren Stiftungen, welche die kommunale Sozialarbeit leisteten.

„Kosel verheirathete sich noch in demselben Jahre", der Umzug in das Haus war da wohl förderlich gewesen. Seine Frau Helene[32] erkrankte im Spätsommer 1831 schwer.[33] Fast hätte dies das Ende des Internats bedeutet.[34] „Unter diesen Umständen war es ein besonderes Glück, daß er in Fräulein Amalie Schmitt ... von März 1833 an eine Lehrerin fand, ... die Mutterstelle bei ihnen vertrat." Es wurde Frau Schmitts „Tüchtigkeit als Taubstummenlehrerin damals von Fachgenossen allgemein anerkannt und gerühmt".[35] „Eine erwachsene Taubstumme nahm er als Magd in sein Haus auf."

Kosel annoncierte, um weitere gehörlose Kinder für das Internat zu bekommen. Dabei hat er anscheinend gezielt nach Mädchen gesucht - da er nun auch eine Lehrerin hatte -, um zusammen mit seinen eigenen beiden Töchtern[36] eine gute Gruppe zu bilden: im „Juni 1833" sprach er in der Presse von „zwei taubstummen Mädchen", von denen eines wohl kam, da er im „im August 1833" nur noch um ein Mädchen warb: „In die hiesige Taubstummen-Anstalt wünscht der unterzeichnete Vorsteher derselben ein taubstummes Mädchen von vier oder fünf Jahren aufzunehmen, um es mit seinen beiden eigenen hörenden und sprechenden Kindern zu erziehen." Hier findet sich praktizierte Inklusion. Insgesamt gesehen war es ihm jedoch wichtiger, überhaupt Zulauf zu erhalten, da er weiter schrieb: „Taubstumme Knaben und Mädchen von 6 - 10 Jahren können zu jeder Zeit in die Anstalt eintreten, da jeder Zögling einzeln unterrichtet wird."[37]

1833 machte sich Ludwig Kosel Gedanken über die finanzielle Grundlage der Gehörlosenschule. Zum einem ging seine Überlegungen in Richtung Stiftung, denn für ihn war eine „pekuniäre Unterstützung nöthig, damit nach und nach ein Dotationskapital gesammelt werde, welches der Anstalt Dauer und Flor sichere." Zum anderen hatte er die Idee, die Schule auf eine wesentlich erweiterte Basis zu stellen: „Ob es nicht wünschenswerth wäre, mit der Taubstummenanstalt eine Anstalt für blinde Kinder zu verbinden? Diese Frage ist allerdings wichtig und reifer Prüfung werth. Auf den ersten Blick sollte man glauben, daß bei der großen Verschiedenheit zwischen dem Unterricht der Taubstummen und der Blinden zwei heterogene Anstalten schwer mti [sic] einander verbunden werden würden. ... wenn man ferner erwägt, daß der Blindenunterricht unendlich weniger anstrengend ist, als der Unterricht der Taubstummen, ... so kann man sich nicht wundern, daß an mehreren Orten diese Verbindung ... mit dem besten Erfolg statt findet ... Auch ist der Vorsteher der hiesigen Taubstummenanstalt mit einer solchen Verbindung nicht nur einverstanden, sondern es schwebte ihm die Idee dazu schon längst vor, und er suspendirte deren Ausführung sehr richtig, blos deswegen, weil er nicht zuviel auf Einmal unternehmen wollte. ... Möchte diese Idee von einsichtsvollen Männern beachtet werden. Ideenaustausch führt zur Wahrheit."[38] Kosel hat dann 1837 an der separaten Gründung einer Frankfurter Blinden-Anstalt mitgewirkt.[39]

Als die acht Jahre der vertraglichen Bindung mit der Stadt sich ihrem Ende neigten, bat Kosel um eine geänderte Form der Förderung: „Der Vorsteher des Instituts hat sich an die gemischte Kirchen- und Schulkommission mit der Bitte gewendet, ihm diese Unterstützung auf 1500 Gulden jährlich zu erhöhen, wogegen er die, von den öffentlichen milden Stiftungen ihm zugewiesen werdenden taubstummen Kinder, für welche bisher 300 Gulden bezahlt wurden, für jährlich 250 Gulden, oder aber die Unterstützung auf jährlich 1800 Gulden zu erhöhen, wogegen er diese Kinder um jährlich 200 Gulden übernehmen wolle."

Zur Überzeugung der Politiker hatte er eine öffentliche Prüfung der Schülerinnen und Schüler genutzt, die eindrucksvoll belegte, wie die Kinder sprechen konnten und was sie gelernt hatten: „Daß Herr Kosel zur Leitung einer solchen Anstalt Beruf habe, das hat die, vor einigen Monaten dahier stattgehabte öffentliche Prüfung auf das Genügendste dargethan; daß ein solches Institut erhalten werde, ist Pflicht des Staates. Da nun Herr Kosel sein ganzes Leben und Wirken dieser Anstalt widmet, so glaubt der Senat, daß dessen billige Wünsche alle Berücksichtigung verdienen. Und da bei einem so kostspieligen Unternehmen der Vorsteher nichts erübrigen kann, so ist es ein gerechter Wunsch des Herrn Kosel, sich auch für die Zukunft beruhigt zu sehen." Deshalb wurde „an die gesetzgebende Versammlung" der Antrag gestellt, ihm einen jährlichen Zuschuß von 1800 Gulden zu bewilligen, „wogegen derselbe verpflichtet ist, die ihm von den öffentlichen milden Stiftungen zugewiesen werdenden armen taubstummen Kinder für jährlich 200 Gulden" aufzunehmen. Außerdem wurde eine Rente für eine mögliche Berufsunfähigkeit in Höhe von jährlich 600 Gulden beantragt; so wollte man Kosel in Frankfurt fördern und damit halten.[40]

Die Beratungen in den politischen Gremien der Freien Stadt Frankfurt am Main führten zu einem guten Ergebnis für den Betreiber der Gehörlosenschule: „Herr Senator Dr. Neuburg, als von der Kommission erwählter Referent, verliest nunmehr deren Bericht ... die dahier bestehende Erziehungs- und Unterrichtsanstalt des Herrn Kosel für Taubstumme betr. ...: 'Der vorliegende Antrag hohen Senats hat bereits bei seiner ersten Verlesung in dieser Versammlung ... so ungetheilten Anklang gefunden, daß sich die Kommission einer Empfehlung zu dessen Annahme im Allgemeinen füglich entheben zu dürfen glaubt; und ihre Aufgabe vielmehr nur darin gesetzt hält, in wie weit der von allen Seiten her ausgesprochene und auch von den Mitgliedern der Kommission getheilte Wunsch, wo möglich kein, dem hiesigen Gemeinwesen angehöriges arme taubstumme Kind von der Wohlthat der Aufnahme in dem Kosel'schen Institut ausgeschlossen zu sehen, zu welcher die Worte des Senatsantrags: 'die ihm von öffentlichen milden

Stiftungen zugewisen werdenden Kinder´ die nächste Veranlassung gaben, einerseits ohne weitere Belästigung des Aerars, andererseits ohne, den Inhaber des Instituts beschwerende Zumuthungen, die allerdings um so weniger leicht vollkommen mit einander zu verbinden sind, als das Institut des Herrn Kosel immer ein Privatunternehmen bleibt, welches mit dem Aerar nicht in Abrechnung steht."

In der Politikersprache meinte die Kommission, daß sie wie der Senat insgesamt von der Arbeit Kosels sehr angetan war. Ihre Aufgabe sah die Kommission in der Lösung der Frage, wie Frankfurter Kinder, deren Eltern sich nicht die Aufnahme in die Gehörlosenschule in Internatsform leisten, dennoch diese „Wohlthat" dort erhalten konnten. Weil damals die städtische Sozialversorgung über Stiftungen erfolgte, wurden diese im Bericht angesprochen. Zugleich sollte hervorgehoben werden, daß Kosel ein Unternehmer ist, der nicht von öffentlichen Subventionen lebt.

Im Bericht heißt es weiter: „Nach der Mittheilung des Herrn Kosel nämlich sollen auf unsere Population in Stadt und Gebiet durchschnittlich etwa 25 bis 26 Taubstumme fallen, von denen fortwährend etwa 10 bis 12 Kinder erziehungs- und unterrichtsfähig wären. Unterstellt man nun auch, daß taubstumme Kinder besonders bemittelter Eltern, aus leicht zu erachtenden Gründen, verhältnismäßig mehr in auswärtigen Instituten, wenn auch zu höheren Pensionen, untergebracht werden, daß ferner das Unglück taubstummer Kinder verhältnismäßig häufiger ohnehin schon mit Mangel und Noth anderer Art kämpfende Familien treffen solle, daß endlich auch der Maßstab der Unbemitteltheit da ein anderer seyn müsse, wo es sich, wie hier, um eine jährliche Pension von 500 Gulden für ein Kind handelt, als wo etwa nur von gewöhnlichem Schulgelde oder anderen Bedürfnissen die Rede ist, denen sonst milde Stiftungen und Wohlthätigkeitsanstalten zu begegnen sich angelegen seyn lassen; so dürfte, angesehen die übrigen Verhältnisse unserer Stadt, dieses Alles doch kaum der Befürchtung Raum geben, daß anders als höchst ausnahmsweise je die Anzahl von sechs armen, taubstummen, unterrichtsfähigen Kindern überschritten werden möchte, die dem Institut zuzuweisen wären, und eine solche, nicht größere, Anzahl Kinder glaubt Herr Kosel nach den uns vorgelegten Berechnungen mit jährlich 1800 Gulden Zuschuß ad 200 Gulden per Kopf, füglich aufnehmen zu können. Wenn er dabei freilich voraussetzt, daß alsdann der übrige Theil seiner Pensionäre die festgesetzte Summe von 500 Gulden jährlich auch wirklich zahlen müßte, er aber nach dem Systeme seiner Unterrichts- und Erziehungsweise nicht wohl mehr als etwa 15 Kinder aufnehmen könne, mithin der ihm aus seiner so löblichen Unternehmung erwachsende pekuniäre Vortheil im glücklichsten Falle kein sehr bedeutender, und ihm immer gewiß wohl zu gönnender seyn wird; so wäre er nur dafür noch sicher zu stellen, daß der Anspruch auf Genuß der Wohlthat, arme taubstumme Kinder um jährlich 200 Gulden dem Institut zuzuweisen, nicht lediglich in die Willkühr der Eltern oder sonstiger Versorger und Wohlthäter solcher Kinder, ja selbst nicht der einzelnen Stiftungen gestellt würde."

Wie es sich zeigte, hatte Kosel geschickt argumentiert, daß die Unterstützung begrenzt bleiben würde, da die Zahl bedürftiger Gehörloser erwartungsgemäß stets klein bliebe.

„Nach gepflogener kurzen Diskussion erfolgte ohne Umfrage der Beschluß: die gesetzgebende Versammlung trete dem Antrage des Senats vom 20. Oktober v. J. dahin bei, daß a) dem hiesigen Bürger und Vorsteher des dahier bestehenden Taubstummen-Instituts, Ludwig Kosel, so lange das Institut unter seiner Leitung besteht, ein jährlicher Zuschuß ex aerario von 1800 Gulden verwilligt werde, wogegen derselbe verpflichtet ist, alle künftighin durch löbliche Stiftungsdeputation eingewiesen werdende arme taubstumme Kinder hiesiger Staatsangehörigen für jährlich 200 Gulden in das Institut aufzunehmen, und ihnen dafür Unterricht, Feuerung, Licht, Kost zu ertheilen, auch die Reinigung der Wäsche unentgeltlich zu besorgen, wobei jedoch vorausgesetzt werde, daß seither von milden Stiftungen ad 300 Gulden jährlich eingewiesen waren, fortan jährlich nur 200 Gulden zu bezahlen seyn würden; b) daß demselben, Falls er dereinst der Anstalt mit genügenden Kräften vorzustehen nicht mehr im Stande seyn sollte, die Summe von jährlich 600 Gulden ex aerario verabreicht werde. Worauf nach Verlesung und Genehmigung des Protokolls die heutige Sitzung endete."[41]

Für Kosel war dieser Beschluß ein Erfolg. Die bisherige zeitliche Begrenzung der Förderung durch die Freie Stadt war aufgehoben worden und bezog sich nun nur noch auf seine Leitung der Schule. Zum Ausgleich für die von 1000 auf 1800 Gulden erhöhte Grundförderung durch die Stadt erhielt er zusätzlich von Stiftungen nicht mehr 300, sondern nur noch 200 Gulden pro Kind. Damit wurde es bei mehr betreuten Kindern für die Stiftungen leichter, den

Zuschuß zu geben. Zudem hatte er die Zusage für eine persönliche Rente aus dem städtischen Haushalt erhalten.

Die Förderung ist vor dem Hintergrund des bürgerlichen Selbstverständnisses gerade auch in Frankfurt zu sehen: Man war überzeugt, „daß in der künftigen Gesellschaft alles vom individuellen Talent, von der individuellen Leistung abhängen müsse und daß in diesem Sinne prinzipiell jeder ein Bürger, ein selbständiges und selbstverantwortliches Mitglied des Gemeinwesens werden könne. Diese Vorstellung hatte in einer weitgehend autonomen ... Reichsstadt ... ein historisch gewachsenes Fundament. ... Aber in der Ausformung ... sprengte sie doch tendenziell alle überlieferte Ordnung. Das wurde zuerst im Bereich Kultur und im Bildungswesen ganz deutlich sichtbar. Beide Bereiche prinzipiell für jedermann zu öffnen und den Erwerb von Bildung zum ständeübergreifenden Grundsatz schlechthin zu erklären, wurde ... zur weithin akzeptierten Parole."[42]

Mit der garantierten Grundfinanzierung und den Tarifen für die bedürftigen Schüler erinnert das System an die Bahncard mit ihrem Kauf vergünstigter Zugfahrkarten: Die Schule hatte damit eine gesicherte finanzielle Basis; es bestand keine existentielle Gefahr mehr, daß alle Eltern ihre Kinder von der Schule hätten nehmen können. Für wen nun diese Mischfinanzierung günstiger war, Schule oder Stadtstaat resp. Stadt, läßt sich nicht sagen, da sich die Zahl der betroffenen Schüler und damit die Summe, die Stadt und Stiftungen zahlten, nicht ermitteln läßt.

Wegen seiner Ausgaben bat Kosel um eine Ergänzung zur Subvention und erhielt sie Anfang 1837: „Außerdem hatten Kosel und seine Nachfolger das Recht, für arme Kinder zu den ersten Anschaffungen bei dem Eintritt 60 Gulden (später 70 Gulden) und zur Unterhaltung der Kleider und dergl. jährlich 36 Gulden (später 50) zu erheben."

Bei der Immobilie zeigte es sich mittelfristig, daß beim Wachsen der Schule dieses erste Haus seine Grenzen erreichte: „´Als Thatsache für die allzu große Beschränktheit der jetzigen Wohnung führen wir nur an, daß in einem circa 16 Schuh langen und ebenso breiten Zimmer ein Lehrer mit 5 Zöglingen schlafen muß.´"

4. Aktienverein 1839

Als 25jähriger hatte Kosel die Schule gegründet; dafür hatte er Verträge mit den Eltern geschlossen und dann als 27jähriger öffentliche Fördergelder eingeworben, um sein kleines Internat zu erweitern und bedürftige Kinder aufzunehmen. Erstaunlich bis verwunderlich ist, daß die Gehörlosenschule schon früh als Stiftung wahrgenommen wurde. Es fragt sich, ob der junge Gründer gezielt darauf hin gewirkt hatte. 1830 heißt es bereits: „Mit hochobrigkeitlicher Genehmigung ist daselbst am 1. November 1827, durch Herrn Ludwig Kosel aus Frankfurt, ein Taubstummeninstitut gestiftet worden. Der Stifter steht ihm als Direktor vor, und befolgt als Lehrmethode die Heinickesche."[43] Auffallend sind die Begriffe „gestiftet" und „Stifter". Was bewegte den Schreiber, sie zu verwenden? Interessant ist ein fast wortgleicher Zeitungshinweis aus dem Jahr 1831 zur „Statistik der gegenwärtig bestehenden Taubstummenanstalten": „Frankfurt. Hier hat Ludw. Kosel 1827, mit obrigkeitlicher Genehmigung, ein Taubstummeninstitut errichtet. Er steht ihm selbst als Director vor und befolgt die Heineckesche Methode."[44] Diese sehr ähnliche Notiz enthielt nicht die beiden Begriffe.

Spätestens mit 31 Jahren begann Kosel, konkret an einer großen privaten Unterstützung zu arbeiten. So gab es 1833 eine Spende, die ihn veranlaßte, perspektivisch darüber hinaus zu denken. In einem Zeitungsbericht, der sehr wahrscheinlich von ihm selbst geschrieben wurde, heißt es: „wie natürlich ist daher der Wunsch, sie zu einer öffentlichen Anstalt erhoben, und in sich begründet zu sehen. Um diesen Wunsch zu erfüllen, ist pekuniäre Unterstützung nöthig, damit nach und nach ein Dotationskapital gesammelt werde, welches der Anstalt Dauer und Flor sichere. Ein kleiner, aber sehr dankenswerther, Anfang hierzu ist durch ein Legat des kürzlich verstorbenen hiesigen Bürgers und Gastwirths, Herrn Philipp Jakob Böhler gemacht, welcher dieser Anstalt 25 Gulden vermachte, die deren Vorsteher in der hiesigen Sparkasse verzinslich anlegte und der gemischten Kirchen- und Schulkommission die Anzeige davon machte." Kosel hatte somit die Stadtregierung von seinem Vorhaben informiert. Dabei war ihm bewußt, daß er in Konkurrenz zu anderen Stiftungen geriet: „Zwar wird der Wohlthätigkeitssinn hiesiger Bürger- und Einwohnerschaft sehr vielfältig in Anspruch genommen". Seine Bitte an die Frankfurter schloß Kosel mit einem Bezug auf göttliche Hilfe: „Sie werden dieses auch ferner verstehen, und sich dadurch des Beifalls dessen würdig zu machen suchen, der unsere gute Vaterstadt unter allen Stürmen bis hierher erhalten hat, und mit ganz besonderem Schutz über ihr waltet."[45] Die weiteren Spenden führten dann dazu, daß 1837 das „erste veröffentlichte Geschenkverzeichnis"[46] erschien, als Nachweis und auch, um zusätzliche Spender zu animieren.

Zu einer Erfolgsgeschichte wurde die Bildung einer Organisation, um Spenden für die Gehörlosen zu sammeln; eine Überblicksdarstellung zeigt, wie der Aktienverein ins Leben gerufen wurde und sich Schritt für Schritt entwickelte: Es „bildete sich im Jahre 1839 zunächst durch ... [die] Herren M. G. Seufferheld und Heinrich Mylius in Mailand ... ein ´Verein zur Beförderung der Taubstummen-Erziehungsanstalt in Frankfurt a. M.´, der sich den Ankauf des Kosel´schen Grundstücks und die Erbauung eines geeigneten Hauses als Eigenthum der Anstalt zum nächsten Ziele setzte. Der erste Aufruf vom 17. Octbr. 1839 mit einem Actienplan, nach welchem 45.000 Gulden in Actien à 600 Gulden aufgebracht und mit 2% verzinst werden sollten, fand großen Anklang, und es wurden 84 ½ Actien, also 50.700 Gulden gezeichnet. Durch Senatsbeschluß vom 19. März 1840 wurde den Herren Johannes Andreae, Marquard G. Seufferheld, Gottlieb Carl Springsfeld, Carl Friedrich Pfeffel, Jonas Mylius und Moritz von Bethmann, als Bittstellern und stellvertretendem Verwaltungsausschuß des Vereins, gestattet:
1) das von Kosel zu erwerbende Grundstück (resp. nach Verkauf eines Theils desselben) auf den Namen der Frankfurter Taubstummen-Erziehungsanstalt in den Transscriptionsbüchern einschreiben zu lassen mit dem Beisatze, daß dieser Garten nebst Haus oder deren Erlös nie zu einem anderen Zweck verwendet werden soll (womit zugleich der genannten Anstalt die Rechte einer juristischen Person gegeben wurden, wie ein Senatsdecret vom 11. Decbr. 1856 bestätigt); und verordnet:
2) der Actienverein oder dessen Comite solle jedoch auch nach Kosel´s Abgang keiner Art von Einwirkung oder Oberaufsicht über das Institut haben.
Kaum hatte das Verwaltungs-Comite seine Thätigkeit begonnen, so erhielt es für die Zwecke des Vereins zum Besten der Taubstummen-

Anstalt schon in den ersten Wochen an Geld und Actien den Betrag von 9.950 Gulden zum Geschenk, gewiß ein ermuthigender Anfang!"[47]

„Durch Senatsbeschluß vom 19. März 1840 wurde ... der Anstalt .. die Rechte einer juristischen Person verliehen."[48] Dem Verein war es als juristischer Person gestattet worden, Geld für ein Grundstück und ein Internatshaus für Gehörlose zu sammeln.[49] „Die Vereine waren nicht nur Instrument zur sukzessiven Integration verschiedener bürgerlicher Sozialgruppen oder Modell für die Selbstverwaltungsstrukturen der bürgerlichen Gesellschaft, sie waren ebenso Einrichtungen, in deren Rahmen Emanzipationsprozesse stattfanden."[50] Das läßt sich auch für diesen Aktienverein sagen.

Die nächste Phase betraf den Zeitraum von 1840 bis 1856, in dem „dreizehn Actien geschenkt und zehn ausgeloost und rückgezahlt worden." „Für Abzahlung des Actien-Capitals ... sind die zu diesem Zwecke eingehenden Geschenke zu verwenden, wozu auch zwei Drittel solcher Geschenke gerechnet werden, über deren Verwendung von den Gebern nichts besonderes bestimmt ist, jedoch erst dann, wenn aus diesen zwei Drittheilen ein Haus-Capital von 3000 Gulden gebildet sein wird, dessen Zinsen für entstehende Unkosten des Hauses (Reparaturen etc.) dienen. Das dritte Drittheil der Geschenke wird mit den bis Mai 1840 bereits eingegangenen und ferner für diesen Zweck allein etwa noch eingehende Geschenke zur Bildung eines Instituts-Fonds verwendet, von dessen Zinsen die Lehrapparate u. dgl. bestritten werden sollen."[51]

Die finanzielle Entwicklung wurde öffentlich dokumentiert. In einem „'Bericht an die verehrlichen Inhaber von Actien des Vereins zur Beförderung der Taubstummen-Erziehungsanstalt in Frankfurt a. M. abgestattet in deren Versammlung am 15. März 1843'" wurde dargelegt: Die „Einnahmem am Schlusse des J. 1842" waren für die Aktien 50.700 Gulden, für „Zinsen" und „der von L. Kosel bezahlten Hausmiethe" 2.529,21 Gulden, Kreuzer. Hinzu kamen Geschenke 6.950, in Form von Aktien 3.000, „Im Steigschillinge der verkauften Parzellen des Kosel'schen Grundstücks" 11.600 Gulden. Die Ausgaben waren „1) Den Ankauf des Kosel'schen Grundstücks 24.000. 2) Die Währschaft, Zehntenablösung etc. 604. 3) Baukosten für das neue Haus, Gartenanlagen etc. 31789. 4) Verschiedene kleine

Ausgaben 48. 5) Steuern, Versicherungen, Reperaturen [sic] etc. 32. Zusammen 56474. Bleibt Rest ein reiner Saldo am Ende 1842 18294 gegenüber dem circulierenden Vermögen in Actien von 50700. Der Institut-Fond beträgt gegenwärtig (Ende 1844) 2700" Gulden.[52]

Dann planten die Führungskräfte des Aktienvereins die abschließende Phase: „Man berechnete also, daß nach der vorhandenen Summe von circa 20.000 Gulden auf eine Actie etwas 325 Gulden kommen würden, und das Verwaltungs-Comite erließ in diesem Sinne am 25. September 1856 ein Circular an die noch übrigen Actienbesitzer, in welchem diese durch ihre Unterschrift folgende Bestimmungen annahmen: 1) Die Actienbesitzer erklären sich bereit, diejenige Quote von dem Betrag ihrer Actien zu übernehmen, die sich aus der gleichmäßigen Vertheilung des Vermögens des Vereins ergeben wird und auf die Nachzahlung des Ausfalls zu verzichten. 2) Sie genehmigen die Liquidation und Auflösung des Vereins ..., indem zugleich der Verein von jeder Verpflichtung und Last des alsdann an den Staat übergehenden Grundeigenthums derselben befreit wird".

„Danach richtete das Verwaltungs-Comite an Hohen Senat eine Vorstellung, worin es bittet, der Taubstummen-Erziehungsanstalt eine geeignete Stellung in der Reihe der öffentlichen Anstalten anzuweisen zur Verwaltung ihres Vermögens an die Stelle des abtretenden Comites ein entsprechendes Organ zu bestellen ... – So hatte in einem Zeitraum von 17 Jahren die Taubstummen-Anstalt ein vorzüglich geeignetes, schuldenfreies Besitzthum von unterdeß beträchtlich gestiegenem Werthe erhalten. Dank den Mitgliedern des Actienvereins, Dank vor Allen dem Verwaltungs-Comite und vorzugsweise dem sel. Herrn C. F. Pfeffel, welcher mit der Cassenverwaltung, Correspondenz und Protocollführung fast die ganze Last der Geschäfte auf sich nahm!"

Nach der „Liquidation und Auflösung des Vereins im Jahr 1857" mußten „sämmtliche Geschenke und Legate .. jetzt wieder dem Institutsfond allein zufließen. Dieser war, abzüglich der ... 3000 Gulden für Reparaturen etc. im Jahr 1860 auf 24.145 Gulden 14 Kreuzer gestiegen", d. h. es wurde nicht mehr zugleich für das Kapital des Aktienvereins und die Arbeit der Gehörlosenschule gesammelt.

Das finanzpolitische Instrument eines Aktienvereins zur Etablierung einer solch fundierten Stiftung war anscheinend damals üblich, ist jetzt jedoch weitgehend in Vergessenheit geraten. Der Historiker Ralf Roth legt es allgemein wie folgt dar: „Die städtischen Eliten haben die Vereine für konkrete Zwecke eingesetzt und danach auch ihre Vereinspolitik ausgerichtet. Vereine waren Instrumente für 'Macher'. ... Mit Hilfe der Vereine wurden Großprojekte verwirklicht. Eine besondere Rolle spielten hierbei viele Jahrzehnte lang die Aktienvereine."[53] Am Beispiel des Aktienvereins für die Gehörlosenschule zeigen sich Fragen nach der steuerrechtlichen Konstruktion, vor allem jedoch zur Haltung: Was erwarteten die Zeichner von diesem Aktienverein? War es eine Mischung aus Zinsen und Wohltätigkeit?

5. Zweites Schulgebäude 1841

1827 hatte der Gründer Kosel seine Arbeit in einer Mietwohnung in der Hochstraße 7 begonnen. 1829 zog er um in die Eckenheimer Landstraße 9, wo er nun ein Haus mit Nebengebäude sowie einen großen Garten für das Internat besaß. Das zweite Schulgebäude war eine Aktivität des Aktienvereins: „Durch Kaufvertrag mit Kosel vom 30. April 1840 wurde dessen 5 Morgen 1 Viertel und 99 Schuh großes Besitzthum (Haus und Garten) für 24.000 Gulden erworben und in einem Nebenvertrag mit ihm sein Verhältniß zum Verein, resp. dessen Verwaltungs-Comite geordnet." Das neue Haus[54] wurde „in der Mitte desselben"[55] gebaut, also neben dem bisherigen Haus, „indem der Ausschuß unterstützt wurde 'durch die thätige, nicht genug anzuerkennende Mitwirkung des Herrn C. F. Mack des Raths'". „Binnen zwei Jahren war der Bau auf dem jetzigen Grundstück vollendet".[56] „1841 im Dezember, wurde das neue Haus ... bezogen".[57] Die neue Adresse wurde mit Eckenheimerlandstraße 13, später 29[58] angegeben. Nachdem das neue Haus in Betrieb genommen worden war, wurde 1842 „das alte Haus nebst Gartentheil und eine zweite, nordöstliche Parcelle des Gartens verkauft."

Die Kosten für das „stattliche Haus nebst Wirthschaftsgebäude" lagen etwas „über 31.000 Gulden", wobei „noch 1200 bis 1500 Gulden für Gartenanlage, Plankenwände, Verschlußmauer etc."

hinzukamen. Das Geld für die Inneneinrichtung war ausgelegt worden und wurde 1843 „durch ein Legat des Herrn Dancker in Mailand ersetzt, welches Frau Belli-Seufferheld für besagten Zweck der Anstalt zuwies."

Die Bewohner des Hauses entgingen knapp einer Katastrophe, als am 20. Juni 1846 ein Blitz einschlug: „Der Blitz war von dem oberen Stockwerke an Drähten und andern Eisentheilen durch das Haus gedrungen, aber glücklicherweise ohne zu zünden und größern Schaden anzurichten. Ein Blitzableiter, baldigst angebracht, sollte ähnlicher Gefahr für die Zukunft vorbauen."

Schulgebäude und Unterricht fügten sich ineinander: Wie eine Darstellung von 1845 schreibt, „wird das geographische Zeichnen stark betrieben". „Der Stufengang des geographischen Unterrichts ist folgender: Von dem Dache des Hauses wird die nächste Umgebung desselben, die Stadt und Umgegend betrachtet; dann werden, um den Gesichtskreis zu erweitern, benachbarte Anhöhen erstiegen ... [Es] beruht auf unmittelbarer Anschauung. Von dieser wird übergegangen zu einem Relief, das die Umgegend von Frankfurt darstellt". „Einer der ältesten Zöglinge arbeitete täglich einige Zeit in dem Städel'schen Institute unter der Anleitung des Herrn Professor Zwerger, welcher mit seinen Fortschritten sehr zufrieden war, und namentlich auch bemerkte, daß er, um sich mit ihm zu verständigen, sehr wenig Mühe habe."[59] Eduard Foltz-Eberle, eines der ersten vier Kinder, wurde bekannt als Lithograph. Der Internatsschüler Gerhard Henrich habe später nicht nur im Städel gelernt, sondern auch in der „Kunst-Akademie in München", und in den 1850er Jahren in einer Dachkammer des Schulgebäudes ein Atelier geführt; später unterrichtete er die Gehörlosen im Modellieren.[60]

Den Sinn des Internats, der im Haus mit seiner Innenarchitektur und dem großen Garten sichtbar wird, verdeutlicht die folgende Aussage: „Für das Vergnügen der Kinder wird ferner durch Spiele, körperliche Uebungen und Spaziergänge unter steter Aufsicht des Lehrers gesorgt, auch finden an Geburts- und Namenstagen des Lehrers und der Zöglinge, so wie bei sonstigen Veranlassungen, einfache Familienfeste statt."[61] In jenem Zeitraum habe „dieses Institut in Wirklichkeit den lieblichen Anblick eines wohlgeordneten, schönen Familienkreises" gewährt. Kosel sowie die „übrigen

Hausangehörigen ... speisen ... an demselben Tische, nehmen an allen freudigen und traurigen Familienereignissen den innigsten Antheil, machen sich gegenseitig Geschenke u.s.w. Außer der Familie des Directors wohnen in der Anstalt und sind für den Unterricht und die Erziehung thätig: Herr Dr. Schwartz und dessen Frau, und Herr Wüst aus Tübingen." Sie vertraten Kosel, der gesundheitlich zu kämpfen hatte. Am 18. Juni 1847 erlitt Kosel einen Schlaganfall und verstarb. Ein Schüler fertigte eine Gipsbüste Kosels an. Frau Schwartz, geb. Schmitt, wird später als Gehörlosenlehrerin und Leiterin gelobt.[62]

Die erste Lehrerin der Frankfurter Gehörlosenschule war seit 1833 Amalie Schmitt gewesen; 1836 hatte Emil Wilhelm Schwartz als Hilfsschullehrer begonnen, wobei er und Kosel sich schon früher kannten – sie hatten unter anderem zusammen Zeichenunterricht genommen;[63] offenkundig hielt Kosel ihn nicht für hinreichend kompetent oder begabt. Schwartz hatte zuvor als Privaterzieher gearbeitet.[64] Er wollte Schmitt heiraten, weshalb Kosel sich eifrig bemühte, „ihm das hiesige Bürgerrecht zu verschaffen". Nachdem Schwartz Frankfurter Bürger geworden war, heiratete er sie 1839.[65] Dann wurde er, „der in den vorher gehenden Jahren nur den Turnunterricht ertheilt hatte, als eigentlicher Lehrer angestellt". Zum Januar 1848 wurde ihrem Mann formal die Direktorenstelle übertragen.[66] „In seinen verschiedenartigen Geschäften, namentlich aber beim Unterricht, wurde er von seiner Frau, deren Tüchtigkeit als Taubstummenlehrerin damals von Fachgenossen allgemein anerkannt und gerühmt wurde, ... unterstützt". Der „Schul-Unterricht wurde vielleicht mehr von ihr, als von ihm selbst ertheilt." Erst 1857 gab es mit Charlotte Curtmann eine weitere Lehrerin.[67]
Es bleiben interessante Fragen: Hat Amalie Schwartz, die offiziell unter dem Titel „Directrice" auftrat, ihren Mann nur deshalb geheiratet, um nicht den Usancen der Zeit gemäß ihren Beruf aufgeben zu müssen, sondern statt dessen de facto die Leitung der Gehörlosenschule weiter innezuhaben? Denn er aufgrund seiner allem Anschein nach fehlenden Kompetenz nicht der prädestinierte Nachfolger Kosels gewesen sein. Und war sie es, welche die maßgebende Schrift zur Frühgeschichte der Frankfurter „Taubstummen-Erziehungsanstalt" verfaßt hat? Das Buch trägt den Untertitel „Nach den Akten dargestellt" und stammt aus dem Jahr 1862; es kann also unmittelbar nach dem Beginn des Ruhestandes

begonnen worden sein. Sie lebte im Haus und konnte dadurch Zugang zu den Unterlagen haben. Es verwundert nämlich, daß niemand als Autor genannt wurde.

Eine technische Modernisierung wurde durch den Aktienverein möglich: Das „Verwaltungs-Comite [ließ] auf Vorstellung von Herrn Dr. Schwartz im Jahr 1851 die Gasbeleuchtung in dem Erdgeschoß und ersten Stockwerk des neuen Hauses mit einem Kostenaufwand von ca. 340 bis 350 Gulden einrichten".

Wie wurde 1862 das Internat gesehen? „An der Eckenheimer Landstraße 13 inmitten eines über 3 Morgen großen Gartens befindet sich das Hauptgebäude, das außer dem Erdgeschoß 4 Stockwerke hat. Es enthält 22 Zimmer und 5 Kammern, darunter mehrere geräumige Schulzimmer und eben solche Schlafzimmer, 2 Krankenzimmer, 1 Badezimmer, 1 Speisezimmer, 2 Küchen, 1 Werkstätte u. s. w. ...; auf dem Dache befindet sich ein Altan mit weiter Umsicht, der auch zur Belehrung der Zöglinge bei topographischer Orientirung ... sehr nützlich ist. Dem Hauptgebäude gegenüber nach Norden zu steht das Wirtschaftsgebäude mit den nöthigen Räumlichkeiten für Waschküche, Trockenboden, Holzremise etc. Die Waschküche ist mit einer Regencisterne, Garten und Haupthaus mit Pumpbrunnen versehen. Auf der Ost- und Westseite des letztern sind Rasenplätze, auf der Südseite zieht sich ein sehr geräumiger Spielplatz herab nach einer Allee von Linden- und Platanenbäumen, wo sich Turngerüste befinden. Breite Wege, mit Blumenbeeten eingefaßt, durchziehen den Garten, der, mit vielen Obstbäumen und Weinstöcken bepflanzt, im Uebrigen hinreichenden Raum hat für Gemüseland, Baumschule und die Gärtchen der Kinder, welche diese selbst pflegen. Ueberhaupt gewährt der Garten, abgeschlossen von störenden äußeren Einflüssen, den Zöglingen einen sichern Aufenthalt in frischer Luft und vielfache nützliche und lehrreiche Beschäftigungen."[68]

Die Gartenmauer wurde 1873 erneuert.[69] Es folgten Verbesserung innerhalb der Gebäude sowie Maßnahmen zeitgemäßer Modernisierung: So wurde 1876 rückblickend resümiert, daß „im Laufe des verflossenen Jahrs die Einfriedung unseres Gartens zu einem großen Theile neu" errichtet „und das allzu eng gewordene Speisezimmer" vergrößert wurde. Hinzu kam im Jahr 1876 selbst

„die Einrichtung eines weiteren Krankenzimmers und die Herstellung eines direkten Ausgangs nach dem Spielplatz".[70] Geklagt wurde damals, daß das Gebäude „eines neuen Anstrichs" bedarf. Eine weitere Notwendigkeit, nämlich Zu- und Ableitung von Frisch- und Abwasser, wurden bald darauf angelegt, was lt. Bericht von 1880 „über M 5000" kostete.

Eine Publikation von 1878 schreibt, das Internat habe eine „Gartenpforte" mit der „Inschrift: ′Taubstummen-Erziehungs-Anstalt". Im „Erdgeschoß führen breite und bequeme Stiegen hinauf zur Familienwohnung des Oberlehrers". „Die beiden Unterrichtszimmer befinden sich nebst einem Cabinet zur Aufbewahrung der Sammlungen ... unmittelbar neben dem Vorstandszimmer im ersten Stock. ... Dem Eingang des Hauptgebäudes gegenüber [liegt] ... das kleinere, Wasch- und Baderäume und dergl. bergende Nebengebäude".[71]
Ein Reisebericht aus dem Jahr 1880, der sich eng an eine Beschreibung von 1862 anlehnt, stellt das Haus so dar: „Im 3. Stock war der Schlafsaal für die Knaben ... Im 4. Stock schlafen die Mädchen und die beiden Lehrerinnen. Im 2. Stock ist außer den Schulzimmern und den Wohnräumen des Oberlehrers Vatter das Vorstandszimmer, welches zugleich Empfangs- und Arbeitszimmer für Vatter ist und in welchem sich auch die ziemlich große Bibliothek der Anstalt befindet." „Als Dienstpersonal sind 4 Mägde vorhanden; für den Garten ist ein Gärtner angestellt."[72]

In einer Publikation von 1887 wird von einem Besuch berichtet: „Ein 4 Morgen grosser, viereckiger Blumen- und Gemüsegarten mit vielen Frucht- und schattenreichen Bäumen und grossem Spielplatz umgiebt das einfach angelegte, ebenfalls viereckige Gebäude, welches den 26 Kindern ein Daheim bietet, die mit Vatter′s Familie, zwei Lehrern, einer Lehrerin und den nötigen Dienstboten" leben. „Die beiden Schulzimmer, die eine sehr breite Thüre von einander trennt, sind ... gross und luftig genug für die wenigen Kinder ... Fünf platte, schwarz angestrichene Tische, um nötigenfalls ein paar Worte darauf schreiben zu können, die nötige Anzahl Stühle mit Rohr-Sitzen, einige Schul-Tafeln, ein paar Schränke ... Lehrmittel sind jedoch in reichem Masse vorhanden."[73]

Für Architekten gedacht ist eine Darstellung von 1886: „Das Anstaltsgebäude, welches nach Plänen des Zimmermeisters J. Lindheimer errichtet ist, gewährt auf 246 qm bebauter Grundfläche Unterkunft für 26 taubstumme Kinder, zur Hälfte Knaben, zur Hälfte Mädchen, deren Erziehung durch einen Oberlehrer, zwei Lehrer und eine Lehrerin geleitet wird. Das Haus enthält zu ebener Erde die Kochküche nebst Vorrathsräumen. 1 Speisesaal, 1 Bügelzimmer und 1 Krankenzimmer; im ersten Obergeschoss 2 Lehrsäle, das Arbeitszimmer des Oberlehrers, 2 Wohnzimmer desselben und 1 Zimmer für Sammlungen; im zweiten und dritten Obergeschoss die Schlafsäle für Knaben und Mädchen und die übrigen Dienstwohnräume und im Dachgeschoss 2 Wohnräume, Vorrathskammern und Trockenboden. Die Bedürfnisanstalten, welche in die städtischen Canäle entwässern, liegen auf den einzelnen Stockwerken vertheilt neben der Haupttreppe. Das Gebäude ist in Backsteinen mit Kalkverputz und Oelfarbenanstrich ausgeführt und steht unter Schieferdach. Für die Erwärmung der Lehrräume werden eiserne Regulir-Mantelöfen benützt. Zur Anstalt gehört noch ein einstöckiges Wirthschaftsgebäude, welches auf 84 qm bebauter Grundfläche die Waschküche, 1 Badezimmer, 1 Wohnzimmer für den Gärtner und 2 Räume für Brennmaterial enthält. Der schön angelegte Garten hat einen Flächeninhalt von ungefähr 6,700 qm."[74]

1888 heißt es in Berichten über das Internat: Es „liegt in einem neueren, recht freundlichen Stadtteile und ist ein Internat. ... von der Straße her eine schlichte Pforte öffnet, in einen großen schönen Garten eintritt, in dessen Mitte das Frankfurter Anstalts-Gebäude steht. Kein Straßenlärm, keine beengende lästige Nachbarschaft". Die Schule „befindet sich in dem von der Eckenheimer Landstraße No. 29 inmitten eines großen Gartens gelegenen, wohleingerichteten Gebäude, welches auf einer bebauten Grundfläche von 246 qm im Erdgeschoß und 2 Obergeschossen geräumige Schul- und Schlafsäle, Speisesaal, Badezimmer und die erforderlichen Wirtschaftsräume, sowie die Wohnungen des Oberlehrers und der angestellten Hilfslehrer und Lehrerinnen enthält." Als dieses Grundstück mit Gebäuden verkauft wurde, errichtete die Stadt dort die Musterschule.[75]

6. Bildungsziel Spracherwerb

Für die Gehörlosenschule in Frankfurt am Main standen zwei Methoden zur Verfügung, um den Kindern die Kommunikation zu ermöglichen: die Gebärdensprache und die Lautsprache. Beide Verfahren wurden und werden sehr unterschiedlich bewertet, so daß es zwischen ihren Vertretern teilweise große Spannungen gab und gibt. In Frankfurt gehörten insbesondere der Gründer wie auch der langjährige Direktor Vatter der Schulrichtung an, welche die Gebärdensprache ablehnt. Für einen Außenstehenden erscheint die Gebärdensprache die weitaus leichtere Form zu sein, während sie den Nachteil hat, daß der Gehörlose damit nur mit denen kommunizieren kann, die sie hinreichend beherrschen. Das Erlernen der Lautsprache ist für einen Gehörlosen sicherlich sehr anstrengend. Das früher zumeist verwendete Wort „taubstumm" führt in die Irre, da die meisten Gehörlosen zwar die körperlichen Voraussetzungen zum Sprechen haben, aber nicht hören können, so daß sie auch nicht wissen, welche Laute sie von sich geben sollen. Sie müssen also sehr mühsam lernen, Laute zu formen, die sie selbst nicht hören können, und dabei an der Reaktion des Gegenübers durch das Ablesen von dessen Mund erkennen, daß sie verstanden worden sind. Um dieses Ziel zu erreichen, ist es verständlicherweise günstig, wenn Kinder dies möglichst früh erlernen und dafür viel Zeit verwendet wird – und das Kind dafür die mentale Kraft besitzt. Für einen Außenstehenden ist es nachvollziehbar, daß bei einer Betreuung des Kindes über den ganzen Tag und in allen Lebenslagen dies am besten ist, um eine Sprache umfassend zu erlernen und mit der Zeit das nötige Selbstvertrauen dank der Routine zu gewinnen. Deshalb wollte der Gründer auch ein Internat im Sinne der Situation einer Familie schaffen; warum er dafür die Bezeichnung „Taubstummenerziehungs-Anstalt" besonders treffend fand, erschließt sich jedoch nicht. Neben der Fähigkeit zu sprechen sollte außerdem eine gute Allgemeinbildung sowie eine Schulbildung auf dem Niveau einer Hauptschule vermittelt werden.

Wenige Jahre nach der Gründung der Schule berichtete 1833 eine Frankfurter Lokalzeitung über sie, wobei sich vermuten läßt, daß der Gründer den Text selbst geschrieben oder entscheidend beeinflußt hatte: „Die hiesige Taubstummen-Anstalt ... ist weder eine Versorgungs- noch eine Schulanstalt, vielmehr eine häusliche

Erziehungsanstalt für Taubstumme beiderlei Geschlechts. Lehrer und Zöglinge bilden Eine Familie. Faßt man diesen Gesichtspunkt richtig auf, so erklärt man sich leicht, warum keine zu große Anzahl von Zöglingen in diese Anstalt aufgenommen werden kann. Wie wollte ein Familienleben erzielt werden, wenn 40 bis 50 Zöglinge die Familie bilden? Nach der Ansicht des würdigen Gründers und Vorstehers dieser Anstalt würde es derselben zum Nachtheil gereichen, wenn die Zahl der Zöglinge jemals über 15 bis 20 heranwachsen sollte." Es zeigt sich, daß die Praxis mit der Zeit diese Begrenzung nicht mehr zuließ. „Aus dem Gesichtspunkt einer häuslichen Erziehungsanstalt ergiebt sich ferner, daß Kinder am besten im zartesten Alter in dieselbe aufgenommen werden. Mit 4 bis 5 Jahren werden sie am liebsten aufgenommen. ... Die Dauer des Aufenthalts ist auf 8 bis 10 Jahre festgesetzt. ... Die Lehrmethode betreffend, so giebt es deren bekanntlich zwei, die deutsche und die französische. Nach der ersteren lehrt man die Kinder artikulirte Töne hervorbringen, wodurch sie sich jedem Hörenden verständlich machen können. Nach der letzteren lehrt man sie blos durch Zeichen und Schrift sich Andern mitzutheilen. Die hiesige Anstalt befolgt die deutsche, als entschieden vorzüglicher." Später kommentierte dies Direktor Haux so: Kosel „unterrichtete nach Heinickes Methode und verlangte ein 9- bis 10 jährige Bildungszeit, begnügte sich aber, ´den Wünschen der meisten Eltern entsprechend´ mit einem 8 jährigen Kursus." Direktor Vatter lobte diesen Ansatz des Gründers: „Durch Festhalten an dem Prinzip der Familienerziehung und die Annahme eines 8jährigen Unterrichtskursus hat Kosel den Grund zu der vorteilhaften Ausnahmestellung der hiesigen Anstalt gelegt".[76]

1862 wird dargelegt zum „Unterrichtsplane ... ´Hauptzweck der Taubstummen-Bildung ist, dem Taubstummen unsere Sprache zu geben ... Um dieses Ziel vollständig erreichen zu können, ist ein Unterrichtscursus von 8-10 Jahren nöthig. Die erste Hälfte dieser Zeit braucht der Zögling zur Erlernung einer Elementarsprache, wie sie jedes vollsinnige Kind mit in die Schule bringt. In der zweiten Hälfte ... soll [er] nicht nur ... die Schriftsprache kennen, sondern auch sprechen lernen´". „´Am Ende des ganzen Unterrichtscursus wird der Taubstumme in Hinsicht seiner Kenntnisse und der Ausbildung seiner Geisteskräfte wohl kaum hinter einem Zögling der Volksschule zurück stehen. Dagegen gelangt er nur in Ausnahmefällen zu derselben Sprachrichtigkeit und Sprachfertigkeit, wie der Vollsinnige. Weil er nicht hört, kann er seine Sprachfehler nicht selber verbessern'". Von Vatter heißt es zur Sprachvermittlung, daß sie „unter Ausschluß aller Zeichensprache" erfolgen solle – „orale-puro",[77] wie ein Italiener vermerkte - und daß es nicht um ein „Abrichten" gehe, sondern um „ein Unterrichten in all denjenigen Fächern, welche den Besuchern einer guten Volksschule entsprechen."[78]

Wie die Vermittlung des Sprechens geschah und wie anstrengend dies auch für die Lehrer ist, erläuterten Lehrer Mitte der 1920er Jahre, als sie gegen eine „Erhöhung der Pflichtstundenzahl für die männlichen Lehrkräfte auf 29 und die weiblichen auf 27 Wochenstunden" protestierten: „Die ausserordentliche Schwierigkeit des Problems des Unterrichts und der Erziehung Taubstummer liegt darin, dass ... das natürliche vollkommene Unterrichtsmittel, die Sprache, mühselig in jahrelanger Arbeit erst geschaffen werden muss. Mit unendlicher Geduld und wissenschaftlicher Einsicht muss der Taubstummen-Lehrer Laut um Laut, Wort um Wort, Satz um Satz bei jedem einzelnen Kinde entwickeln und formen und den Kindern nach Inhalt und Form eine Sprache geben ... Ungeheuer anstrengend ist die Arbeit in der Artikulationsklasse."[79]

„Neben der Laut- und Schriftsprache wird nach dieser Methode auch die Pantomime geduldet, jedoch nur die natürliche, von den Taubstummen selbst gebildete, welche das Hauptelement ist, in welchem sich die Bildung der Taubstummen anfänglich bewegt und die nur bei Erweiterung seines Gesichtskreises von der lebendigen Sprache in den Hintergrund gedrängt wird."[80] So war über Kosels Arbeit 1828 nach wenigen Monaten berichtet worden. Zugleich wurde Kosel weiterhin zur „Partei"[81] der Lautsprache gerechnet. Später wurden die Ergebnisse seiner Arbeit so dargelegt: „Die Lautsprache der Zöglinge war durchaus verständlich; einige sprachen sehr gut." „Die Zöglinge haben eine lobenswerthe Fertigkeit im Absehen und in der Umgangssprache, welche hauptsächlich dadurch befördert wird, daß sowohl in, als auch außer der Schule alle Ansprachen an dieselben, wenigstens an die größeren, in der Wortsprache, mit Beseitigung der Geberde, geschehen, und man streng darauf hält, daß jede Erzählung, Frage, Bitte etc. sprechend vorgebracht werde. Auch verkehren die Taubstummen zuweilen mit vollsinnigen Kindern und besorgen allerlei Aufträge in der Stadt."[82] Dennoch setzte Kosel auch die Gebärdensprache ein, denn es wurde zur ersten öffentlichen Prüfung 1836 berichtet: „Einer der jüngeren Schüler recitirte" ein Gedicht, „theils ohne Hinzufügung der Zeichensprache, theils in Begleitung mit derselben".[83]

Während des Wirkens von Direktor Schwartz in der Zeitvon 1848 bis 1861 wurde die Gebärdensprache nicht verboten, sondern die „Gebärde wurde mehr und mehr angewandt, ja in manchen Stunden ausschließlich." „Gegen Ende Juli 1861 übernahm Herr Oberlehrer G. Rapp ... die Leitung der Anstalt" und es wurde „die Gebärde aus Unterricht und Verkehr" verbannt. Rapp veröffentlichte bald einen Lehrplan, da er überregional aktiv war. Auch er kümmerte sich um Spenden.[84]

Johannes Vatter, geboren 1842, war jahrzehntelang eine beherrschende Figur für die Gehörlosenschule. Vatter berichtet, wie er 1863 die Gehörlosenschule antraf. „Gegen 10 Uhr abends lief der Zug im Main-Neckar-Bahnhof ein. Herr Rapp nahm mich in Empfang, und eine Droschke brachte uns in die Anstalt … Nach einem kurzen Abendbrot führte mich Herr Rapp in mein Zimmer, das zwischen den Schlafräumen der Knaben lag."[85] Vatter leitete die Schule von 1874 bis 1916.[86] Er verlangte: „Vollkommener Ausschluss aller Gebärden." Er ging so weit, daß ein Gehörloser nicht in Gebärden, sondern in der Wortsprache denken sollte. Er untersagte deshalb Gebärden sogar auf dem Spielplatz. Für die Schülerinnen und Schüler sollte „die Lautsprache zum Ausdrucksmittel" ihrer „Denkakte, Willensimpulse, Gefühlsvorgänge" werden, indem die Lehrerin oder die Lehrer „täglich, stündlich neben" den Kindern stehen „und jedes Erlebnis sprachlich" umsetzen. Auch dafür beaufsichtigten die Lehrer die Kinder in ihrer Freizeit. Über Vatter wurde gesagt, er „spricht ziemlich schnell".[87]

Zum Internat gehörte ansatzweise die Inklusion, wie Vatter sie darstellt: „Der Stempel der Familienerziehung, den Kosel gleich bei der Gründung der Anstalt aufgedrückt hatte, blieb unverletzt. Das Prinzip wurde und wird so entschieden durchgeführt, dass die Familie des Leiters ganz in der Anstalt aufgeht. Sie nimmt nicht bloss alle Mahlzeiten gemeinsam mit den Zöglingen ein, die

Rappschen Kinder schliefen anfangs auch mit den Taubstummen in denselben Räumen zusammen, ja, sie wurden längere Zeit sogar mit ihnen unterrichtet. Dass die hörenden Kinder mit den tauben in den Freistunden und auf dem Spielplatz stets zusammen waren – und wie gerne! – versteht sich von selbst. Es wurde von den Hauseltern streng darauf gehalten, dass ihre eigenen Kinder neben den Zöglingen im Essen u. dergl. nie etwas voraus hatten. Der ständige und innige Verkehr der hörenden Kinder (erst meine Frau und ihre 3 Geschwister, dann meine eigenen 3 Kinder und nun unsere Enkel) mit den Taubstummen hat letzteren und auch den Erziehern viel Nutzen gebracht. ... Dieser Umgang förderte den wortsprachlichen Verkehr der Zöglinge untereinander auch in der Freizeit ganz energisch. Endlich gewinnen die Internatszöglinge von ihren hörenden Spielgenossen in begrifflich-lexikalischer Hinsicht gar vieles, kurz ihr geistiger Gesichtskreis erweiterte sich täglich und stündlich. ... So wird es unseren Zöglingen leicht gemacht, sich als Glieder einer Familie und wie Geschwister untereinander glücklich zu fühlen. Die Geschwisterliebe waltet unter ihnen, und ein gesunder Korpsgeist regiert und arbeitet den Pflegeeltern treulich in die Hände. Man darf den erzieherischen Einfluss, den Kinder aufeinander ausüben, nie unterschätzen, ja noch mehr: man soll ihn sich, gerade bei der Anstaltserziehung, weislich zunutze machen. Wir haben von jeher die Einrichtung, dass die älteren Zöglinge die kleineren pflegen. ... Wo viele Kinder beisammen sind, treten auch Kinderfehler und –Unarten zutage. Da die Zöglinge fast immer unter Aufsicht stehen, wird ziemlich alles, was sie machen, gesehen. (Was wird von Kindern, die sich unbeaufsichtigt da und dort umhertreiben, nicht alles ´angestellt´ und bleibt, weil unbeobachtet, auch ungerügt!) Das dürfen wir bei der Beurteilung und Behandlung unserer Zöglinge nie aus den Augen verlieren, und bei Fehltritten gelte die Stimme des milden (Pflege-) Vaters mehr als das Urteil des strengen Lehrers. Auch sei der Erzieher nicht zu misstrauisch. Er soll im Gegenteil den Kindern Gutes zutrauen. ... So gar leicht und von selbst macht sich das alles nicht.“[88]

Es gibt Hinweise darauf, daß Vatter bei der Erziehung und beim Unterricht sehr streng gewesen ist. Man kann davon ausgehen, daß er dabei auch Gewalt anwendete. Darauf verweisen spätere Darstellungen, die als Antwort auf Kritik an ihm vorgebracht wurden: „Es sei dahingestellt, ob sie es waren, die, wie es heißt, den

Schülern die Hände auf den Rücken banden, um die Gebärdensprache zu unterdrücken." Es wurde zu verurteilendes Handeln vorgeworfen: „Bald sieht man den Grund in gebundenen Händen und Füßen, bald in blauen Flecken am Körper". Dagegen wurde verteidigt: „Vatter war bis zum Eigensinn und zur Einseitigkeit Verfechter der 'Reinen Lautsprachmethode'". Denn er wollte „seinen taubstummen Kindern den Sprach- und Wissensstand eines normal begabten Volksschülers .. geben."[89]

Vatter wurde auch kritisiert, weil er die Kinder zur Arbeit in der Schule gezwungen und somit ausgebeutet habe: „Es entspricht nicht der Wahrheit, daß die Buben den großen Garten bearbeiten und die Mädchen Küchendienst leisten mußten. Die Kinder wurden nur herangezogen, um ihren Tätigkeiten bei selbstverständlichen kleinen Hilfeleistungen sprachlichen Ausdruck zu geben." An dieser Entgegnung läßt sich erkennen, wie ein Vorgang aus zwei Perspektiven gegensätzlich bewertet wird. Für einen Außenstehen erscheint es sinnvoll, Kinder - selbstverständlich im begrenzten Rahmen - mitarbeiten zu lassen, damit sie die Begriffe von alltäglichen Gegenständen und Vorgängen in der Praxis lernen können. So heißt es: „Den Mädchen war unter Anleitung der Stütze von Frau Vatter, Fräulein Pauline, Gelegenheit geboten, zu kochen, zu backen und zu braten und die ganze Hauswirtschaft kennenzulernen. Das machte den großen Schülerinnen viel Freude." „Die Mädchen erhalten außerdem noch Unterricht in weiblichen Arbeiten, und werden, soweit es ohnbeschadet ihrer anderweitigen Ausbildung geschehen kann, zu häuslichen Geschäften angewiesen."[90]

Zum Erlernen der Begriffe dienten auch Besichtigungen und Ausflüge wie regelmäßige „Spaziergänge an Sonn- und Feiertagen, mehrmaliger Besuch des Palmengartens und Zoologischen Gartens, sowie der sonstigen hiesigen Sehenswürdigkeiten" und „mit den Schülern der 1. und 2. Klasse einen Ausflug in den Taunus (Soden, Königstein, Falkenstein, Cronberg)." „Dazu kommen ... gymnastische Uebungen, Flußbäder und Schwimmunterricht. Die Knaben werden noch besonders zu allerlei Handarbeiten, wie Schreinern, Drechseln, Papparbeiten etc." angeleitet. „Gartenbau ist eine nützliche, gesunde und erheiternde Beschäftigung, und da die Anstalt in einem schönen und geräumigen Garten nahe bei der Stadt sich befindet, so hat jeder Zögling sein eignes Land, welches er nach seiner Phantasie und Neigung bebaut."[91]

Auch Vatter hatte es für notwendig gehalten, daß nur Kinder aufgenommen werden sollten, welche körperlich und geistig in der Lage waren, dieses schwierige Lernen durchzustehen. Diese Voraussetzung ging anscheinend seit dem Ende seines Wirkens verloren, denn es wird zum Jahr 1918 mitgeteilt, daß damals 5 Kinder „schwachbegabt" gewesen seien. Und 1920 beschwerten sich Lehrer der Gehörlosenschule: „Während in den meisten Taubstummenanstalten das Differenzierungsprinzip durchgeführt ist, müssen bei uns Zöglinge aller Begabungsgruppen bis zudem an der Grenze des Schwachsinns Stehenden gemeinsam unterrichtet werden."[92]

Vatter verfaßte viele Bücher, zumeist allein; manches Werk erreichte mehrere Auflagen. Das Werk „Der verbundene Sach- und Sprach-Unterricht" soll laut Vatter in über 30.000 Exemplaren an gehörlose Kinder für den Unterricht gegeben worden sein. Dies waren einerseits grundlegende pädagogisch-fachliche Darlegungen, so zur „Ausbildung des Taubstummen in der Lautsprache", anderseits Lesebücher und Materialien für den Unterricht: „Fibel für den verbundenen Sach-, Sprech-, Abseh-, Schreib- und Leseunterricht bei Taubstummen" oder „Achtzehn biblische Geschichten in einfacher Form für das dritte Schuljahr in Taubstummen-Anstalten mit 16 Bildern". Es kamen hinzu auch „Ausgewählte Geschichten aus dem alten und neuen Testament", die „für christliche Mütter, für Volks- und Taubstummenschulen" gedacht waren sowie ein Buch, „zugleich ein Nachschlagebuch für geschulte Taubstumme". Vatter erläuterte dies: „Der Angelpunkt, um den es sich bei meiner Methode handelt, ist die Verbindung von Sprach- und Sachunterricht und die dadurch bedingte Festlegung des Anschauungsstoffes". „Das Geheimnis liegt in dem parallelen und gleichzeitigen Kennenlernen von Ding und Wort, von Form und Sache."[93]

Vor allem war Vatter sicherlich stolz darauf, wenn in einem Reisebericht von 1880 zu den lobenden Worten hinzugefügt wurde, daß „Frankfurt schon seit einer Reihe von Jahren das Ideal und deshalb der Hauptwallfahrtsort für alle Tbst. Lehrer, deutsche wie fremde, geworden ist." Vatter selbst rühmte sich: „Neben jungen deutschen Lehrern erhielten auch Ausländer, namentlich Russen, ihre Fachausbildung in der Frankfurter Anstalt. Die Zahl derselben, teils aus St. Petersburg, teils aus den Ostseeprovinzen, namentlich aber aus den südlichen Gouvernements ist nicht klein." Und er behauptete, daß ihn über 800 Kollegen besucht hätten, um bei ihm zu hospitieren. Auch mit den öffentlichen Prüfungen hat er die Gehörlosenschule „zum Schaufenster der Welt gemacht", um damit für die Schule sowie für die von ihm präferierte Methode zu werben. Die Schule wurde gerühmt, „immer mehr eine Musteranstalt der deutschen Schule geworden" zu sein. Mindestens bis 1906 gab es diese Prüfungen.[94]

In der Gehörlosenschule gab es vermutlich in den ersten Jahrzehnten kaum Ferien für die Kinder; so sollen sie 1863 das ganze Jahr in der Anstalt geblieben sein: „Nur an 3 halben Tagen im Jahr: am 2. Ostertag, 2. Pfingsttag und 2. Weihnachtstag – durften sie ihre Eltern besuchen, zu Hause schlafen nie."[95] Später verfügten sie dann über längere Schulferien. Die anderer Seite der Medaille dieses intensiven Lernens während der Internatszeit bildete die Chancen für die weitere Entwicklung der Kinder. 1927 wurde rückblickend erklärt: „Wie wichtig die ehemalige Ausbildung durch den ständigen Aufenthalt in der Anstalt sich auf das fernere Leben des Taubstummen auswirkte, zeigt der Umstand, daß ehemals die Internatszöglinge als Lehrlinge sehr gesucht waren".[96]

Ein Visitationsbericht von 1908 gibt Einblick in den Schulalltag: „Den Turnunterricht der Knaben leitet der eine Hilfslehrer, zurzeit Herr Hiller, bei den Mädchen Fräulein Sommer." „Der Handfertigkeitsunterricht der Knaben, erteilt von den Hilfslehrern, erstreckt sich auf: Flechten, Perlen- und Stäbchen-Arbeiten, Laubsägen, Kerbschnitzen, Heftemachen. Die Einführung des Modellierens ist in Aussicht genommen. Die größeren Knaben werden im Sommer und Herbst in wöchentlich 6 Stunden im Garten beschäftigt. Der Handarbeitsunterricht der Mädchen, geleitet von der Hilfslehrerin, umfaßt Stricken, Häkeln, Nähen. Daneben werden Knaben wie Mädchen zum Verrichten einfacher Hausarbeiten angeleitet und angehalten.
Jeden Morgen findet vor dem ersten Frühstück, um 7 Uhr, im Speisesaal eine gemeinsame Andacht statt.

Alle 14 Tage hält der Direktor für die oberen Klassen eine Andachtsstunde, in der Regel das sonntägliche Evangelium erbaulich besprochen wird [sic]. Die größeren katholischen Zöglinge besuchen jeden Sonn- und Feiertag die Messe. Für die in Frankfurt und in der Umgebung wohnenden erwachsenen Taubstummen werden im Auftrag des Königlichen Konsistoriums jährlich vier Gottesdienste abgehalten, zwei von Herrn Pfarrer Frohmeyer in Offenbach und zwei von dem Direktor Vatter. Mit zwei Gottesdiensten ist ein heiliges Abendmahl verbunden.

Eine Fortbildungsschule für aus der Anstalt entlassene Taubstumme besteht bis jetzt nicht. Manche, namentlich Kinder besserer Familien, bilden sich durch Privatunterricht in erfreulicher Weise weiter, andere besuchen die städtische gewerbliche Fortbildungsschule oder das Städelsche Kunstinstitut mit Nutzen." An den Andachten für die älteren Schülerinnen und Schüler haben „ab und zu auch erwachsene Taubstumme aus der Stadt" teilgenommen. Die Gottesdienste wurden dann von der evangelischen Kirche an zentraler Lage eingerichtet, „welche für manche hessische Taubstummen eine Erleichterung" darstellte; dafür wurde die Matthäuskirche gewählt. Im Jahre 1906 übernahm Haux diese Predigten.[97]

7. Stiftungsgründung 1861

Die Gehörlosenschule war in ihrer Existenz de facto über einen langen Zeitraum auf die Stadtverwaltung hin ausgerichtet, bevor sie sich als Stiftung mit ihr verband. Das zeigt sich beispielsweise 1859 daran, daß sie Geld der Stadt anvertraute: „Die oben verzeichneten Geldbeträge wurden, sofern von den Gebern nicht anders bestimmt war, bei Hochlöblichem Rechneiamt der Stadt verzinslich angelegt".[98]

„Unser Taubstummen-Institut war bisher eine Privatanstalt gewesen, welche unter gewissen Bedingungen eine jährliche Unterstützung aus der Staatskasse erhielt. Nachdem ihr der Actienverein einen werthvollen Besitz gesichert und sie bei seiner Auflösung der Fürsorge und dem Schutze des Senats empfohlen hatte, mußte ernstlich an eine neue Organisation gedacht werden. Diese verzog sich jedoch, bis Herr Dr. Schwartz im Frühjahre 1860 bei Hohem Senat um Enthebung von seinen Verpflichtungen und einem

Ruhegehalt ... nachsuchte." Das Gesuch des Direktors wurde im Oktober 1860 gewährt. Weiter heißt es in der Veröffentlichung von 1862: „Durch das Gesetz vom 15. März 1861 ist die Frankfurter Taubstummen-Erziehungsanstalt in die Reihe der öffentlichen milden Stiftungen eingetreten und nach Analogie derselben organisirt."

„Gesetz, über die Taubstummen-Erziehungs-Anstalt betreffend. Wir Bürgermeister und Rath der freien Stadt Frankfurt verordnen hiermit auf verfassungsmäßigen Beschluß der gesetzgebenden Versammlung vom 12. Oktober 1860, wie folgt:
Erster Abschnitt. Stiftungs-Ordnung. Art 1. Die Frankfurter Taubstummenerziehungsanstalt ist ein Gemeingut sämmtlicher, jeweils die freie Stadt Frankfurt bildenden Gemeinden und wird durch ein Pflegamt von drei Bürgern verwaltet.
Art. 2. Der Senat hat das Oberaufsichtsrecht über diese Stiftung unter verfassungsmäßiger Mitwirkung der ständigen Bürger-Repräsentation. Die Oberaufsicht erstreckt sich sowohl auf die Verwaltung und das Rechnungswesen, als auf die inneren Einrichtungen, insoweit letztere nicht der Gesetzgebung angehören. Dem Pflegamte unmittelbar vorgesetzt ist die Stiftungs-Deputation.
Art. 3. Die ständige Bürgerrepräsentation wählt, jedoch nicht aus ihrer Mitte und ihren Angestellten, die Pfleger und zeigt diese Wahlen dem Senate an ...
Dem Pflegamte steht es frei, bei Anzeige der Erledigung einer Pflegerstelle an die ständige Bürgerrepräsentation zugleich Vorschläge zu machen, ohne daß diese jedoch dadurch in der Wahl beschränkt wird.
Ueber Gesuche um Entlastung von einer Pflegerstelle hat die Bürgerrepräsentation zu entscheiden. Wer fünf Jahre Pfleger war, hat das Recht abzutreten, unter der Beschränkung jedoch, daß im Laufe eines Jahres nur Einer abtreten kann und hierbei das Amtsalter den Vorzug bestimmt.
Art. 4. Bei jedem Verkauf von liegenden Gütern ... ist die Genehmigung des Senates und der ständigen Bürgerrepräsentation einzuholen. ... Die Bestimmung der Gehalte der Angestellten ... bedürfen der Genehmigung des Senates und der ständigen Bürger-Repräsentation.
Art. 5. ...

Art. 6. Geldanlagen sind in der Regel auf Liegenschaften im Frankfurter Stadtgebiete und in Schuldverschreibungen der freien Stadt Frankfurt zu machen.

... Grundstock ... ungeschmälert zu erhalten, nur die Erträgnisse davon sind zu den Zwecken der Stiftung zu verwenden und dürfen diesen aus keinem Grunde entzogen werden. ...

Vermächtnisse, Geschenke und Gottespfennige werden, wenn die Erblasser oder Schenker nicht ein Anderes ausdrücklich verordnet haben, bis zum Betrag von Einhundert Gulden einschließlich zur laufenden Ausgabe verwendet, in höherm Betrage aber dem Grundstock einverleibt. ...

Die Prüfung der Rechnungsbücher hat das Stadtrechnungs-Revisionscolleg jährlich zu bewirken ...

Zweiter Abschnitt. Verwaltungs-Ordnung. Art. 7. Zur Aufnahme in die Taubstummen-Erziehungs-Anstalt sind die taubstummen Kinder der jeweiligen Frankfurter Staatsangehörigen berechtigt. Kinder von Nichtbürgern können nur dann aufgenommen werden, wenn es der Raum gestattet. ...

Art. 8. Bedingungen der Aufnahme sind: 1) die aufzunehmenden taubgeborenen oder taubgewordenen Kinder müssen in der Regel das vierte Lebensjahr zurückgelegt und das neunte noch nicht begonnen haben. 2) sie müssen die zum Unterrichte erforderliche geistigen und körperlichen Eigenschaften haben ... frei von ... den Unterricht oft unterbrechenden und besonderer Pflege bedürfenden Körperübel sein ...

Art. 9. Die Zöglinge der Anstalt müssen zum Zwecke ihrer Erziehung in derselben Wohnung und Verpflegung nehmen.

Art. 10. ... Kinder, für welche die Kosten aus ihrem eigenen Vermögen getragen werden können, oder welche zu ihrem Unterhalte verpflichtete und vermögende Verwandte haben, sind die Verpflegungskosten nach voraus mit dem Pflegamte vereinbarten Ansätzen und Bedingungen an dieses zu entrichten.

Die Stiftung ist verpflichtet, taubstumme Kinder frankfurtischer Staatsangehörigen, welche wenig oder kein Vermögen besitzen und welche keine zu ihrem Unterhalte verpflichtete und vermögende Verwandten haben, gegen einen je nach diesen Verhältnissen und je nach den Mitteln der Stiftung ermäßigten Kostenbeitrag aufzunehmen und gleich den übrigen Zöglingen zu verpflegen und zu unterrichten. Das Pflegamt hat die Wohlthätigkeitsstiftungen und Armenanstalten zur Zahlung dieser Beiträge zu veranlassen.

Die Stiftungsdeputation kann jederzeit taubstumme Kinder unbemittelter frankfurtischer Staatsagenhörigen in die Anstalt einweisen.
Art. 11. So lange und in soweit die Stiftung kein hinlängliches eigenes Einkommen hat, welches durch freiwillige milde Gaben zu erlangen des Pflegamt bemüht sein wird, werden die Bedürfnisse der Anstalt bestritten: 1) durch die nach Art. 10 zu entrichtenden Vergütungen; 2) durch einen jährlichen Beitrag aus den allgemeinen Staatsmitteln.
Art. 12. Bei der Taubstummen-Erziehungs-Anstalt werden angestellt: 1) ein Oberlehrer; 2) die erforderlichen Hülfslehrer und eine Hülfslehrerin. ...
Art. 13. Der Oberlehrer hat in allen die Angelegenheiten der Stiftung betreffenden Gegenständen eine berathende Stimme im Pflegamte.
Art. 14. Das Pflegamt kann die Oekonomie der Anstalt, ganz oder theilweise, dem jeweiligen Oberlehrer übertragen.
Art. 15. Alle taubstummen Kinder sind, auch wenn der im Art. 14 vorgesehene Fall eingetreten ist, nur mit Genehmigung des Pflegamtes aufzunehmen.
Art. 16. ... Der Lehrplan bedarf der Genehmigung dieser Behörde ...
Beschlossen in Unserer Rathsversammlung am 15. März 1861."
„Anlage 1. Eidliches Gelöbnis der Pfleger. Ich gelobe bei Uebernahme einer Stelle in dem Pfleg-Amte der Taubstummen-Erziehungs-Anstalt den wohlthätigen Zweck dieser Stiftung immer vor Augen zu haben und die mir obliegenden Pflichten durch gewissenhafte Besorgung der mit zugetheilten Geschäfte, ohne Nebenabsichten und allein zum wahren Wohl dieser Stiftung und deren Bestimmungen, nach den für diese Stiftung bestehenden Vorschriften zu erfüllen, so wahr mir Gott helfe." „(Publiciert im Amtsblatt den 21. März 1861.)"[99]

8. Gelebte religiöse Toleranz

Die Schule für Gehörlose kann vermutlich von Anfang an allen gehörlosen Kindern zugänglich gewesen sein, unabhängig von der religiösen Zugehörigkeit ihrer Eltern.[100] Es ist wohl davon auszugehen, daß jüdische Kinder recht bald in ihr aufwuchsen. Seit der Zeit als Stiftung ist dies sehr deutlich: Im Spendenverzeichnis für die Berichtsphase „vom 15. November 1860 bis zum 31. Dezember

1861 charakterisierte sich die „Taubstummen-Erziehungs-Anstalt"
selbst als „Pfleg- und Bildungsstätte für alle taubstummen Kinder
von Stadt und Land, ohne Unterschied des Glaubensbekenntnisses".
Um dies zu betonen, hatte man diese Feststellung gesperrt gedruckt.
Und es wurde auf einem Einlegeblatt zu diesem Verzeichnis an „die
Bürger und Bewohner Frankfurts" erklärt, daß das Internat nun per
Gesetz ein „Gemeingut der Stadt Frankfurt" geworden sei und es
dies „ohne Unterschied des religiösen Bekenntnisses" sei.
Der Schulleiter Johannes Vatter betonte die praktizierte religiöse
Toleranz, als er anläßlich des 50jährigen Jubiläums des Internats
1877 die Religionszugehörigkeit der Schüler darstellte: „Da unsere
Anstalt Angehörigen jeder Confession ihre Pforten öffnet, wurden
bis jetzt aufgenommen 63 Zöglinge evang.-luther. Confession, 12
Israeliten, 10 Katholiken, 2 deutsch Reformirte und 1 französisch
Reformirter." Mit der Aussage „Angehörigen jeder Confession",
welche gesperrt gedruckt worden war, wurde insbesondere auf die
Aufnahme jüdischer Kinder verwiesen. Für das Jahr 1880 wurde
dann erklärt: „Die jetzt vorhandenen 26 Zöglinge verteilen sich nach
den Konfessionen wie folgt: 17 Protestanten, 6 Katholiken, 3
Israeliten." Und als der Erste Weltkrieg begann: „Dem
Religionsbekenntnis nach waren 33 evangelisch, 9 katholisch und 6
israelitisch." Während der Weimarer Zeit waren an der
Gehörlosenschule zum Beispiel am 1. Juli 1928 2 jüdische Kinder
von 22 Schülern. Die Kinder bekamen jeweils ihren eigenen
Religionsunterricht. So heißt es für das Jahr 1902: „Die israelitischen
Zöglinge erhalten privatim den erforderlichen Religionsunterricht, z.
Z. von Herrn Pappenheim." (Von außen wurde teilweise die
Konfessionszugehörigkeit wegen allgemeiner Spannungen genau
beachtet. So berichtete 1927 das katholische Stadtpfarramt in
Frankfurt an das Bischöfliche Ordinariat in Limburg, „daß die
Anzahl der katholischen Kinder in der hiesigen Taubstummenanstalt
... 28,94% der Kinder (11 von 38) und 25% der Lehrpersonen (1 von
4) beträgt. ...; die Anstalt ist paritätisch.")[101]

Die Stiftungsleitung selbst, welche den in Frankfurt am Main
üblichen Namen Pflegamt führte und führt, war anscheinend auch
von religiöser Toleranz gekennzeichnet. Dies wurde 1915 in einer
Publikation ausdrücklich hervorgehoben: „Dem paritätischen
Charakter der Stiftung ist auch in der Zusammensetzung des
Pflegamts Rechnung getragen."[102] So gehörte Theodor Stern, ein

Jude, seit 1867 zur Stiftungsleitung, in der er sehr aktiv bis 1900 war.

Es lassen sich zahlreiche und generöse jüdische Spender für die Gehörlosenschule feststellen. Es ist davon auszugehen, daß ein wesentlicher Grund dafür die Offenheit der Schule für jüdische Kinder war. Da es nicht-operative Stiftungen gab, deren Zuwendungen explizit nur Einrichtungen zugute kamen, die keine religiösen - sprich antisemitischen - Schranken aufbauten, konnten auch solche Förderungen in die Arbeit der Gehörlosenschule fließen. In der Erklärung zu einer signifikanten Spende aus den 1890er Jahren heißt es entsprechend: „Auf Grund des Vermächtnisses des sel. Herrn Leopold Goldschmidt hier zu Gunsten ´von gemeinnützigen und wohltätigen Anstalten, welche ihre Benefizien ohne Unterschied der Religion verteilen´, eine Zuweisung von 600.-"

Einen interessanten Einblick in das Unterstützerumfeld der Gehörlosenstiftung gibt eine statistische Erhebung „über private Wohlthätigkeitspflege mit besonderer Berücksichtigung der aktiven Teilnahme der Konfessionen an derselben", die im Jahre 1904 veröffentlicht wurde. Dabei wurden für die Gehörlosenstiftung die Jahre 1890 und 1891 näher untersucht. Um die Religion der Beteiligten zu ermitteln, hatte man folgende Vorgehensweise gewählt: „Die Confession der Mitglieder ist durch ortskundige Vertrauensmänner festgestellt worden. Soweit solche Feststellung nicht möglich war, sind die betr. Mitglieder als ´unbestimmt´ aufgeführt." Man hatte nicht Spenden als Gegenstand der Untersuchung gewählt, sondern diejenigen, die sich namentlich verpflichtet hatten, mit jährlichen Beiträgen die Stiftung zu unterstützten. Bei der Stiftung Taubstummenerziehungsanstalt gab es in dem Zeitraum insgesamt 68 Beiträger. 44 gehörten einer christlichen Konfession an, 23 wurden als jüdisch bestimmt und 1 Person als sog. „unbestimmte". Demnach waren Juden weitaus überproportional mit der Gehörlosenstiftung auf diese Weise verbunden. Die Mitgliedsbeiträge und Einzelspenden ergaben den Gesamtbetrag von 4185,61 Mark, die sich aufteilten zwischen Christen mit 1877,89 Mark und Juden mit 2015,77 Mark; hinzu kamen von den Unbestimmten 291,95 Mark. Darüber hinaus untersuchte man die „Weihnachts-Bescheerung 1892", wobei für sie das Material unvollständig war. Für sie hatten 19 Personen

gespendet: 8 christlicher Konfession, 4 jüdischer Religionszugehörigkeit und 7 sog. „unbestimmte" Personen. Die
Weihnachtsaktion erbrachte 185 Mark, wovon Christen 70 Mark
gegeben hatten, Juden 85 Mark und Unbestimmte 30 Mark. Aus
dieser zeitgenössischen Erforschung des Spendenverhaltens ergibt
sich, daß jüdische Mitglieder für die Gehörlosen weit
überdurchschnittlich gespendet haben.[103]

Es stellt sich von daher verstärkt die Frage nach den Beweggründen
für jüdische Stifter. In der Forschung über deren Motivlage werden
unterschiedliche Erklärungen gegeben. Neben Gründen, die für alle
Stifter und Zustifter gelten wie der Gestaltungswille werden hierbei
auch der „Wunsch nach ewigem Andenken" genannt und
insbesondere „Integrationsbedürfnisse" hervorgehoben. Zu den
Vermutungen gehört eine „hohe soziale Gesinnung ... mit den
Sympathien von – ehedem und aktuell diskriminierten 'Bürgern
zweiter Klasse' für andere ... Unterprivilegierte". Eine schon sehr
weit gehende Vermutung ist, daß Spenden auch eine „patriotische
Gesinnung durch philanthropische Taten" gewesen sein könnten.
Allgemein werden in der Art und Weise des Spendens von Juden
„Indikatoren für den Assimilationsgrad bzw. das
Assimilationsbedürfnis" wahrgenommen; zugleich wird – gegen-
sätzlich - darin der „Ausdruck eines besonders gut entwickelten
jüdischen Selbstbewußtseins" gesehen.[104]

Die Stiftung Taubstummenerziehungsanstalt erhielt wiederholt aus
jüdischen Kreisen namhafte Zustiftungen, zum Beispiel bei
Hochzeiten oder in Testamenten. Es gab aber nie eine Unterstützung
in einem Umfang, daß allein damit der Fonds für die Unterstützung
bedürftiger Schüler hätte aufgebaut werden können. Im Vergleich
dazu hatte Louise von Rothschild zur Erinnerung an den Tod ihrer
Tochter Clementine ein Grundstück und 800.000 Goldmark für das
„Clementine-Mädchen-Hospital" gestiftet; und sie förderte später mit
100.000 Mark den Bau des Stadtbads Mitte.

Falls man von einem Rückgang der Zustiftungen von Juden ab der
Jahrhundertwende meint ausgehen zu müssen, so wird als Grund
vermutlich der Einfluß der Konkurrenz zu sehen sein, wie sie die
jüdische Gehörlosenschule in Berlin bildete, die 1873 gegründet,

dann 1891 in ein stattliches Gebäude zog und mehr und mehr an überörtlicher Attraktivität gewann.

Die jüdischen Frankfurter wurden von ihrer Stadtregierung und manchen Nachbarn während des „Dritten Reiches" ausgeplündert, um schließlich in den Tod geschickt zu werden. Gleich 1933 wurden sie aus dem öffentlichen Leben gedrängt und häufig ihres Einkommens beraubt. Das wird ein wesentlicher Grund gewesen sein, daß bei der Stiftung Taubstummenerziehungsanstalt die Spenden um 48 Prozent zurückgingen.[105]

9. Öffentlichkeitsarbeit im 19. Jahrhundert

In den ersten Jahrzehnten ihrer Existenz war es für die Außenwirkung der Gehörlosenschule von großer Bedeutung, Außenstehenden die Chance zu eröffnen, das Internat zu besichtigen und den Unterricht persönlich zu erleben: „Rührend und herzerhebend ist es, dem Unterricht dieser Kinder beizuwohnen, was den Hiesigen jeden Mittwoch Nachmittags 4 Uhr, den Fremden jeden Tag gestattet ist", heißt es schon 1833. 1845 war es auf den ersten Mittwoch beschränkt worden.[106] 1862 wird erklärt: „Die schon von Kosel eingeführten, dem hiesigen Publikum zugänglichen Prüfungen an jedem ersten Mittwoche des Monats haben viel beigetragen, das Interesse für die Sache der Taubstummen zu erhalten, und der Besuch von Fremden hat sich im Laufe der Jahre auch vermehrt."

Als die ersten Schülerinnen und Schüler den achtjährigen „Cursus" durchlaufen hatten, wollte der Schulgründer öffentlich demonstrieren, daß die Ausbildung zielführend war. Dafür gab es eine öffentliche Schulprüfung im Jahr 1836; solche Prüfungen scheinen damals üblich gewesen zu sein. In den „Frankfurter Jahrbüchern" wird berichtet: „Die Kosel'sche Taubstummen-Erziehungsanstalt hat kürzlich von ihrer menschenfreundlichen Tendenz und segensreichen Wirksamkeit zum Erstenmale öffentlich die erfreulichsten, rühmlichsten und rührendsten Beweise abgelegt. Am 25. und 26. August fanden im Lokale der Sonntags- und Gewerbschule die Prüfungen der Zöglinge dieser Anstalt im Sprach- und Sprechunterricht, in der Naturgeschichte, im Rechnen, in der

Geographie und biblischen Geschichte Statt [sic]. Die Resultate dieser Prüfungen übertrafen alle Erwartungen und wurden mit dem ungetheilten Beifalle aller Anwesenden gekrönt, worunter sich die beiden wohlregierenden Bürgermeister, mehrere Mitglieder der hochwürdigen gemischten Kirchen- und Schulkommission, viele Mitglieder der hochansehnlichen gesetzgebenden Versammlung und löbl. Bürgerrepräsentation und Geistliche aller Konfessionen befanden. Wohlgelungene Proben vom Schreiben und Zeichnen, sowie von verschiedenen Handarbeiten, lagen in einem besondern Zimmer zu Ansicht bereit."[107] „Lehrer und Schüler erwarben allgemeine Anerkennung ...; man war von ihren Leistungen überrascht: denn der Lehrstoff war nicht nur fest eingeprägt, sondern das Gelernte war auch verstanden, die Kinder im Denken geübt. ... Das Ganze erreichte vollkommen seinen Zweck; die öffentliche Theilnahme für die Sache der Taubstummen wurde sehr gesteigert." Die Gehörlosenlehrerin Schmitt wurde für ihre Kompetenz eigens von der Presse gelobt.[108]

1836 war die Zahl der Schüler „auf 11 gestiegen". Mit der Zeit trat bei den öffentlichen Prüfungen eine Gewöhnung ein. Es wurde damals vermutet, daß ein weiterer Grund für das nur noch geringe Interesse im „Wegfall des für Manchen amüsanten Geberdenspiels" zu sehen sei. Man praktizierte nun „öffentliche Frühjahrsprüfungen wie an den übrigen hiesigen Schulanstalten .. . Die erste derartige Prüfung fand zu Ostern 1865 statt." Diese Hauptprüfungen gab es mindestens bis 1911.[109]

Zur Eigenwerbung wurden „unentgeltlich gedruckte 150 elegante Umschläge zu den ´Vorlegeblättern für den Unterricht im Landschaftszeichnen, lithographiert von Zöglingen der Taubstummen-Erziehungsanstalt ... zum Besten der Anstalt herausgegeben´".[110]

Öffentliche Beachtung wurde auch durch die Mitteilung der Spenden erreicht: „im Februar 1837 erschien das ´Erste .. Verzeichniß der Geschenke und Legate, welche die Taubstummen-Erziehungs-Anstalt erhalten hat.´" Diese gedruckten Verzeichnisse bildeten „ein weiteres Mittel, die Theilnahme des Publicums zu erhalten und zu steigern".

Wie Frankfurter, so durften auch Durchreisende die Schule besichtigen und den Unterricht besuchen. Man kann sich des Eindrucks nicht erwehren, daß die Gehörlosenschule zum Tourismusprogramm gehörte. Bezeichnend ist ein Bericht schon von 1835: „Auf dem Rückwege vom Friedhofe bietet sich dem Reisenden auch unweit der Promenade Gelegenheit, das vorzügliche Taubstummeninstitut von Ludwig Kosel zu besuchen". Jedenfalls war das Gehörloseninternat bereits nach wenigen Jahren weithin bekannt. Zwar fehlte es noch im Brockhaus von 1836, aber eine Publikation aus dem Jahr 1839 schreibt, Frankfurt habe „sehr viele Privat-Lehranstalten, wohin auch ein Taubstummen-Institut gehört". Ein Handbuch von 1843 enthält bei einer Schulübersicht auch das „Taubstummeninstitut".[111]

Die Öffentlichkeit wurde über die Besuchszeiten informiert; so heißt es 1833 und dann auch 1845: „Die Taubstummen-Erziehungsanstalt steht vom 1. September bis 1. April am ersten Mittwoch jeden Monats, Nachmittags, nicht von 4, sondern von 3 Uhr an, Jugendfreunden zum Besuche offen. Durchreisenden Fremden kann, nach vorher gemachter Anzeige, der Zutritt auch an anderen Tagen gestattet werden."[112]

Sogar eine internationale Beachtung fand das Frankfurter Gehörloseninternat. In einer Ausgabe der Encyclopaedia Britannica von 1879 steht: „For its deaf and dumb institution the town is indebted to Ludwig Kosel, who in 1827 started with three pupils". Ein Hinweis dieser Art bildete nicht nur eine Anregung für Touristen, sondern könnte auch das entscheidende Moment gebildet haben, welches die Eltern ausländischer gehörloser Kinder angeregt oder in der Entscheidungsfindung beeinflußt hat, sich für das Frankfurter Institut ernsthaft zu interessieren. Zum 50jährigen Jubiläum 1877 resümierte Vatter zur Aufnahme auswärtiger Schüler: „Die erzielten Unterrichtsresultate zogen, mehr und mehr auch Taubstumme von auswärts an, besonders Kinder aus wohlhabenden Familien."[113]

„Damit sein ferneres Wachsen gesichert bleibe und das Interesse des Publicums für die Anstalt nicht abnehme, auch nach deren Uebergang an den Staat, griff Herr Dr. Schwartz den schon von Kosel gehegten Plan jährlicher Beiträge mit lebhaftem Eifer und glänzendem Erfolge wieder auf." Demnach sind die Beiträger erstmals separat 1856 im Spendenverzeichnis aufgeführt worden und es sollen 1860 134 Mitwirkende gewesen sein.

Dieser Kreis von Personen, die Beiträge zahlten und damit der Stiftung eng verbunden waren, wurde am Schluß des Spendenregisters alphabetisch aufgeführt. Es hatte Mitte des 19. Jahrhundert einen stattlichen Personenkreis dieser Art gegeben, so in den Jahren 1858/59, 1862 und 1876; ergänzt werden können die Jahre 1882 und 1884. 1885/86 waren es noch 88 Einträge, wobei 6 aus 2 Personen bestanden. In der Auflistung von 1889/90 sind relativ viele Frauen incl. Witwen verzeichnet; und es lassen sich auch viele Juden darunter vermuten. Noch 1897 sind prominente Personen auf dieser Liste zu finden. Doch bereits 1898/99 nimmt dies signifikant ab. Das „Verzeichnis der jährlich Beitragenden" ist 1902/03 deutlich kleiner, wiederum 1907/08 und erneut 1910/11. Im Berichtsjahr 1911/12 gibt es nur noch 17 Listeneinträge, darunter Alfred Speyer und wohl Theodor Sterns Witwe. Es ist nicht bekannt, wer anfangs warum Beitragszahler geworden war und wieso sich dies so deutlich geändert hat.

10. Spenden im 19. Jahrhundert

Der Gründer hatte für die langfristige Sicherung der Schule - wie sicherlich auch für die Absicherung seiner eigenen bürgerlichen Existenz - an eine Stiftung als Trägerin des Internats gedacht. Das wird erkennbar an einer Art Aufruf, den er, der 1802 geborgen worden war, 1837 machte: „Wenn erst nach einem neunjährigen Bestehen der Taubstummenanstalt der unterzeichnete Gründer und Vorsteher derselben das Verzeichniß der bisher erhaltenen Legate und Geschenke öffentlich bekannt macht; so wird man ihm daraus keinen Vorwurf machen, sobald man bedenkt, daß erst jetzt der Anstalt Dauer und Fortbestand durch die in diesem Jahre von sämmtlichen hiesigen hohen Staatsbehörden derselben verwilligte jährliche Unterstützung ex aerario gesichert ist. Jetzt erst, da sie, um dieses jährliche Aerarialbeitrags willen, welcher ihr früher nur auf einige Jahre zugesichert war, nicht mehr eigentlich zu den reinen Privatanstalten gezählt werden kann, jetzt erst, da sie durch diese ihr nach Ablauf einer neunjährigen Probezeit für alle Zukunft zugesagte Sustentation der Fortdauer auch würdig erklärt worden ist, jetzt erst glaubt man die Hoffnung aussprechen zu dürfen, sie werde von nun an als ein Glied in der schönen Kette unserer Wohlthätigkeitsanstalten betrachtet werden. Damit sie aber einst ganz als eigene Stiftung bestehen könne, und namentlich nach dem Tode des Gründers nicht wieder untergehe, auch die mit vieler Mühe gesammelten Lehr- und Unterrichtsmittel ihr nicht entzogen werden, wäre es gewiß sehr wünschenswerth, wenn (wie bereits früher in diesen Blättern Bd. 3, S. 40. von einem Freunde der Taubstummen bemerkt wurde,) ein Dotationskapital könnte gesammelt werden. Nirgends mehr, als hier, ist reger Sinn, Anstalten, die das Wohl und die Rettung unschuldig Leidender bezwecken, kräftig zu unterstützen, und es bedarf gewiß nur dieser Ansprache, um der jungen Stiftung Freunde und Gönner zu gewinnen, denn grade das Unglück der hülfsbedürftigen Taubstummen, die – ohne Unterricht noch unglücklicher, als die Blinden, - unter uns, fast könnte man sagen, als Heiden leben, spricht so sehr zum Herzen! Die Erfolge, welche Aufrufe zur Unterstützung derselben in anderen Städten, wie namentlich in Braunschweig, Köln, Hamburg, Leipzig und anderwärts hatten, sind redende Zeugen dafür. Schon ist, wie das Verzeichniß zeigt, ein kleiner Anfang gemacht. Gott helfe weiter!"[114]

Es ist sich bewußt zu machen, daß der Begriff Stiftung unterschiedlich verwendet wird: „Im allgemeinen Sprachgebrauch umfaßt er sowohl die einmalige Schenkung als auch das auf Dauer angelegte Rechtsinstitut. ... Dieses Vermögen wird in der Regel durch eine besondere – bereits vorhandene oder neu errichtete – Institution verwaltet, die die dauerhafte Realisation des Stiftungszwecks garantiert. ... Diese spezifische Organisationsform erlebte gerade in Frankfurt im 19. Jahrhundert einen starken Aufschwung." Eine dritte Bedeutung des Begriffs ist die Zustiftung, die eine geringe Summe oder ein stattliches Legat sein kann. Für Frankfurt trifft die folgende Erklärung zu, wonach in der „zweiten Hälfte des 19. Jahrhunderts" „an die Bürgerschaft Aufrufe [ergingen] zu stiften. Genau genommen wurden die Menschen zu einer Schenkung aufgefordert, denn es ging ... darum ..., entweder das bereits vorhandene Vermögen über 'Zustiftungen' aufzustocken oder Geldbeträge einzusammeln, welche direkt" verwendet werden konnten. „Dieser juristisch etwas unsaubere Stiftungsbegriff wurde das gesamte 19. Jahrhundert verwendet."[115] Das trifft auch für die Geschichte der Gehörlosenschule in Frankfurt am Main zu. Für die

Stiftung Taubstummenerziehungsanstalt lassen sich unterschiedliche finanziellen Zuwendungen und auch Sachspenden nachweisen, wobei leider Lücken existieren. Für die Sachleistungen läßt sich der damalige Geldwert kaum berechnen, wie es auch im Grunde nicht lösbare Problem bei einer Vereinheitlichung der Geldbeträge über einen Zeitraum von fast 100 Jahren gibt bis hin zur Angabe von Vergleichswerten in Euro.

Die Stiftung Taubstummenerziehungsanstalt profitierte von einer „Phase intensiver Stiftungstätigkeit, die im wesentlichen die Zeit des Kaiserreichs umfaßt." Frankfurt war eine Stadt wohlhabender Bürgerinnen und Bürger: „Im Jahre 1910 lebten in Frankfurt schließlich 552 Millionäre".[116] Im Sinne einer gegenwärtig modernen sogenannten „Bürgerstiftung", die sich auf Spenden resp. Zustiftungen aufbaut, hat man es damit für die Gehörlosenschule entweder seit 1837 oder ab 1861 zu tun.

In den „Frankfurter Jahrbüchern" hatte Kosel erstmals 1837 ein „Verzeichnis der Legate und Geschenke" für die „Kosel'sche Taubstummen-Erziehungsanstalt", veröffentlicht. Zuerst zählte er Geldspenden auf: „1832 den 1. August. Von Herrn Dr. med. de Neufville 8 Gulden 6 Kreuzer. 1833 den 25. Februar. Durch Herrn Dr. Diehl jun. ein Legat des verstorbenen hiesigen Bürgers und Gastwirths, Herrn Philipp Jakob Böhler von 25 Gulden. 1835 den 26. Dez. Von einem Ungenannten 1 Gulden. 1836 den 8 Februar Von einem Ungenannten 5 Gulden 24 Kreuzer. [1836] den 10. September. Von Herrn Dr. med. de Neufville 22 Gulden. [1836] den 26. Oktober. Von den Herren G. N. G. und J. C. G. 1 Gulden 10 Kreuzer. 1837 den 10. Februar. Von Herrn J. C. Foltz-Eberle und Herrn Rendant Hoff wegen Ver- und Ermiethung einer Wohnung 1 Gulden 21 Kreuzer. [Zusammen] 64 Gulden und 1 Kreuzer." Er setzte diesen formalen Bericht mit dem wichtigen Hinweis fort: „Dieses Geld wurde in der Sparkasse laut Einlegebüchlein Nr. 7720 angelegt und wurden die Zinsen seither stets zum Kapital geschrieben." Anschließend ging Kosel auf Bücher und Objekte ein, worunter viele Berichte anderer Gehörlosenschulen waren. Dann benannte er konkrete Wünsche für die Anstalt: „größere Bilder zum Unterricht in der biblischen Geschichte (kleine Bilderbibeln besitzt die Anstalt bereits), Bilderbücher, Modelle, eine Vögelsammlung der hier lebenden Vögel, Gypsabdrücke zum Zeichnen, eine Drehbank etc." Abschließend erklärte Kosel: „Ueber die erhaltenen Legate und Geschenke wird der Unterzeichnete von nun an jährlich am 31. Dezember seiner Behörde, der hochwürdigen gemischten Kirchen- und Schulkommission, welche ihn dazu auf sein besonderes Ansuchen durch hochverehrten Protokollauszug d. d. 3. October 1836 ermächtigte, Rechnung ablegen, und diese dann in den Jahrbüchern bekannt machen. Frankfurt den 10. Februar 1837. Ludwig Kosel."[117]

In einer Beilage der „Frankfurter Jahrbücher" berichtete Kosel 1838 über drei Seiten von weiteren Gaben. Sein Ziel geht aus der Wortwahl seiner allgemeinen Aussagen deutlich hervor: „Indem ich vorstehendes Verzeichnis ... der Oeffentlichkeit übergebe, spreche ich ... meinen innigsten Dank aus, mit der Bitte, der jungen, der Unterstützung noch so sehr bedürftigen Stiftung fernerhin ihr Wohlwollen zu erhalten." Zu diesem Zeitpunkt gab es noch keine Stiftung, sondern nur seine Privatschule, die mit dem Stadtstaat ein Abmachung zur Teilfinanzierung getroffen hatte. Kosel wünschte sich die „Gründung eines Dotationskapitals für die Anstalt", einen Wunsch, den er „allmählig in Erfüllung gehen" sah. An Geld waren insgesamt 829 Gulden 31 Kreuzer gegeben worden; wesentlich waren dafür zwei Großspenden, eine von 500 Gulden von „einem Freunde der Taubstummen zur Feier des 20. Mai 1838 wegen eines erfreulichen Ereignisses" sowie eine zweite in Höhe von 150 Gulden als „Vermächtnis von einem Freunde der Taubstummen". Touristen wie Einheimische unterstützten die Schule. Den Zeitkolorit vermittelt ein Eintrag unter dem 4. November 1837: „Durch Herrn Friedrich August Susenbeth den Ertrag einer von einer Gesellschaft bei Gelegenheit des Steigens eines Luftballons bei Bornheim veranstalteten Sammlung mit 39 Gulden". Es ist davon auszugehen, daß Ludwig Kosel selbst in bezug zu eigenen Grundstückgeschäften gespendet hat – wenn man eine Namensgleichheit ausschließt: „Von Ludwig Kosel und Herrn Stadtgeometer B. Hartmann wegen Ver- und Erkauf eines Pflanzenlandes 3,30" und von „Frau Anna Dorothea Müller, geb. Hensel, und Ludwig Kosel wegen Ver- und Erkauf eines Grundstücks 2.20" sowie zum selben Tag von „Herrn Gärtnermeister Joh. Daniel Bock und Ludwig Kosel wegen desgl. 2.- " Für eine bessere Spendenakquise hatte Kosel gesorgt, indem er bekanntgab: „Um die Abgabe der Geschenke zu erleichtern, hat sich Herr Major Reges jun. (an der Paulskirche K. 79) zur Annahme derselben freundlich bereit erklärt." Als ein Beispiel für die Sachspenden, die er in seinem Bericht aufführte, gehörten von „Herrn Conditor Prehn mehrere Kokosnüsse und Schildkrötenschalen," sicherlich interessante Lehrobjekte für die Schülerinnen und Schüler.

Es gehörten bald dazu auch praktische Dinge wie Bücher, Mineralien, Geld für die Anschaffung einer Hobelbank sowie separat Hobel. Kosel achtete darauf, daß sein Vorgehen die staatliche Akzeptanz besaß, weshalb er betonte, daß er dies dem zuständigen Gremium gegeben habe, welche das Verzeichnis „eingesehen und davon Vormerkung genommen" habe. „Das Capital des Koselschen Taubstummen-Erziehungsinstitut [sic] war am 31. Juli d. J. erst auf die mäßige Summe von Neunhundert Gulden angewachsen."[118]

Am 21. November 1838 wurde „unter Leitung des Herrn Kapellmeisters [Karl] Guhr in dem unentgeltlich überlassenen Theater ´zum Vortheil des hiesigen Taubstummen-Instituts´ ein Vocal- und Instrumental-Concert gegeben, dem am 17. Januar 1843 ein Concert des berühmten Componisten Herrn Ferdinand Hiller ´zum Besten der Taubstummen- und Blinden-Anstalt´ im Weidenbusch-Saale folgte." Für das Konzert von Guhr, „dessen Ertrag den nun in sein zweites Decennium getretenen Koselschen Taubstummenerziehungsinstitut zu gut [sic] kommen soll", konnte man zuvor in der „Frankfurter Ober-Postamts-Zeitung" das in zwei Teilen gegliederte Programm lesen. Für das Konzert mit Hiller wurde eine „Concert-Anzeige" mehrfach geschaltet: „Man findet Programme und Eintrittskarten in der Musikalienhandlung von Herrn André, auf der Zeil".[119]

Anscheinend erst im Spätherbst des Jahres 1848 wurde ein weiterer Rechenschaftsbericht veröffentlicht: „Durch den Tod des früheren Vorstandes derselben, Herrn Kosel, und durch die inzwischen eingetretenen Zeitverhältnisse wurde die Rechnungsablage bis jetzt verzögert." Man kann sich gut vorstellen, daß die Ereignisse der Revolution von 1848 und die Bedeutung des Paulskirchenparlaments insbesondere das Leben der Menschen in Frankfurt am Main dominiert hatten. Es wurde den „hohen Staatsbehörden" für die „geneigte Unterstützung" gedankt, sodann für die „Bildung eines Aktien-Vereins" sowie „den hiesigen milden Stiftungen für die jederzeit kräftige Unterstützung". Man hoffte, mit den „Erträgnissen der Anstalt" die Zinsen des Aktienkapitals und mit den Spenden das Kapital selbst langfristig „abzutragen." Es folgte die umfangreiche Aufzählung der Spenden, unter denen für 1840 herausragte die von „Sr. Königl. Hoheit dem Herzog von Cambridge für die armen Kinder, 60 Fr. in Gold oder fl. 28". Im Vergleich nicht erwähnenswert erhielt die Schule immerhin auch vom Stadtstaat Geld. Als Fazit wurde angegeben, daß im Zeitraum vom 15. Mai 1840 bis zum 15. November 1848 für den Kapitalfond 3361 Gulden sowie 36,1/2 Kreuzer und zur „sofortigen Verwendung für die Zöglinge" 201 Gulden eingenommen wurden.

Der Deutsch-Französische Krieg von 1870/71 wirkte sich aus: „Bei den vielfachen Ansprüchen, welche in Veranlassung des Krieges in so mannigfacher Weise ... an die Opferwilligkeit unserer Stadt erhoben werden, darf es nicht Wunder nehmen, daß die Summe der Gaben weitaus hinter den Beträgen der Vorjahre zurückgeblieben ist".

Für das Deutsche Reich trat am 1. Januar 1876 eine neue Währung in Kraft: die Mark. Das Verzeichnis der Spenden für den Rechenschaftszeitraum 1875, das im Jahr 1876 veröffentlicht wurde, verwendete folglich erstmals die Mark als Währung.

In Frankfurt war zu Beginn der 1880er Jahre eine Wirtschaftskrise zu spüren: „Denn die allgemein gedrückten Geschäftsverhältnisse machen sich mehr und mehr auch in den Kreisen geltend, aus denen wir den größten Theil unserer Pfleglinge erhalten; wir waren leider neuerdings genöthigt, die Beiträge für verschiedene Kinder herabzusetzen, da die Beitragsleistenden nicht mehr in der Lage waren, die bisherigen Sätze fortzuentrichten."

Im Übergang von 1883 auf 1884 änderte sich das Rechnungsjahr der Stiftung Taubstummenerziehungsanstalt von Kalender weg, „weil wir fortan im Einklang mit der städtischen Verwaltung und den übrigen milden Stiftungen unser Rechnungsjahr mit dem 1. April beginnen."

In den Spendenverzeichnissen gibt es bestimmte, wiederkehrende Arten von Anlässen zur Unterstützung der Anstalt, die über die Zeit nur unterschiedlich ausgeprägt sind. Hinzu kommen zeitspezifische

Phänomene, zum Beispiel in den ersten Jahrzehnten Zuwendungen in unterschiedlichen Währungen. Zu den Besonderheiten in früheren Phasen sind auch Gaben aus dem Ausland oder fernen Gegenden sowie durch „Personen der guten Gesellschaft" zu nennen. In den publizierten Spendenverzeichnissen wird das Vorwort wohl jeweils vom Schulleiter, vielleicht auch vom einzelnen Senior geprägt oder formuliert worden sein. Es stellt sich die Frage, wer die Kurztexte zu den Spenden geschrieben hat. Konnten oder wollten die Spender diese Angaben beeinflussen? Sie werden gewußt haben, daß dies veröffentlicht wurde; das belegen jene mehr oder weniger anonymisierten Angaben. Wie sah die Rücksichtnahme von seiten der Stiftung aus?

Angehörige von Schülerinnen und Schülern sowie auch ehemalige Schülerinnen und Schüler selbst förderten das Institut. Ein konkreter Anlaß war zum Beispiel die Aufnahme des Kindes in die Schule: „von Herrn C. E. von Cossel, Hofchef Sr. Durchlaucht des Herzogs von Holstein-Augustenburg, beim Eintritt seines Sohnes Ernst als Zögling in die Anstalt, an den Fonds 25.-"; „von Freifrau M. von Holzschuher ... in Nürnberg, beim Eintritt ihres Sohnes ... 25.-". „Von Herrn Obergerichtsrath L. J. E. Servais in Luxemburg bei der Aufnahme seines Töchterchens in die Anstalt ein Geschenk zum Fonds 25.-". Es gab größere Spenden oder regelmäßige kleinere Beträge, zum Beispiel von der Familie von Holzschuher nach Spenden von 1867 und 1868 dann 1869: „Von Ihrer Hochwohlgeboren der Freifrau M. v. Holzschuher zum Andenken an ihren sel. Sohn und gewesenen Schüler der Anstalt Freiherrn Siegmund v. Holzschuher zum Fonds 500.-". Auch Herr Dr. Ginsberg war freigebig. Für 1869 heißt es: „Ein Zögling ist kürzlich mit seinen Angehörigen nach Wien übergesiedelt; bei dem Austritt sprach sich der Vater desselben über die bei seinem Sohne erzielten Unterrichtserfolge sehr anerkennend aus und hat die Absicht geäußert, ein Kapital zu stiften, dessen Zinsertrag den ärmeren Zöglingen nach ihrem Austritt ... zu Gute kommen soll." Und dazu vom nächsten Jahr: „Herr Dr. B. Ginsberg in Wien uns den Betrag von 500 fl. in öster. Silberrente überwiesen hat, um damit den Grundstock zu einer Stiftung zu bilden, aus dessen Zinsen wir bedürftigen Zöglingen unserer Anstalt auch nach ihrer Entlassung Behülfe ... gewähren sollen." Zum Kreis der ersten Schüler gehörte Eduard Foltz-Eberle, der zusammen mit seiner (anscheinend unverheirateten Schwester) Mathilde über viele Jahre Geld schenkte, insbesondere „zur Erinnerung an die Gründung der Taubstummen-Erziehungs-Anstalt am 1. November 1827".

Das internationale Renommee der Gehörlosenschule wird ersichtlich aus den Spenden, bei denen solche Angaben mitgeteilt und veröffentlicht wurden. Sie zeigen, woher Besucher kamen. Es werden wahrscheinlich gerade in den frühen Jahren Touristen gewesen sein, die von der Schule gehört hatten und sie deshalb besuchten, oder nur bei einer Besichtigungstour zu ihr gekommen waren und die Arbeit unterstützten wollten. Einige dieser Förderer verfügten über engere Bindungen nach Frankfurt, stammten selbst vielleicht aus Frankfurt. In chronologischer Folge sollen solche Geber und Gaben genannt werden: „2500 Gulden von Frau Anna Maria Arhusen geb. Hauck, in St. Petersburg gestorben". Von „Frau E. Riepke in Danzig, zur Freude der Kinder zu verwenden 8.45". Von „Herrn Geh. Hofrath Prof. Dr. Göttling in Jena, Eintrittskarten an die Zöglinge in den Circus Renz und in's Affentheater." „Von einigen der Monats-Prüfung beiwohnenden Fremden für die Kinder 4.20". „Von Herrn S. Oppenheim aus London, am Beerdigungstage seiner Gattin, Frau Johanna Oppenheim, geb. Schiff ... 25.-". „Von Fräulein D. v. Paschkowsky in Hamburg zum Ankauf einer Nähmaschine ... 3.30" bei einer anscheinend spezifischen Sammlung. „Von Herrn Riger aus Buffalo 1.-". „Durch Herrn Fried. Ad. Jay in Auftrag der Wittwe und Töchter des in Antwerpen verstorbenen Herrn Christian Lemmé ein Geschenk zum Fonds 200.-." „Streit zwischen einem Amerikaner und Kellner Wilhelm .36". „Von den Kindern des sel. Herrn Friedr. H. John aus Hannover ein Geschenk zum Fond 300.-". „Von Herrn Goldstone für die Kinder 2.20". „Geschenk des verstorbenen Rentners Herrn Joseph Augustin Kilian aus Wien zum Fonds 800.-". „Von Sr. Hochwohlgeboren Herrn Baron Hermann von Stern in London 100.-". „Von dem sel. Freiherrn Jonas von Königswarter in Wien durch Herrn Marcus Königswarter 500.-". „Geschenk von Herrn Gustav Maas in Mannheim und der östreichischen [sic] Seehandlung in Wien bei Gelegenheit der gütlichen Beilegung eines Rechtsstreites durch das Schiedsgericht 85.71". „Von Henry Wells Reading, England 3.-". „Durch Herrn Abraham Seligmann ein Geschenk aus Amerika 25.-". „Von Frau Josephine Straus, geb. Weiller in Erfüllung des Wunsches ihres sel. Ehemanns, des Herrn Ralph Sigismund Straus in

Manchester 100.-". „Von Herrn Friedrich Runkel und Herrn H.
Eschwege, London 10.-". „Von Herrn William B. Bonn in New-
York und Herrn Phil. B. Bonn 100.-". „Von Mrs. Charles Zinn".
„Von einer Dame aus England". „Nach letztwilliger Verfügung des
sel. Herrn Hollweg S. Straus in London eine Zuweisung von 100.-".
„Von den Herren Gustav Lilienfeld und Arthur Lilienfeld in London
zur Erinnerung an den 29. November 50.-". „Von dem sel. Herrn
Jacob Goodmann ... ein Legat 500.-". Von „de Jong Schouwenburg-
Waller aus Amsterdam". „Von Frau Helene Mengers in Berlin ein
Geschenk 10.-". „Von Herrn Nikolaus von Zechany aus Wien 20.-".

Stifter jüdischen Glaubens oder jüdischer Vorfahren förderten
substantiell die Stiftung Taubstummenerziehungsanstalt. In einer
kleinen Auswahl sollen jüdische Persönlichkeiten und deren
Familien gezeigt werden: Als bekannteste jüdische Stifterfamilie
Frankfurts haben die Rothschilds sich auch bei dieser Stiftung
engagiert. Aus der Familie wurde gespendet zum Gedenken an ein
Familienmitglied, vermutlich regelmäßig bei der Verehelichung, vor
allem von einem Rothschild mit einer Rothschild, was häufig
geschah. Sie spendeten wiederholt namhafte Summen. Rothschild
beteiligten sich auch anscheinend an Aktionen wie der zur
Anschaffung einer Nähmaschine. Eine wirklich großes Summe
gaben sie aber wie alle anderen Spender nicht für die Arbeit der
Gehörlosenschule.
Mindestens aus zwei Familien namens Bonn wurde diese Stiftung
mit ansehnlichen Beträgen unterstützt, so von einem „William B.
Bonn in New-York". Wiederholt finden sich Gaben vom „Herrn
Konsul M. Budge". Zur Familie Goldschmidt gehörten in den 1860er
Jahren Beitragszahlende. Für 1865 wird erwähnt „Leopold Jac.
Goldschmidt, Königl. würt. Consul" und zu ihm ein Vermächtnis in
1893/94. Auch „Charles Hallgarten", ein bedeutender Frankfurter
Mäzen, förderte die Gehörlosenschule. Albert Merton gab generös
der Stiftung seit seiner Hochzeit für sich, für seine Frau Rosette oder
durch sie. Leopold Sonnemann, der zu den großen Frankfurter
Persönlichkeiten der Moderne gehört, war als „jährlich
Beitragender" mit der Stiftung verbunden und unterstützte sich
immer wieder durch maßgebliche Spenden.
Die Speyers gehörten zu den wichtigen Förderern für die Stiftung der
Gehörlosenschule: Franziska Speyer hatte in ihrem Testament
zahlreiche Frankfurter Institutionen mit Zuwendungen bedacht. In

der Liste mit 91 Einträgen stand auf Platz 75 mit einem Betrag von damals wertvollen 3.000 Mark die „Taubstummen-Erziehungsanstalt".[120]
Ebenso war die Familie Stern mit ihrem Umfeld eine über Jahrzehnte sehr aktive Förderin der Stiftung. Theodor Stern wirkte für sie von 1867 bis ca. 1900 „und hat sich als Kassier wesentliche Verdienste um die Anstalt erworben". Darüber hinaus spendete er häufig, bisweilen mit James Stern. Die Kinder wurden Weihnachten von Theodor Stern nicht vergessen, zum Beispiel durch „verschiedene Spiele (Schiff, Soldaten, Rüstung, Eisenbahn, Puppenwagen)."
Caroline Wiesengrund, Urgroßmutter von Theodor W. Adorno, wie auch sein Großvater gaben immer wieder, so von „Herrn Theodor Wiesengrund zur Erinnerung an den Todestag der seligen Frau Caroline Wiesengrund, geb. Hofmann (28. Nov.) 10.-". Adornos Urgroßmutter war am 28. November verstorben und eine geborene Hoffmann.[121]

Einflußreiche und wohlsituierte Frankfurter Familien nichtjüdischer Herkunft haben ebenso die Stiftung Taubstummenerziehungsanstalt gefördert und mancher von ihnen war über Jahrzehnte ein Beitragszahler. Zwischen diesen häufig bekannten Familien gab es viele Verbindungslinien. Einige Namen sind als Mäzene berühmt. Aber auch von ihnen gab es keine Großspende, die alles überragte. Zu diesen Familien gehörten Bethmann, Brentano, Fellner, Mettenheimer, de Neufville, Passavant und Varrentrapp. Beispielsweise sind die Gontards zu nennen, die zu den reichen Familien hugenottischer Herkunft in Frankfurt am Main gehörten. Es sei auf die Grunelius hingewiesen, eine der großen Familien Frankfurts, deren Name als Stifter heute noch präsent ist.[122] Schließlich seien die von Mumm - später Mumm von Schwarzenstein - genannt, zu denen der erste „Oberbürgermeister" Frankfurts gehörte, welcher selbst viele Jahr ein Beitragszahler war: „Herr Dr. H. Mumm von Schwarzenstein, Oberbürgermeister."

Die Anlässe für kleine und große Gaben decken die Bandbreite menschlicher Lebenslagen ab. So reichen sie von der Wiege bis zur Bahre: Es finden sich in den Listen die Geburt, der Geburtstag und die Genesung eines Kindes. Bei einer Hochzeit gibt es die Gabe des Bräutigam, zumeist aber von Eltern des Paares. Oder es wurde zur Erinnerung an den Hochzeitstag gefördert. Eine Konfirmation war ein Anlaß. Ebenso wurde aus Trauer gespendet. Des Todestages oder des Tages des Begräbnisses wurde gedacht; das Andenken eines geschätzten Menschen wurde geehrt. Um die Privatsphäre zu wahren, wurde jedoch häufig nur ein Datum, aber nicht das Ereignis, genannt.

Ein sehr häufiger Grund in den Spendenlisten für die Stiftung Taubstummenerziehungsanstalt stellt ein sogenannter „Gottespfennig" dar. Angaben in historischen Lexika erläutern den Gottespfennig im Rahmen der Verhandlungen um Vertragsabschlüsse, zum Beispiel bei Mietverträgen. Für eine Spende ist anscheinend ein späteres Verständnis wohl einschlägig, nämlich den Vertrag zu bekräftigen. Darauf läßt sich schließen, weil zwei Namen bei diesen Spenden genannt werden und daß es nur sehr geringe Beträge waren, deren Rahmen auch nach langer Zeit trotz einer gewissen Inflation nicht erhöht wurde. Immerhin kamen über diese Gottespfennige vielen Menschen mit der Stiftung wie auch mittelbar der Schule in Bekanntschaft. Es läßt sich dabei nicht erkennen, wer initiativ wurde, daß es zu diesen Zahlungen kam. Immerhin wurde ziemlich oft der Begriff Sensal verwendet, der in einem alten Lexikon so erklärt wird: „Sensāl (ital.), s. Makler. Sensarīe, s. Courtage".[123] In den 1860er Jahren ist dabei als aktive Person zu finden der „beeidigt. Sensal, Herrn J. Jaffé".
Während es in den1860er Jahren sehr viele Gottespfennige für diese Stiftung gab[124] und es zu einem weiteren Höhepunkt nochmals Mitte der 1880er Jahre kam - wobei jetzt häufig nur noch von „Er- und Vermietung" die Rede war -, nahm dieser Anlaß dann stark ab. Zu Beginn des 20. Jahrhunderts wurde es noch weniger, und kurz vor dem Ersten Weltkrieg war dies nur sehr selten der Fall.
Zu einem ähnlichen Grund können Angaben führen, die aufgrund ihrer Kürze auf Prozesse oder Schiedsgerichte schließen lassen und somit Zahlungen für einen Vergleich, eine Sühne oder eine einschlägige Gebühr darstellen. Auch hierbei läßt sich nicht erkennen, wer angeregt hatte, gerade diese Stiftung auf diese Art und Weise zu fördern.

Erstaunlicherweise - oder auch nicht - kam es zu vielen Sachspenden über die Jahre wie Stoffe, Kleidung und Bücher. Manches wird sicherlich sehr willkommen gewesen sein, bei anderen Gaben könnte man Zweifel haben. Es gab Obst und andere Lebensmittel, auch - bei

Kindern verständlich - Süßigkeiten wie „eine große Düte [sic] mit Pfeffernüssen". Und Anschauungsobjekte für den Unterricht wurden gespendet, sogar ein ausgestopfter Pinguin und ein ebensolcher afrikanischer Reiher. Beispiele zeigt die Liste aus dem Jahr 1913, die von Erdbeeren über Kirschkuchen dann zu Spielen bis zu Schürzen und einer Kiste Toilette-Seife von einem Hersteller reichte. Der Umfang und die Schwerpunkte der Sachspenden schwankten über die Jahre, was sich auch bei Geschenken zum Nikolaus oder zu Weihnachten, teilweise unter dem Stichwort Bescherung, zeigt.

Die Schülerinnen und Schüler konnten bisweilen kostenlos bedeutende oder lehrreiche Veranstaltungen besuchen oder erhielten Einladungen zu Ausflügen. Daran läßt sich auch der Zeitgeist erkennen und es zeigen sich publikumsattraktive Events wie die ILA im Jahr 1909. Beispiele in diachronischer Reihenfolge sind: „von Herrn Geh. Hofrath Prof. Dr. Göttling in Jena, Eintrittskarten an die Zöglinge in den Circus Renz und in's Affentheater"; Ausflug zur Saalburg; vom „Wohllöb. Comité der Frankfurter Kunst- und Industrie-Ausstellung einen einmaligen freien Eintritt"; von „Herrn Carré unentgeltlichen Eintritt in seinen Circus"; unentgeltlicher „Eintritt in die Fettvieh- und Maschinenausstellung"; von „Herrn Bühle unentgeltlichen Eintritt zu den Lappländer Polar-Menschen"; freier Eintritt mit Bewirtung in der elektrischen Ausstellung; unentgeltlicher „Eintritt in die Walfisch-Ausstellung"; freier „Eintritt in den Zirkus Sidoli"; von „Herrn Wilhelm Hagenbeck freien Eintritt in die Raubtier-Dressur-Schau-Vorstellung"; durch „Frau Professor Dr. Kunz Ausflug nach Niederrad mit der Straßenbahn und Bewirtung der Zöglinge"; durch den „Herrn Vorsitzenden des Finanzausschusses der Internationalen Luftschiffahrt-Ausstellung freien Eintritt in die Ausstellung"; durch „Herrn Direktor Seeth freien Eintritt zu der Weihnachtsvorstellung im Schumanntheater"; von „Herrn Direktor Sarrasini freien Eintritt in seinen Zirkus"; von „der Jugendgruppe der Frankfurt-Loge die Kosten eines Ausfluges mit der Straßenbahn nach Niederrad"; durch „Herrn Kapitän-Leutnant von Mumm freien Eintritt in die Kriegsmarine-Ausstellung." Manche der Spender machten folglich zugleich Werbung für ihre Vorhaben und brachten den Schülern die eigenen Themen nahe.

Zudem wurde bisweilen ein freier Eintritt in den Palmengarten oder den Zoo offeriert. Darüber hinaus erhielt die Schule Ermäßigungen, über welche sie im Spenderverzeichnis informierte, beispielsweise in einer Apotheke, einer Badeanstalt oder für das Gas. Schließlich werden Ärzte genannt, die unentgeltlich behandelten, darunter auch „Herr Dr. med. Gustav Vatter".

Ein guter und lebensbejahender Grund zur Dankbarkeit waren angenehme Feiern: „Von einer Gesellschaft in der Neujahrsnacht 1875-1876 gesammelt 7.-", von „N. N. an einem fröhlichen Abend 2.-", durch „Herrn Sand aus Mausefallen, verkauft auf dem Maskenball im Zoologischen Garten", „bei Auflösung einer Samstags-Gesellschaftskasse als Geschenk", „eine Anzahl Gegenstände zu einer Verlosung am Sylvesterabend", von „dem Bürgerball-Komitee 100.-" und von „vergnügten Kegelbrüdern im Grand Hotel National hier durch Herrn Theodor Schünemann 9.-". Ein seltener, aber wiederkehrender Anlaß für eine Spende war eine Wette, anscheinend für den Sieg, vielleicht auch über den gewonnenen Betrag, so „für eine gewonnene Wette" und von „Herrn Dr. jur. F. Betrag einer gewonnenen Wette 20.-". Als abstrakt formulierter religiöser Grund wurde häufig unter dem Stichwort Gottvertrauen gespendet. Bezeichnend wie kurios sind die folgenden Beispiele: „Aus Felix und Thekla's Sparbüchse 5.-"; „Ablieferung eines zugeflogenen Schwanes von Herrn N.N. 5.-", von „5 Damen gelegentlich einer Besichtigung der Anstalt 30.-".

Wahrscheinlich das zentrale Ziel der Spendenakquise, nachdem Haus und Grundstück erworben worden waren, bildete die Unterstützung aller Frankfurter Kinder, die nicht die Internatsgebühren bezahlen konnten: „Es war der schöne Gedanke des verewigten Gründers dieser Anstalt, daß es dahin kommen müsse, die Zinserträge des aus milden Gaben entsprungenen Instituts auch zu Freiplätzen für taubstumme Kinder der ärmeren Klasse verwenden zu können",[125] und zwar „ohne Unterschied des Glaubensbekenntnisses". Für diese Schülerinnen und Schüler wurde ein solcher Kapitalfond auch am Ende des 19. Jahrhunderts angestrebt. Deshalb wurde dafür Anfang der 1890er Jahre geworben: „Wenn wir die namhaften, nach der Stiftungsordnung wegen ihrer Höhe zur Vermehrung des Kapitalfonds bestimmten Vermächtnisse besonders hervorheben ..."

11. Drittes Schulgebäude 1900

„Nachdem im Laufe der Jahre die Zahl der Zöglinge über 30 gestiegen war, konnte das ursprünglich nur für etwa 20 Kinder berechnete Gebäude, so schön auch seine Räume waren, und so angenehm es sich in dem 85 Ar umfassenden Garten lebte, nicht mehr genügen. Es fehlte vor allen Dingen an geeigneten Aufenthaltsräumen für die Zöglinge in der Freizeit, an einem Zeichensaal und einer Turnhalle. Ein Neubau wurde von Jahr zu Jahr dringender. Das Pflegamt verschloss sich dem nicht, konnte aber erst nach reiflicher Erwägung einleitende Schritte zur Erlangung eines neuen Hauses tun. Es musste bedacht sein, der Stiftung das bescheidene Kapitalvermögen, das nach und nach aus den der Anstalt zugewiesenen Legaten angesammelt worden war, zu erhalten. Damit war das Aufführen eines neuen Gebäudes in dem alten Anstaltsgarten ausgeschlossen. Letzterer sollte veräussert und der Erlös zu einem Neubau verwendet werden. In dieser schwierigen Lage öffnete sich unerwartet ein gangbarer Weg. Die Stadt hatte das Gebäude der Klingerschule an den Staat verkauft, die Klingerschule sollte in das Gebäude der Musterschule übersiedeln, und für letztere sollte ein Neubau erstellt werden. Bei dem grossen Mangel an geeigneten Plätzen nahe den Grenzen der Altstadt erschien den städtischen Behörden das ausgedehnte Gelände der Taubstummen-Erziehungs-Anstalt als besonders geeignet für den Neubau der Musterschule. Die mit dem Pflegamt eingeleiteten Verhandlungen führten zu folgendem Ergebnis: Das Pflegamt überlässt der Stadt das Terrain an der Eckenheimer Landstrasse; die Stadt gibt dafür der Anstalt an der Ecke der Rothschild-Allee und Günthersburg-Allee 70 Ar Land und lässt darauf den Neubau auf ihre Kosten aufführen. ... In erster Linie sollte der Anstalt auch für die Zukunft der Charakter einer Familien-Erziehungs-Anstalt, der sich so trefflich bewährt hatte, erhalten werden. ... Ohne Gefahr zu laufen, den Charakter der Anstalt zu alterieren, glaubte ich einen Neubau für etlich und vierzig Zöglinge empfehlen zu können."[126] So berichtete Johannes Vatter über den Wechsel in das dritte Schulgebäude für die Gehörlosen.

Entscheidend für das erfolgreiche „Upgrade" war das Eintreten des Pflegamtes der Stiftung für die Gehörlosenschule. Dies begann damit, daß man sich im Pflegamt Gedanken machte, als für die Schule mehr Räume benötigt wurden. Deshalb dachten die Pfleger an die „Erwerbung eines möglichst billigen Bauterrains in einem der Vororte". Und es wurden „bereits im Dezember 1896 die einleitenden Schritte zur Erlangung eines Neubaues gethan." Als die Stadt an das Pflegamt herantrat, weil sie das Grundstück der Gehörlosenschule für eine eigene städtische Schule benötigte, nutzte das Pflegamt die bessere Verhandlungsposition aus. Das wird aus einem Bericht der Stadtkämmerei an den Magistrat von 1898 deutlich: „Das Pflegamt der Taubstummen-Erziehungs-Anstalt ... hat uns erklärt, dass es die ... formulirten Bedingungen eines Tauschs für zu ungünstig halte, als dass es in Wahrung der Interessen der Taubstummen-Erziehungsanstalt dieselben gutheissen könnte. Da das Pflegamt auf der Forderung der Bewilligung eines Betriebskapitals, welches die Stadtverordneten-Versammlung in der geforderten Höhe von 50,000 Mark abgelehnt hatte, bestand, so machten wir, um in anderer Weise die geforderten Leistungen der Stadt zu vermindern, den Vorschlag, die Taubstummen-Erziehungs-anstalt möge sich mit der Ueberweisung eines kleineren Grundstücks als die in Aussicht genommenen ... begnügen. Das Pflegamt erhob jedoch Bedenken dagegen ... Im Verlaufe der Verhandlungen wurden dann statt des bisher für die Taubstummen-Anstalt in Aussicht genommenen Bauplatzes ein anderer in Betracht gezogen ... Das Pflegamt würde, wenn der Taubstummen-Anstalt dieses Gelände zu Eigenthum überlassen wird, von Ueberlassung weiteren Terrains absehen und sich – statt der beanspruchten Zahlung eines Kapitals von 50,000 Mark, mit einer Zahlung von 25,000 Mark befriedigt erklären. Wir glauben, im Interesse der Erzielung einer Einigung mit der Taubstummen-Erziehungs-Anstalt, ein Abkommen auf der angegebenen Grundlage empfehlen zu sollen."[127]

Das Pflegamt setzte sich gegen die Stadtregierung durch: „Das Pflegamt überlässt der Stadt das bisherige 85 ar umfassende Terrain an der Eckenheimer Landstrasse, von dem 15 ar bereits Eigentum der Stadt sind; die Stadt giebt dafür der Anstalt an der Ecke der Günthersburg- und Rothschildallee 70 ar Land und lässt darauf den Neubau für die Taubstummen-Erziehungs-Anstalt ausführen." Der Bau einer größeren Schule auf Kosten der Stadt auf einem eigenen, relativ zentral gelegenen großen Grundstück war ein beachtenswerter Verhandlungserfolg; zu den 280.000 Mark, die der Neubau kostete, erhielt die Gehörlosenschule zusätzlich 25.000 Mark für das neue Inventar.[128] Zugleich brauchte die Stadt Frankfurt eine solche Schule für ihre nichthörenden Kinder.

„Am 18. Januar 1899 beschlossen die städtischen Behörden, Projektverfassung und Bauleitung des Neubaues einem Privatarchitekten zu übertragen, und veranlassten zu diesem Zweck unter 3 Frankfurter Baumeistern einen engeren Wettbewerb. Von den drei Entwürfen wurde der des Herrn Architekten Friedrich Sander durch das Hochbauamt im Einvernehmen mit dem Pflegamt der Anstalt zur Ausführung empfohlen ... Am 5. Juli 1899 wurde mit dem Bau begonnen und Mitte November 1900 war derselbe vollendet. Der stattliche Neubau (es ist eine Grundfläche von 930 qm bebaut; davon entfallen 754 qm auf das Hauptgebäude und 176 qm auf die Turnhalle etc.) mit seinem 60 ar grossen Garten". „Der Neubau wurde am 20. November ... durch Herrn Bürgermeister Varrentrapp dem Pflegamt der Anstalt übergeben".[129] Das Gebäude war in der Rothschildallee 16,[130] eine Adresse, für die sich viel später die Angabe Gabelsbergerstraße 2 durchsetzte.

„Die Hauptfront des Gebäudes liegt nach der Günthersburg-Allee zu. ... Es ist eine Grundfläche von 930 qm bebaut. ... Das Gebäude wurde möglichst nahe der südwestlichen Grundstücksecke aufgeführt, damit für Obst- und Gemüsegarten ein möglichst günstig gelegenes Gelände frei bleibt. Der Haupteingang und die Haupttreppe liegen an der nordwestlichen Front des Hauses. ... Da die Anstalt als Internat dem Doppelzweck eines Schul- und Wohnhauses zu dienen hat, wurde von der bei anderen hiesigen Schulbauten beliebten Nordlage der Klassenzimmer Abstand genommen; denn eine solche hätte auch für Wohn- und Schlafräume die Nordlage bedingt. Mit dem Aufgeben der Nordlage für die Klassenzimmer wurde auch erzielt, daß Schulzimmer und Arbeitssäle nach der ruhigen Gartenseite liegen. Das Souterrain (nach der Gartenseite) enthält eine geräumige Waschküche mit Nebenraum, einen Pflanzenkeller, Kohlenraum und die Zentralheizung (Niederdruckdampfheizung), welche sich auf sämtliche Räume des Hauses erstreckt. Räume für Gartengeräte, Spielgeräte usw.; auf der entgegengesetzten Seite befinden sich die Küchenkeller usw. .. Erdgeschoß. Neben dem Haupteingang befindet sich das Gärtner-(Portier-)Zimmer. Daran schließen sich der Speisesaal, das Anrichtezimmer, die Küche, ein Reservezimmer und die Speisekammer. Dem Haupteingang gegenüber liegt das Besuchs-(Eltern-)Zimmer. Daran schließen sich die beiden geräumigen

Arbeitssäle, welche durch eine 2,70 m breite mehrflügelige Tür zu einem großen Raume für Schulfeiern, Weihnachtsbescherung usw. vereinigen können. Neben dem Mädchenarbeitssaal ist das Näh- und Bügelzimmer, dem noch am Ausgang zur Turnhalle und zum Spielplatz ein Raum für Gartengarderobe der Zöglinge folgt. Auf der gegenüberliegende Seite sind drei Badekabinette eingerichtet. Um den Zöglingen auch bei ungünstiger Witterung an Sonn- und Feiertagen und während der Pausen einen Erholungsort zu bieten, wurde in jedem Stockwerk ein größerer Aufenthaltsraum geschaffen. Im Erdgeschoß steht derselbe mit den Arbeitssälen der Knaben in unmittelbarem Zusammenhang. .. Erstes Obergeschoß. Nächst der Haupttreppe im Zentrum des Gebäudes liegt das Arbeitszimmer des Direktors, rechts davon das Lehrmittelzimmer und links davon in einer Flucht die 4 Klassenzimmer. Dieselben weichen in ihren Dimensionen nur wenig von der Quadratform ab. In ihnen sind für den Unterricht eigens konstruierte halbkreisförmige Pulttische untergebracht. Den Klassenzimmern gegenüber liegt der Zeichensaal. Den südlichen Teil des 1. Obergeschosses nimmt die Wohnung des Direktors ein. .. Zweites Obergeschoß. Dasselbe, zur Aufnahme der Schlafräume bestimmt, gliedert sich in die Mädchen- und Knabenabteilung. Die Zimmer der Lehrerinnen und Lehrer, welche die Aufsicht über die Schlafräume zu führen haben, sind so verteilt, daß jedem Schlafsaal ein Lehrer- bzw. Lehrerinnenzimmer folgt. Besondere Wasch- und Kleidersäle (Schrankzimmer) befinden sich in jeder Abteilung. Auch ein Krankenzimmer mit zugehöriger Bad- und Klosettanlage ist vorhanden. ... Im Dachstock sind die Räume für das weibliche Dienstpersonal untergebracht. Ein großer Trockenboden zieht sich über den kürzeren Flügel des Gebäudes hin. In den Giebeln befinden sich geräumige Gastzimmer. ... Küche und Amtszimmer sind an das Telephonnetz angeschlossen."[131]

Eine begriffliche Verbesserung seiner Stellung erhielt der Internatsleiter: aus einem „Oberlehrer" wurde 1901 ein „Direktor". Vatter wurde zudem zum Königlichen Schulrat ernannt. Darüber hinaus erhielt er den preußischen Roten Adler-Orden IV. Klasse und wurde vom Zaren am 19. Juni 1901 mit dem Kreuz „des St. Stanislaus-Ordens zweiter Klasse" ausgezeichnet, dessen Annahme ihm vom Kaiser gestattet wurde. Die Bundesversammlung Deutscher Taubstummenlehrer wählte ihn 1903 zu ihrem Ehrenvorsitzenden.[132]

12. Übergriffe der Stadtregierung

Um der Gehörlosenschule eine langfristige Perspektive zu geben, hatte schon ihr Gründer aktiv an einem Kapitalgrundstock gearbeitet, aus dessen Erträgen die Arbeit finanziert werden sollte. Der erste wesentliche Schritt war der Aktienverein, welcher ein eigenes Gebäude mit dem Grundstück für das Internat erbrachte. Mit den weiteren Sammlungen führte dies zu einer Stiftung im Jahr 1861. Die dafür gewählte Rechtsform einer „öffentlichen milden Stiftung"[133] erwies sich langfristig als schwerer Fehler, weil sie Jahrzehnte später erheblich zum Ende der Schule beitrug.

„In der Frankfurter Gesetzessprache hatte sich die namentlich in der Stiftungsordnung von 1833 wiederholt benutzte Bezeichnung 'öffentlich milde Stiftungen' zu einer technischen ... entwickelt".[134] Zugleich wurde und wird auch der Begriff „selbständige städtische Stiftung" verwendet. Er ist offenkundig eine „contradictio in adiecto": entweder die Stiftung ist „selbständig" oder sie ist „städtisch". Das Verhältnis zwischen diesen Frankfurter Stiftungen und der Stadtverwaltung ist seit über 150 Jahren von grundlegenden Konflikten geprägt, bei denen die Stadtpolitik phasenweise vehement agierte.

Die Initialzündung für diese Konflikte, unter denen später auch die Frankfurter Gehörlosen leiden mußten, war die Annexion der Freien Stadt Frankfurt durch den preußischen Staat 1866. Die Kommunalregierung entwickelte sich in ihrer administrativen Leitung nicht mehr entscheidend aus den politischen Führungskreisen der Stadt heraus, sondern wurde maßgeblich von einem verwaltungstechnischen Denken in einem obrigkeitsstaatlichen Gefüge bestimmt. Frankfurts wirtschaftlicher Aufschwung im letzten Drittel des 19. Jahrhunderts sowie die Eingemeindungen bedingten eine rasante Vermehrung der Einwohnerzahl: sie wuchs von 78.000 im Jahr 1867 in 50 Jahren auf 437.000. Dazu trug bei, daß die neuen Industriebetriebe, die zuvor nur außerhalb der Stadt errichtet werden durften, zahlreiche Arbeitskräfte von nah und fern angezogen hatten. Das führte bei Krisen in ärmeren Kreisen zu Not und damit zu gesteigerten Sozialleistungen durch die Allgemeinheit. Bis zum Ende der Zeit als Freie Stadt war diese Hilfe durch Stiftungen erfolgt, „die nur im

Ausnahmefall Unterstützung aus dem städtischen Haushalt erhielten"
- wobei die jüdischen Frankfurter sich gezwungen sahen, eigene
Stiftungen dafür zu unterhalten, denn sie waren „von der Nutzung
der oben erwähnten öffentlichen milden Stiftungen ausgeschlossen".
Nun übernahm dies zunehmend die Stadt. Hinzu kam, daß jeder, der
hier seinen Unterstützungswohnsitz hatte, Sozialhilfe beanspruchen
konnte; dafür reichten zwei Jahre Aufenthalt in der Stadt aus.[135]

„Durch Einführung der obligatorischen öffentlichen Armenpflege
war die Stadt gezwungen, eine kommunale Armenpflege
einzurichten. Dies geschah durch Beauftragung der 'städtischen
Polizei-Sektion' ... Die Polizei-Sektion genügte dieser Verpflichtung
im ersten Jahr ihrer Beauftragung, 1870, mit einem Haushalt von
insgesamt 7900 Gulden, von denen 1200 Gulden für
'Schwimmunterricht der Volksschüler' bestimmt waren." Diese
Vorgänge mündeten ein „in die am 1.April 1883 eingeführte
Frankfurter Armenordnung" mit der „Schaffung eines Armenamtes".
Der Umbruch in der Stadtverwaltung bildete einen straffen
administrativen Rahmen.[136]

Mit der verstärkten Ausbreitung der Stadt und zunehmender
Bedeutung der Stadtverwaltung begannen Oberbürgermeister,
Magistrat und Stadtverordnetenversammlung, entsprechend
Wirtschafts- und Siedlungspolitik zu betreiben. Für diese
Stadtplanung wollte man auf die Grundstücke der alten reichen
Stiftungen zurückgreifen. Denn es „besaß das Hospital zum Heiligen
Geist in dieser Zeit den umfangreichsten Grundbesitz in der Stadt.
An zweiter Stelle folgte das Katharinen- und Weißfrauenstift, an
achter Stelle das Armen- und Waisenhaus". Beispielsweise benutzte
der Frankfurter Oberbürgermeister zu Beginn des 20. Jahrhunderts
das Eigentum des St. Katharinen- und Weißfrauenstifts, um auf
dessen, an die Stadt vermieteten Gelände den Frankfurter
Luftschiffhafen zu gründen. Im Hauptkonflikt dieser Stiftungen mit
der Stadt am Ende des 19. Jahrhunderts nahm auch das Pflegamt der
Stiftung Taubstummenerziehungsanstalt Stellung: „Die neue
Bestimmung ist in ihrer Allgemeinheit um so bedenklicher, als aus
derselben sich sogar ein Recht der Stadtgemeinde auf zwangsweise
Abtretung solcher Stiftungs-Grundstücke ableiten liesse, deren
Verwendung zu städtischen Zwecken ihr wünschenswert

erschiene."[137] Mit diesen Bedenken hatte die Stiftung Recht; und mittelbar betraf es sie selbst ein halbes Jahrhundert später.

Neben den Grundstücken dieser Stiftungen hatte es die Stadtregierung auf deren mehr oder weniger liquide Mittel abgesehen. Denn noch „1847 betrugen die Einnahmen der von der Stadt verwalteten Einrichtungen zusammen 186.000 Gulden, während sämtliche privaten Anstalten zusammen .. über 146.500 Gulden an Einnahmen verfügen konnten." Immer wieder wünschte man die Anlage von Stiftungsgeldern in Papieren der Stadt oder städtischer bzw. stadtnaher Gesellschaften. So im März 1900, als Oberbürgermeister Adickes Druck auf das Pflegamt des Hospitals zum Heiligen Geist ausübte, einer Trambahngesellschaft gegen 4% Zinsen beizutreten. Das war auch noch so in der Weimarer Zeit: der Magistrat erwartete Ende 1930, daß die Stiftungen mit einem Teil ihrer Guthaben städtische Anleihen kauften.[138]

Oder man wollte die Gebäude für eigene, städtische Zwecke nutzen. So „ist dem Pflegamte des Versorgungshauses Seitens der Stadtgemeinde der Vorschlag gemacht worden, das Anstaltsgebäude der Stadt Frankfurt behufs Einrichtung von städtischen Aemtern darin auf drei Jahre miethweise zu überlassen und dagegen die gesunden 120–140 Pfleglinge in Bürgerquartieren, die 30-40 Kranken im städtischen Siechenhaus unterzubringen."[139] Hier wurde bereits zur Jahrhundertwende genau das angestrebt, was nach dem Zweiten Weltkrieg der Stiftung Taubstummenerziehungsanstalt und damit der Gehörlosenschule angetan wurde: statt im Gebäude der Stiftung den Stiftungszweck zu verfolgen, wurden städtische Ämter dort untergebracht.

Letztlich war es das Ziel führender Stadtpolitiker, die Stiftungen zum Teil der Stadtverwaltung zu machen. Um dies leichter zu ermöglichen, führte das Vorgehen der Stadt zur Aufhebung der Trennung einer Aufsichtsbehörde von einer Verwaltungsbehörde. Denn Schritt um Schritt entsendete man mehr Mitglieder in die Pflegämter. Der Konflikt zwischen Stiftungsinteressen und Gemeindeinteressen wurde justitiabel negiert. Dabei hatte die Allgemeine Stiftungsordnung in der Fassung von 1875 noch die Trennung bestimmt: „Pfleger können nicht sein: Mitglieder des Magistrats, sowie besoldete Gemeinde- und Stiftungsbeamte ...

Mitglieder der Stadtverordneten-Versammlung sind wählbar; doch darf sich in keinem Pflegamt mehr als ein Stadtverordneter als Pfleger befinden."[140] Gewählt wurden die Pfleger eben von dieser Stadtverordnetenversammlung.

Die Einverleibung der „öffentlichen milden Stiftungen" in die Sozialverwaltung der Stadt hatte bereits 1881 Ludwig Holthof in einer programmatischen Veröffentlichung gefordert. Damals wollte der neue Oberbürgermeister Johannes Miquel eine zentralisierte „Armenverwaltung", an welche die Stiftungen ihre „Überschüsse" abgeben sollten. Miquel wollte diese Stiftungen nur als Fassaden erhalten, denn sie würden „'vielfach Veranlassungen zu freiwilligen Zuwendungen'" geben. Das gehörte zum Selbstbild eines rational orientierten Verwaltungshandeln im Wilhelminischen Frankfurt.[141]

Die Attacke der Stadtregierung begann 1898 mit der euphemistischen Wendung, man wolle die „öffentlichen milden Stiftungen ... in engere Fühlung mit der städtischen Verwaltung" bringen. Diese Stiftungen kämpften um ihre Unabhängigkeit. Auch das Pflegamt der Stiftung Taubstummenerziehungsanstalt bezog Stellung gegen den Magistrat: „Die ... Möglichkeit, dass der Magistrat eines seiner Mitglieder in ein Pflegamt deputirt und ihm sogar den Vorsitz in demselben überträgt, halten wir für unvereinbar mit allgemeinen rechtlichen Grundsätzen", weil dadurch „ein Mitglied der in erster Linie bestellten Oberaufsichtsbehörde zugleich Mitglied des Amtes ist, das er mit zu beaufsichtigen hat". Ein Rechtsgutachten von Carl Sartorius beschuldigte die Stadtverwaltung: „Die verstärkte finanzielle Nutzbarmachung des Stiftungsvermögens für den städtischen Haushalt ist der Zweck der Aenderungen der Stiftungsordnung."[142] Denn jetzt durfte die Stadtregierung Magistratsmitglieder in die Stiftungen wählen – und sogar den Vorsitz übernehmen.

Das Gegengutachten für die Stadt kam anschließend von Paul Laband, der unter anderem behauptete: „Die Pflegämter der öffentlichen Stiftung [sic] sind lediglich Hülfsämter der staatlichen (oder städtischen) Stiftungsverwaltung". Diese Betrachtungsweise entsprach weder dem Selbstbild der für die Stiftungen tätigen Personen noch dem Verständnis der Zustifter. Wäre diese Einschätzung allgemein bekannt geworden, wären die Spenden dramatisch zurückgegangen. Der Rechtsstreit war für den Oberbürgermeister so wichtig, daß er die Nachricht vom Ausgang per Telegramm mitgeteilt bekam: „oberbuergermejster [sic] adickes frankfurtmain guiolettstrasze" „v wiesbaden 9 11/ 12 7 s = Stiftungsordnung genehmigt = grimm".[143] Die juristischen Institutionen akzeptierten das Vorgehen der Stadt. Der Gedanke der Selbstverantwortung der Bürger und die Subsidiarität hatten in Frankfurt am Main verloren.

Als das Vermögen der Stiftung Taubstummenerziehungsanstalt angewachsen war, fielen die begehrlichen Blicke der Stadtpolitik auch auf sie. So meinte der Stadtverordnete Korff 1916, als der Direktor in den Ruhestand ging, „ob jetzt nicht der geeignete Zeitpunkt ist, um in der Organisation der Taubstummen-Anstalt, insbesondere in Angliederung der Taubstummen-Erziehungs-Anstalt an unser städtisches Schulwesen, geeignete Aenderungen vorzunehmen."[144]

Während des Ersten Weltkrieges kam es zu rechtlichen Veränderungen bei der Taubstummenerziehungsanstalt. Ein Vorwand war die Schulpflicht gehörloser Kinder: „Art. 1: Das Pflegamt soll um ein vom Magistrat zu wählendes Mitglied vermehrt werden, um der Schulverwaltung den hinreichenden Einfluß in der Verwaltung zu sichern. Art. 2: ... Es soll ferner die Möglichkeit vorgesehen werden, die Taubstummen-Erziehungs-Anstalt auch für die schwerhörigen Kinder nutzbar zu machen. ... Art. 4: Die Anstalt war bisher ausschließlich für interne Zöglinge bestimmt, in Ausnahmefällen sollen künftig auch extreme [sic] (d. h. nicht in der Anstalt wohnende) aufgenommen werden können. ... Gleichzeitig legen wir einen Entwurf des mit dem neuen Direktor abzuschließenden Ökonomievertrags vor; in demselben ist die jederzeitige Lösung des Vertrags ohne Entschädigung vorgesehen, um völlig freie Hand zu haben, wenn sich Mißstände ergeben sollten."[145] Die mögliche Einbeziehung schwerhöriger Kinder sowie eine Beendigung der Familiensituation prognostizierten grundlegende Einschnitte. Das Druckmittel gegen den Direktor zeigt den mangelnden Anstand und die offenkundig böswillige Intention: Bei Mißständen hätte man stets handeln können, wobei es bis dato keinen Anlaß gab. Es ging um die „völlig freie Hand", um die Möglichkeit, willkürlich vorgehen zu können und zudem über ein solches Damoklesschwert zu verfügen.

Die Gehörlosenschule wurde in ihrer Existenz schwächer, weil die städtisch dominierte Stiftung von ihr abrückte. 1922 beklagten sich Lehrer gegenüber der Stadtverordnetenversammlung: „Bei der jetzigen Bewertung zur Erhaltung der Anstalt hat es uns schmerzlich berührt, daß das Pflegamt derselben als berufenste Instanz nicht mit uns für den Fortbestand des Vatterschen Instituts eingetreten ist." Immerhin wehrte sich das Pflegamt 1929 gegen die Abschaffung der Pflegämter selbst, weil dadurch vermeintlich Geld gespart werden sollte; dabei war dies eine ehrenamtliche Tätigkeit: „Die einzige Ausgabe für Verwaltung ist die Vergütung der Buchhaltung mit 400 Rm. jährlich. ... Nach Abschaffung des Pflegamts ist die Stiftung ohne Vertretung der städtischen Verwaltung gegenüber."[146]

In der Verwaltungsordnung von 1949 wurde festgelegt: „Unter den Mitgliedern des Pflegamtes soll sich nach Möglichkeit eine in der Erziehung Taubstummer erfahrene Persönlichkeit befinden." Aber dies war eine Täuschung, denn einen Vertreter ihrer Interessen fanden die Gehörlosen nicht mehr im Pflegamt. Gehörlose wollten deshalb selbst im Pflegamt vertreten sein. Wieder und wieder brachten sie über die Jahre dieses Anliegen vor, ohne daß es zu einer Verbesserung kam. „Eine gewisse Berechtigung wird man uns nicht versagen, wenn man berücksichtigt, dass die Stiftung für die Gehörlosen gemacht wurde und demnach diese zu allererst angeht." Und Gehörlose beklagten sich Ende der 1960er Jahre: „Die Stiftung Taubstummen-Anstalt wird durch ein Pflegeamt verwaltet, das fast 100 Jahre lang aus namhaften Bürgern dieser Stadt bestand. Der 1. und 2. Senior waren meist bekannte Justizräte, außerdem war vorwiegend ein Arzt und ein Bankier im Pflegamt vertreten. Die Geschäftsführung oblag der Kanzlei des 1. Seniors. ... Während die Pflegeamtsmitglieder aus der Bürgerschaft stolz auf die Stiftung waren und alles taten, um sie zu fördern und ihr, und damit den Taubstummen, zu dienen, tat das Schulamt nach 1945 alles, um die Stiftung auflösen zu können. Der Dezernent des Schulamtes machte immer wieder Versuche, die Auflösung zu bewerkstelligen. Diese Vorhaben scheiterten an der entschlossene Abwehr von Männern wie Prof. Dr. Flesch-Thebesius ..."[147] Aber der Erhalt der Stiftung war nicht eine Wiederbelebung der Bildung und Ausbildung von Gehörlosen.

Es gab und gibt immer wieder in Frankfurt von Stiftern ein ausgeprägtes Mißtrauen gegenüber der Stadtregierung: „Senckenberg als Hauptstifter hatte verfügt, dass ′Meine Stiftung ... allseits separat bleiben und niemals vermengt (werden soll) mit Stadtsachen′.“[148] In den vergangenen 150 Jahren ist die Geschichte der selbständigen städtischen Stiftungen und der Stadt Frankfurt am Main eine Konfliktgeschichte. Die Stiftungen betonten und betonen das Attribut „selbständig", die Kommunalverwaltung und –politik suchten hingegen ihren Vorteil. Im Kern geht es von seiten der Stadt um den nervus rerum von gut gegründeten Stiftungen, hierbei um die Stiftung Taubstummenerziehungsanstalt nach dem Zweiten Weltkrieg. Die Stiftungen wollten ihre Finanzen zum Wohle ihrer Ziele anlegen. Die Stadt wollte dieses Geld, die Grundstücke und letztlich die Gebäude für ihre Politik und ihre Verwaltung verwenden. Nur das Bewußtsein bei einigen Politikern, daß potentielle Stifter nicht abzuschrecken seien, mag manches verzögert oder verhindert haben - sowohl Steuern an die Stadt zu zahlen als auch ein solches „Stiften" war und ist nicht attraktiv.

13. Spenden um 1900

Die Gaben für die Gehörlosenstiftung nahmen im 20. Jahrhundert ab. Was die Gründe waren, ist noch näher abzuschätzen. Denn im allgemeinen gilt für Frankfurt, daß die Hochzeit der Stiftungen vom Anfang des 20. Jahrhunderts bis zum Beginn des Ersten Weltkrieges lag. Die Stiftung selbst wünschte sich zum Beispiel 1907: „Möchte die Zahl der gebenswilligen Gönner unserer Anstalt sich wieder mehren! Unsere Opfer für die uns anvertrauten Zöglinge werden von Jahr zu Jahr größer, die freiwilligen Gaben aber immer geringer." Diese negative Tendenz hatte schon im letzten Jahrzehnt des 19. Jahrhunderts begonnen. Es wurden dann eher kleine Beträge gegeben, eine Entwicklung, die sich im zweiten Jahrzehnt des 20. Jahrhunderts verstärkt fortsetzte. Vom Rechnungsjahr 1887 bis in den Ersten Weltkrieg gingen die Unterstützungen zurück, bis der Krieg schließlich alles in Beschlag nahm. Besonders die Personen, die jährliche Beiträge leisteten, wurden weniger. Die folgenden Angaben beziehen sich auf ein Rechnungsjahr, das damals vom 1. April bis zum 31. März des Folgejahres ging: 1886/87 wurde unter „Gottespfennige, Geschenke & Legate unter 300 Mark" noch eine

Gesamtsumme von 3.438,48 Mark genannt, zu der „Jährliche Beiträge" von 718,57 Mark kamen. Für das Rechnungsjahr 1900/01 waren es Geschenke in Höhe von 1.746,70 Mark und Beiträge von 364,- Mark, und 1913/14 lagen beide Bereiche zusammen bei 1.726,- Mark, wobei es dann einen Aufschwung in der Jahresrechnung 1915 mit zusammen 2.213,- gab.[149]

Es läßt sich vermuten, daß man im Pflegamt einen Grund für geringere Gaben in einer Abnahme von Schülern aus auswärtigen wohlhabenden Kreisen sah, die somit als Spender nicht mehr zur Verfügung standen;[150] denn die Gehörlosenschule mußte zunehmend arme Frankfurter Kinder aufnehmen.

Die finanzielle Grundlage für die Gehörlosenschule war mit der Zeit ziemlich solide geworden. Vor Beginn des Ersten Weltkrieges zum Stichtag 31. März 1914 lag sie bei dem für damalige Verhältnisse stattlichen Betrag von 647.648,63 Mark und im Krieg 1917 bei 661.930,21 Mark.[151] Ob die Summe als solche mit dazu beitrug, daß die Spenden sich rückläufig entwickelten, kann spekuliert werden, wobei wohl erst eine fast vollständige finanzielle Absicherung das Spendeninteresse hätte wesentlich treffen können. Eher ist davon auszugehen, daß ab 1900 das stattliche neue Internatsgebäude den Eindruck vermittelte, als ob Spenden nicht mehr notwendig wären. Eine weitere Ursache kann in der Überlastung des Direktors gelegen haben, der für die Spendenakquise nicht mehr die Zeit fand. Dazu wird die höhere Schülerzahl im neuen Gebäude beigetragen haben. Es mag auch sein, weil sich Direktor Vatter für den Spracherwerb unter Ausschluß der Gebärdensprache einsetzte und viele Hospitanten hatte. Das Revisionsamt beklagte sich 1913: „Weiter bemerken wir, daß u.E. die verspätete Einziehung der Pflegegelder auch darauf zurückzuführen ist, daß dem Direktor infolge der ausgedehnten Schultätigkeit der richtige Überblick über die Kassen-Verwaltungsgeschäfte abzugehen scheint." Und er war von 1881 bis 1916 tätig für das „Organ der Taubstummenanstalten in Deutschland und den deutschredenden Nachbarländern". Wenn der Direktor sich engagierte, konnte er Gelder einwerben, so für die Ausschmückung eines Erker-Fensters: „Eine von Herrn Direktor Vatter veranstaltete Sammlung unter ehemaligen Anstaltszöglingen ergab die Summe von 700 Mark."[152]

Von maßgeblicher Bedeutung war im 19. Jahrhundert sicherlich die Spendenakquise der Mitglieder im Pflegamt, insbesondere des Seniors. Da stellt sich die Frage, was hierbei Einflußfaktoren gewesen sein mögen. Es ist zudem gut möglich, daß die Konflikte um die selbständigen städtischen Stiftungen zum Ende des 19. Jahrhunderts und die stiftungsfeindliche Aktivität der Stadtregierung negative Folgen hatten. Es ist wahrscheinlich, daß die staatliche Sozialgesetzgebung, die aufkam und bald dominierend wurde, mit dem Verständnis, daß der Staat verantwortlich war und nicht mehr die Bürger, abträgliche Wirkung zeitigte. Sicherlich wird die Einführung der Einkommenssteuer 1891 durch Finanzminister Miquel negative Folgen gehabt haben.

14. Schulgeld und Leitung

Dr. Emil Wilhelm Schwartz führte offiziell als neuer Leiter nach Kosel ab 1848[153] die Gehörlosenschule. Die Revolutionsjahre von 1848 und 1849 gingen an der Schule weitgehend spurlos vorbei, weil sie „durch die Sorgfalt der vorgesetzten Behörde von der ′Einlegung von Soldaten′ (Einquartierung) verschont" blieb. In einem Text als Werbeanzeige für die Schule schrieb Schwartz am 29. Juni 1848, er hoffe, „daß die Theilnahme an den jetzigen großen vaterländischen Angelegenheiten das Interesse an der Erziehung der unglücklichen Taubstummen nicht schwächen werde".[154] 1849 besuchte der Reichsverweser Erzherzog Johann die Anstalt. Daß es dennoch Schwierigkeiten gab, läßt sich am Vorgehen erkennen, die Schule in ein Externat umzuwandeln, was 1851 durch die „begründeten Gegenvorstellungen des Herrn Dr. Schwartz" verhindert wurde. Insgesamt gesehen kann man aber sagen, daß das Gehörloseninternat damals über einen großen Handlungsspielraum verfügte. Der Hohe Senat förderte seit 1853 die „Blätter für Taubstumme". Es wurde der Schule ab 1854 gestattet, von Fördergaben jährlich 250 Gulden für die laufende Verwaltung zu verwenden, wozu Anschaffungen wie Lehr- und Unterrichtsmittel, eine Bibliothek, eine Streckschaukel, eine Drehbank, Mobiliar und Ausflüge der Schüler zählten.

Auch „im Jahr 1858 wurde Schwartz aufgefordert, der Gemischten Kirchen- und Schul-Commission darüber zu berichten, wie – da der Anstalt die geeignet scheinende Stellung in der Reihe der öffentlichen Anstalten angewiesen werden sollte – das Verhältniß des Directors oder Oberlehrers zu dem Pflegamt und der ökonomischen Verwaltung am zweckmäßigsten zu ordnen sei. In seinem eingereichten Gutachten gab Schwartz namentlich dem Wunsch Ausdruck, man möge an der bisherigen Einrichtung, deren Vortrefflichkeit sich bewährt habe, so wenig als möglich ändern."[155] Nach ihm konnten der Schulleiter Rapp sowie dann anfangs auch Johannes Vatter relativ autonom agieren. „Im Grunde genommen war er keiner Schulbehörde, keinem Schulrat, keinem Konsistorium unterstellt oder verantwortlich. Er unterstand lediglich in verwaltungstechnischer Hinsicht dem Pflegeamt der Freien Stadt Frankfurt, methodisch und schulisch niemand." Das mag de facto, aber nicht de jure so gewesen sein. „Das Jahr 1866, das Frankfurt a. M. so tief einschneidende Veränderungen brachte, berührte die Anstalt eigentlich nicht. Hatte bisher der Magistrat (resp. Senat) die Oberaufsicht über dieselbe geführt, so führte sie von da an der neue 'Herr von Frankfurt', Preussen, durch das Ministerium der geistlichen etc. Angelegenheiten, dem die Anstalt direkt unterstellt ist."[156]

Mit der zunehmenden Bürokratisierung wurde der Handlungsspielraum des Direktors kleiner. Beispielsweise mußte er sich von der Stadtverordnetenversammlung den Satz für die Verköstigung genehmigen lassen, so im Februar 1891 die Erhöhung für einen Schüler auf 1,15 Mark und für einen Lehrer auf 1,70 Mark.[157] Und 1908 gab es eine Visitation durch das Provinzial-Schulkollegium.[158]

Der Sprachunterricht für die Kinder und ihre Schulbildung sowie die Kosten für den Internatsaufenthalt wurden entweder von den Eltern oder bei bedürftigen Frankfurter Kindern von der öffentlichen Hand resp. in den ersten Jahrzehnten durch Stiftungen bezahlt. Dafür wurden Beträge bestimmt, die über die Zeit erheblich schwankten. Die Verhandlungen über die Höhe der Leistungen für die unterstützten Kinder nahmen an Bedeutung zu, weil es weniger auswärtige Kinder gab, deren gutsituierte Eltern eher höhere Beträge akzeptierten. Für selbstzahlende Familien, deren Einkommen geringer war, konnte es bisweilen eng werden.

„Nach den übereinstimmenden Beschlüssen von Magistrat und Stadtverordnetenversammlung vom 18. Dezember 1877 sollen an Verpflegungskosten ... gezahlt werden: a) für auswärtige Zöglinge ...

1500 M excl. der Kosten für Kleidung, Schuhwerk, Bett und Wäsche; b) für hiesige Zöglinge ... 1000 M mit der Massgabe, dass es in beiden Fällen dem Pflegamt gestattet bleibt, nach sorgfältiger Erwägung der einschlägigen Verhältnisse für einzelne Zöglinge unter die obigen Sätze herabzugehen, und zwar bei Auswärtigen bis zu einem Minimalbetrag von 1000 M, bei hiesigen bis zu einem solchen von 400 M." 1880 beschloß der Magistrat die Senkung der Zuschüsse für bedürftige Frankfurter Kinder auf 200 Mark, was aber zu einem Defizit führte, so daß 1883 das Pflegamt den Magistrat um eine Erhöhung auf 400 Mark bat. „Nachdem sich durch verschiedene grössere Zuwendungen die Vermögensverhältnisse der Anstalt wesentlich verbessert hatten, beantragte das Pflegamt auf Anregung des Armenamts im Jahre 1896, den Pflegesatz für hiesige arme Kinder wieder auf M 200 zu ermässigen." Bis zum Umzug in der neue Gebäude wurde ein Überschuß erwirtschaftet, dann ging er stark zurück. Deshalb wurde 1905 gesagt: „Beim Umzug in das neue Gebäude zählte die Anstalt 37 Zöglingen. Jetzt sind es deren 44. Mit dem Wachstum der Stadt stieg die Zahl der vom Waisen- und Armenamt eingewiesenen Zöglinge stetig. Im Jahre 1897 betrug die Zahl der von dem genannten Amte Eingewiesenen 9, heute ist die Zahl auf 22 gestiegen. Für gut zahlende auswärtige Zöglinge bleiben von Jahr zu Jahr weniger Plätze frei."

„Der Betrieb in dem neuen, viel grösseren Gebäude fordert viel grössere Mittel ... Während im alten Gebäude Heizung und Beleuchtung eine Ausgabe von nur ca. M 1000 verursachten, sind hierfür nunmehr M 3600 in den Etat einzustellen." Außerdem wurden mehr Lehrer benötigt. „auf einen Zögling kommen also rund M 1080. ... Dass die Anstalt, die jährlich etwas M 19000 Zinsen und die sehr bescheidene Summe von nur M 2400 an Gottespfennigen, Geschenken und jährlichen Beiträgen einnimmt, bis heute ihren Haushalt führen konnte, ohne den Reservefonds in Anspruch nehmen zu müssen, hat sie lediglich der immer noch ansehnlichen Zahl von gut zahlenden auswärtigen Zöglingen und weiser Sparsamkeit zu verdanken." Es wird darum gebeten, daß das „Waisen- und Armenamt" 400 Mark bezahlt und „mehr als bisher in der Anstalt des Bezirksverbands in Camberg einweist." Zeitgleich informierte das Pflegamt den Magistrat, „dass die sich stets steigernde Zahl der neuen Zöglinge sehr erhebliche Aufwendungen für Kleider, Bettzeug und Wäsche erfordert."[159]

1906 wurde der Pflegesatz pro Kind auf 300 Mark durch den Magistrat erhöht, was aber nicht ausreichte. 1908 wird mitgeteilt: „Unser Etat schliesst zum ersten Male mit einem Fehlbetrage ab. Die Einnahmen bleiben hinter den Ausgaben um 1687 M zurück. Eine Erhöhung der Einnahmen durch Aufnahme weiterer Zöglinge, für welche volle Pensionsgelder bezahlt werden, ist leider ausgeschlossen, da die hohe Zahl der von dem Waisen- und Armen-Amt eingewiesenen Zöglinge jene Aufnahme nicht zulässt. Unserem Ersuchen um Erhöhung des Pensionsbeitrags für die von dem Waisen- und Armenamt eingewiesenen Zöglinge auf 400 M ist nur in Höhe von 300 Mark entsprochen worden. Ein vor Jahresfrist erneuter Antrag ist ohne Bescheid geblieben." Nun willigte die Stadt ein; daß „der Satz von 400 Mark an sich keineswegs zu hoch ist, kann nicht bezweifelt werden: das Armen-Amt ist auch nicht in der Lage, die Pfleglinge billiger unterzubringen".[160]

Wie die Stadt anscheinend versuchte, ihre Ausgaben zu senken auf Kosten des Engagements von Stiftern, zeigt auch der folgende Vorgang von 1908: Das Revisionsamt der Stadt wurde aktiv, als es die Jahresrechnung der Gehörlosenschule prüfte. Dabei nahm das Amt Bezug auf eine „Mylius-Stiftung", welche vom Allgemeinen Almosenkasten verwaltet wurde, womit ein gehörloses Kinder unterstützt werden sollte. Diese Förderung wurde also nicht als Zustiftung direkt der Stiftung Taubstummenerziehungsanstalt gegeben oder durch sie verwaltet, sondern durch eine andere selbständige städtische Stiftung. Die damals ordentliche Summe von „jährlich 97,49" Mark für ein Kind sollte nun, so war es das Interesse der Stadt, von der Summe von 300 Mark, die ihr Waisen- und Armenamt für die bedürftigen Kinder zahlen mußte, abgezogen werden, „sodass es nur noch den Rest von 202 M 51 Pfg. jährlich zu zahlen hätte." Deshalb antwortete sie: „Der Vorschlag .. erscheint uns nicht gerechtfertigt, da es sicher in der Absicht des Stifters lag, einem Frankfurter Taubstummen, resp. der diesen erziehenden Anstalt, einen kleinen Vorteil zu verschaffen, nicht aber dem städtischen Waisen- und Armenamt."[161]

Die Gehörlosenschule bekam immer mehr Schüler und unter ihnen weniger Selbstzahler. „Die Zahl der Lehrkräfte ist für den Unterricht und die Beaufsichtigung der 47 Zöglinge schon seit längerer Zeit zu klein. Der Betrieb konnte in befriedigenderweise nur aufrecht

erhalten werden, dadurch, dass: 1. Der Leiter der Anstalt Herr Direktor Vatter, der im 69. Lebensjahr steht, bis heute neben den Verwaltungs- und Kassengeschäften noch wöchentlich 26 Unterrichtsstunden erteilt ... 2. Die vorhandenen Lehrkräfte in einer Weise in Anspruch genommen werden wie in keiner zweiten Anstalt." „Unter diesen Umständen mußten wir uns trotz der ungünstigen Finanzlage zur Anstellung eines zweiten ordentlichen Lehrers entschließen und zwar vom 1. Oktober 1911 ab." „Die für einen Pflegling berechneten Selbstkosten belaufen sich jetzt schon auf etwas über 1100 M für das Jahr. Demgegenüber erscheint es nicht angemessen, dass wir für von Seiten des Armenamts eingewiesene Pfleglinge ein Pflegegeld von nur 400 M erhalten. Ebensowenig ist es zeitgemäß, dass der Pflegesatz, zu welchem Kinder dahier wohnhafter Eltern aufzunehmen sind, auf 1000 M bestimmt ist, wie dies durch übereinstimmenden Beschluß von Magistrat und Stadtverordneten-Versammlung vom 18. Dezember 1877 geschehen ist. ... Hiernach beantragen wir: ... das Pflegegeld für von dem Armen-Amt einzuweisende Zöglinge auf 550 M festsetzen und den Satz für andere hiesige Zöglinge auf 1200 M bestimmen zu wollen." Dem wurde zugestimmt.[162]
Die Probleme der Bezahlung der Internatsversorgung und -schule blieben bestehen, als die finanzielle Versorgung der gehörlosen Kinder zunehmend den Bezirksverband betraf. Im Zusammenhang damit sind Wünsche von Eltern zu sehen, ihre Kinder statt in ein Internat in ein Externat zu senden. Der Magistrat wollte, daß Eltern „nicht darauf angewiesen sind, in allen Fällen ihre Kinder dem Internat zu übergeben." Obwohl Vatter sich dagegen wandte, schrieb dies der Magistrat an das Provinzial-Schulkollegium kurz vor dem Ersten Weltkrieg, dem sich das Provinzial-Schulkollegium nicht entgegenstellte.[163] Offenkundig hatte die Stiftung um so größere Finanzprobleme, je stärker ihre Abhängigkeit von Bürokraten war. Im Kontext dazu steht auch die Schulpflicht für gehörlose Kinder ab dem 1. April 1912.[164]

15. Erster Weltkrieg, Inflation und Hyperinflation

Der Erste Weltkrieg wirkte sich desaströs auf die Gehörlosenschule und die sie tragende Stiftung Taubstummenerziehungsanstalt aus. Zum einen mußten ausländische Kinder das Land verlassen:

„Während des Krieges waren viele zahlende Zöglinge, besonders aus dem Auslande, fortgeblieben." „Für den Zögling Adolf Dubson aus Lodz (Polen) sind die Erziehungs- und Pflegegelder seit 1916 nicht mehr bezahlt worden. Die zahlungspflichtigen Eltern sind während des Krieges aus Lodz mit unbekanntem Verzugsorte geflüchtet und waren bisher nicht auffindbar." Die Sammlungen für Kriegsopfer führten nach einiger Zeit dazu, daß die Spenden für die Gehörlosen stark zurückgingen. Die Geldentwertung verteuerte das Kostgeld. Die Versorgung der Menschen wurde durch die Blockade der Alliierten erschwert. Die Gehörlosen trafen die Kriegslasten wie die breite Bevölkerung. Rückblickend schrieb der damalige Direktor: „Meine Frau hat sich von der zermürbenden Anstrengung, im Kriege 65-70 Personen zu ernähren, etwa 50 Kinder auch zu kleiden und bei Fliegerangriffen vor Schaden zu bewahren, nicht mehr erholt. Sie ist seit 1920 unheilbar krank."[165]

Bei den öffentlichen Gottesdiensten für Gehörlose aus Frankfurt und Hessen, die teilweise in der Frankfurter Matthäuskirche gehalten wurden, predigte Direktor Haux. Haux wollte deren Anzahl auf 12 im Jahr anheben: „Mehr Gelegenheit zum Kirchenbesuch - mehr Gewöhnung daran." „Die kirchliche Versorgung der Taubstummen ist weniger eine theologische als eine pädagogisch-psychologische Frage." Er ließ Predigten als „Grundlage zu einer Ansprache im Taubstummen-Gottesdienst" drucken. So sprach er am 17. September 1916 über den Barmherzigen Samariter. Er begann mit den Zeitumständen: „Kriegszeit ist schwere Zeit ... schwer durch die Lebensmittelnot. Diese wird hervorgerufen von England, aber auch von vielen Deutschen aus Geldsucht und Selbstsucht." Dann beschrieb er die Situation zu der Zeit, als Jesus Christus dieses Gleichnis vortrug: „Heiden und Juden glaubten, sie brauchen nur ihre Volks- und Glaubensgenossen zu lieben. Fremden und Sklaven brauche man nicht zu helfen. Jesus gefiel diese Engherzigkeit nicht. Er sagt: 'Es war ein Mensch´, um uns zu lehren, daß wir alle Menschen ohne Ausnahme lieben sollen." Zum Schluß erklärte Haux: „Samariterliebe üben mit der Tat können wir jeden Tag, nicht nur auf dem Schlachtfelde, ... auch daheim ... beim Einkauf gegen die anderen Käufer, gegen Evangelische, Katholiken, Juden und Heiden". Am 16. September 1917 sprach er über den „Rangstreit unter den Jüngern". Er eröffnete mit den Worten: „An Ostern dieses Jahres haben wir 6 Anfänger in die Anstalt aufgenommen, Kinder von 7 Jahren." Sie messen ihre Körpergröße und vergleichen sich. „Kindliches Spiel! Aber - tun das die Erwachsenen nicht auch? Gegenwärtig messen Völker und Erdteile ihre Kräfte in blutigem Streit. England steht Deutschland gegenüber und fragt neidvoll: Wer ist der Größte auf der Welt, du oder ich? Sündlicher Krieg!" Am 15. September 1918 sprach er über das „Gleichnis vom törichten Reichen". Er begann mit großen Worten, um dann gegen den Zeitgeist zu wettern: „Ein großes Sterben geht durch die Welt. Die Erde trinkt Menschenblut. Die Luft ist erfüllt vom Wehklagen. ... Bittere Tränen fließen allerorten. Wir leben in einer schweren Zeit. Wirklich? ... Alle Stätten des Vergnügens sind überfüllt. ... Das deutsche Volk ist in der langen Kriegszeit nicht besser geworden." Als erstrebenswertes Ziel nannte er zum Schluß: „Durch ein frommes Leben will ich den Zugang zum Vater suchen." Vergleicht man diese Aussagen mit anderen Predigten und Reden, wie sie landauf, landab in der Kriegszeit anscheinend gehalten wurden, so zeichnen sie sich durch einen moderaten Ton und gewisse selbstkritische sowie humanistische Züge aus. Außer diesen Gottesdiensten, die Haux auch noch nach dem Ersten Weltkrieg hielt, erteilte er an der Schule „in der Oberklasse den Confirmanden-Unterricht".[166]

Weil von den „vier Lehrern unserer Anstalt .. drei eingezogen" wurden, hat seit März 1915 das Pflegamt die Städtische Schuldeputation gebeten, „bei dem Königl. Bezirks-Kommando zu beantragen", den Lehrer Haux „für unabkömmlich" erklären zu lassen. Die Bitte um Unabkömmlichstellung mußte immer wieder im Abstand von wenigen Monaten vorgebracht werden. Dafür wurde zuerst hingewiesen, daß der Direktor 72 Jahre alt sei, dann, daß Vatter „fast ständig das Bett hüten" müßte; er ging zum 1. Mai 1916 in den Ruhestand und Haux wurde sein Nachfolger.[167]

Es gab immerhin auch schwache fortschrittliche Ansätze. Wegen der Kriegsanstrengungen mußten viele Frauen in Rüstungsbetrieben arbeiten oder Aufgaben von Männern übernehmen: Deshalb meinte man, daß Frauen in Gremien - noch - ohne Stimmrecht aufgenommen werden sollten; das betraf in Frankfurt auch das Pflegamt der Stiftung Taubstummenerziehungsanstalt. In der Stadtverordnetenversammlung erklärte der „Berichterstatter Stadtv. Dr. Rumpf: ... Gerade in der Kriegszeit haben die Frauen mehr denn je gezeigt, wie sie es verstehen, auch ihren Mann zu stellen und in der Verwaltung mitzuwirken." „Stadtv. Dr. Quarck" hatte sich dafür eingesetzt: „Die Kriegszeit hat diese Vorlage geboren, und es ist erfreulich, daß sie auch noch in der Kriegszeit erledigt wird. Es hat ja etwas länger gedauert, ehe sie aus dem Ausschuß zurückgekommen ist ... Die Frauen der besitzenden und der nicht besitzenden Klassen, die jetzt in der Kriegszeit überall mitarbeiten, haben mit Recht den Anspruch erheben können, auch in der städtischen Verwaltung und in den Pflegämtern mitzureden, und daß dieser Anspruch jetzt endlich verwirklicht wird, das ist in der Tat ein Fortschritt, den uns vielleicht auch eine Reihe anderer Städte nachmachen wird. Nun haben die größten Schwierigkeiten bei der Ausschuß-Beratung – das darf jetzt ruhig gesagt werden – die Pflegämter gemacht. Es war außerordentlich schwer, sich mit den Herren und mit den Vorurteilen, die aus alten Zeiten noch in der Verwaltung sind, über moderne Forderungen in der Frauenfrage zu einigen. Ich darf als Kuriosum mitteilen, daß uns in der Ausschuß-Beratung vorgeführt worden ist: es sei schon 1848 eine Frau in ein Pflegamt gewählt worden, aber sie sei zum Glück sofort wieder hinausgeflogen, weil die Männer Revolution gemacht hätten." Es war ein geringfügiger Fortschritt, daß sich die Frankfurter Stadtverordnetenversammlung 1916 für die Ergänzung von Pflegämtern mit nicht stimmberechtigten Frauen entschied. Wobei Damen aus Frankfurts feiner Gesellschaft damals über Einfluß verfügten - auch wenn sie dabei nach ihrem Mann benannt wurden: „Erlaube ich mir mitzuteilen, daß Frau Geheimrat A. von Weinberg sich dafür verwendet, daß der seit 22 Jahren an der Anstalt als Lehrer mit Erfolg tätige Lehrer Herr Haux mit der Leitung betraut werden möchte anstelle des in den Ruhestand tretenden Herrn Schulrat Vatter."[168]

Gewählt wurde 1916 in das Pflegamt der Stiftung Taubstummenerziehungsanstalt „Frl. Emma Eckard", die „sich besonders auch für die Kriegsfürsorge eingesetzt hat, auch in kirchlichen Kreisen (Deutsche reformierte Gemeinde) eine Rolle spielt, und einer altfrankfurter Familie entstammt"; sie blieb Jahrzehnte in dieser Position.[169] Wer weiß, wie die Entwicklung der Stiftung und damit der Schule verlaufen wäre, wenn es hinreichend stimmberechtigte Frauen in den entscheidenden Phasen in ihr gegeben hätte?

Die Inflation zerstörte oder schwächte das Leben vieler Menschen und Einrichtungen. „Seit Beginn des Ersten Weltkriegs 1914 vermehrte sich im Deutschen Reich die umlaufende Geldmenge und führte zu einer kontinuierlichen Geldwertverschlechterung und sinkender Kaufkraft. Mit der militärischen Niederlage 1918 blähte sich die Geldmenge weiter auf." Bekanntermaßen erreichte die Hyperinflation im November 1923 ihren Höhepunkt. Es kam zur völligen „Entwertung der als mündelsicher angesehenen Kriegsanleihen". Die Kriegskosten von 164 Milliarden Mark wurden vor allem durch Anleihen und Schuldverschreibungen finanziert, jedoch kaum durch Abgaben und Steuern. Hinzu kamen die Reparationen aus dem Versailler Vertrag. „Bis 1922 blieb der 1000-Mark-Schein der höchste Wert in der Nominalkette ... bis die Reichsbank im November [1923] als höchsten Wert einen Geldschein über 100 Billionen Mark (100.000.000.000.000 M) drucken ließ. ... Ersparnisse wurden völlig entwertet, Spargelder von Generationen vernichtet. ... Mit der Währungsreform trat am 15. November eine neue Währungsordnung in Kraft, welche die Inflation schlagartig beendete." Der größte Profiteur der Inflation war der Staat.[170]

Die Inflation belastete die Finanzen der Gehörlosenschule schon während des Krieges. Als das Pflegamt 1917 einen Nachtrag für den Haushalt vorlegen mußte, wies es anschaulich hin auf „die ungeheure Preissteigerung für Kleider und Stiefel, wie sie der Krieg je länger je mehr hervorrief ... In Friedenszeiten haben auch die meisten Eltern der auf öffentliche Kosten eingewiesenen Kinder freiwillig ganz oder teilweise für die Bekleidung ihrer Taubstummen gesorgt. Das hörte mit zunehmender Teuerung nach und nach auf."[171]
Nach dem Krieg kamen Probleme hinzu, bei denen abgewogen werden mußte, was der bessere Weg sei: 1920 war das Pflegamt dagegen, die Gebühren für die Auswärtigen zu erhöhen, da bereits zuvor der Satz von 1500 auf 2400 Mark angehoben worden war und befürchtet wurde, daß sie „ihre Kinder in grösserer Nähe ihrer Wohnorte unterbringen" und die Schule „gerade diejenigen Schüler" verlieren könnte, „welche am meisten zahlen." Die Finanzlage wurde schlimmer: „Die Taubstummen-Erziehungsanstalt hat früher durch eigene Einnahmen und Kapitalerträgnisse (Vermögensstand einschl. Reservefonds am 1. April 1914 rd. 633000.- Mark) ihren Etat

balancieren können. In den letzten Jahren, der Zeit der Teuerung und Geldentwertung wurden erhebliche Zuschüsse von der Stadt in Anspruch genommen". Anfang 1922 wurde darum gebeten, „die uns gewährten Vorschüsse als Zuschüsse zu behandeln".[172]

Dank des Gartens auf dem Internatsgrundstück konnten wenigsten bei der Ernährung die Schwierigkeiten gemindert werden. „Die Erzeugnisse dieses Gartens, die heute einen sehr hohen Wert darstellen, werden ebenfalls ausschließlich für die Beköstigung der in der Anstalt Essenden verwandt". Zu den Essenden gehörten die Kinder und die Lehrer und sehr wahrscheinlich auch das weitere Personal wie der Heizer und der Gärtner.

1923 wurde es erst kritisch und dann unlösbar. Im Februar 1923 schrieb der Direktor dem Pflegamt: „teile ich ergebenst mit, dass ich spätestens am Samstag, den 24. d.M., die Verköstigung der Kinder, Lehrerinnen und Hausangestellten aus Mangel an Mitteln einstellen muss. Wir haben keine Margarine mehr, und ohne Fett kann man nicht kochen. Das Adler-Margarinewerk liefert uns nicht mehr, weil wir mit einer Zahlung von 39 300 M im Rückstand sind. Andere Lebensmittellieferanten warten und mahnen ebenfalls. Mein Geldvorrat beträgt 709 Mark." Schließlich waren die Möglichkeiten erschöpft: „Der Direktor kann nicht das notwendigste an Lebensmitteln für die Kinder besorgen. Die Kinder müssen nach Hause zu den Eltern geschickt werden."[173]

Die Lehrer litten unter den ständig steigenden Preisen. Um für sie zusätzliche Einkünfte zu generieren, gab es insbesondere bei den Hilfslehrern Entschädigungen für Ferienaufsichten 1920 und 1921. Aber solche Entlohnungen wurden bürokratisch langsam oder vielleicht sogar absichtlich verspätet umgesetzt. Lehrer beklagten sich, es seien wiederholt Schreiben in der Stadtverwaltung verlorengegangen. So war zum Beispiel die „Vergütung für ausgeübte Ferienaufsicht .. um Pfingsten 1920 eingereicht [worden]. Die Auszahlung des Betrages erfolgte im April 1922, also nach 2 Jahren. Und zwar wurden damals für den ganzen Ferientag 20,- M beantragt, als die Stadt für eine Überstunde 5,- M zahlte. Hingegen kam das Geld erst zur Anweisung, als die Stadt schon 20,- M für eine Überstunde bezahlte, sodaß die Hilfskräfte ¾ ihres verdienten Geldwertes verloren hatten." „Im Wechsel der Hilfskräfte der letzten Jahre spiegelt sich die Unruhe der Zeit wider."[174]

Die Gehörlosenlehrer wünschten die Angleichung an die preußische Besoldungsordnung, um zeitnaher Gehaltsfestlegungen und Lohn zu erhalten. Im Juni 1922 schrieben Lehrer an die Stadtverordnetenversammlung, weil sie sich durch den Magistrat und das Pflegamt schlecht behandelt fühlten. Sie beklagten ernste „Mißstimmungen". Sie forderten eine „gerechte Regelung ihrer Besoldungsverhältnisse" und ein Gehalt wie „an den Provinzialanstalten". „Schädigungen ergeben sich für das Kollegium auch daraus, daß seine Mitglieder bald als Privat-, bald als städtische Beamte angesehen werden." Sarkastisch formulierten sie: „Bei der Gehaltsregelung sind die Unterzeichneten auch auf die Ehre hingewiesen worden, an der Frankfurter Anstalt wirken zu dürfen. Wir sind uns dieser Auszeichnung bewußt. Unserer wirtschaftlichen Notlage ist aber damit nicht abgeholfen, zumal wir unter den ungünstigsten Besoldungsverhältnissen in ganz Preußen arbeiten."[175] Die galoppierende Inflation traf die Lehrer hart, wie eine Schilderung vom August 1923 zeigt: „Während die Lehrkräfte an den Volksschulen in Frankfurt a.M. pünktlich am Monatsersten ihren [sic] Gehalt und die Nachzahlungen sofort nach Herausgabe der betr. Verfügung des Herrn Mag.Pers.Dez. erhalten, gelangt das unterzeichnete Kollegium in den meisten Fällen erst viel später in den Genuß der Gehaltsbezüge. ... Die Anstaltskasse verfügt über ganz geringe Einnahmen. Fast nach jeder Gehaltserhöhung müssen vom Pflegamt Zuschüsse beim Magistrat beantragt werden. Sind diese bewilligt, so werden sie von der Stadthauptkasse auf das Bankkonto des Pflegamtes bei Kahn & Co. überwiesen. Von hieraus erfolgt dann auf Anweisung des Direktors die Überweisung auf sein Bankkonto bei der Frankfurter Gewerbekasse. Dann erst kann die Auszahlung erfolgen. Dieser lange Weg, der die durch die Zeitverhältnisse bedingte langsame Arbeit der Behörden und Banken noch verlängert wird, muß unbedingt Verspätungen in den Gehaltszahlungen hervorrufen. Diese Verzögerung bringt infolge der in der letzten Zeit mit erschreckender Schnelligkeit eingetretenen Geldentwertung den Lehrern sehr große Verluste". Sie äußern die Bitte, „daß den Lehrkräften ... die Gehälter wie den Volksschullehrern durch die Stadthauptkasse vorschußweise gezahlt werden." Das Rechnei-Amt stimmte dem Wunsch gegenüber dem Personaldezernat zu; der Magistrat teilte der Stadtverordneten-versammlung mit, daß das Rechneiamt die Lehrergehälter vorschußweise zahlen solle. Auch die Bank beschwerte sich zwei

Wochen später gegenüber der Schulleitung: „Sie sandten uns heute Vormittag wie schon des öftern in letzter Zeit drei Milliarden in einem roten Reichsbankschenk mit der Auflage, sofort an die Frankfurter Gewerbekasse für Ihre Rechnung den Gegenwert zu überweisen. Wir gestatten uns, Sie darauf aufmerksam zu machen, dass wir auf die Dauer nicht im Stande sind, in dieser Art für Sie Geschäfte zu machen, und geben Ihnen anheim, diese Schecks direkt von der Stadt oder woher Sie sie bekommen, an die Order der Frankfurter Gewerbekasse ausstellen zu lassen. Bei den heutigen täglich ins Ungemessene steigenden Materialspesen erwachsen uns durch diese Ueberweisungen Spesen in Höhen von ca. 50.000.-, und da wir uns auf der anderen Seite bewusst sind, dass Ihr Institut ein Wohltätigkeitsinstitut ist, konnten wir uns bisher nicht entschliessen, Ihnen diese Kosten aufzubürden. Auf die Dauer sind wir jedoch zu unserem Bedauern nicht mehr in der Lage, diese Spesen weiter zu tragen, um so weniger, als hier die Sache für beide Teile wesentlich einfacher würde, wenn Sie sich den Umweg über uns sparen würden." Im Oktober bat der Schuldirektor das Rechneiamt, wenn es um die Auszahlung geht, „um Anweisung dieser Summe zu Händen des Ueberbringers vorliegenden Gesuch",[176] um keine Zeit und damit kein Geld zu verlieren.

Während der Hyperinflation stiegen die Summen ständig und erreichten schließlich aberwitzige Dimensionen: Während es am 12. Februar 1923 noch um rückständige Lehrergehälter von 1.093.102 Mark ging, waren es im Juli schon Leistungen für Lieferanten von 38.925.328 Mark. Im August schrieb der Direktor: „Nach den grossen Ferien sind stets grössere Anschaffungen an Kleidern, Stiefeln, Wäsche für die Kinder zu machen. In der Küche fehlen Teller, Schüsseln, Tassen, Gläser. Ich bitte das Pflegamt ganz ergebenst, bei der Stiftungsdeputation um Zuweisung von 4 Milliarden Mark einkommen zu wollen." Um im Oktober einen Heizkessel zu reparieren, wurde die Stadtkämmerei „ermächtigt, der Taubstummen-Erziehungs-Anstalt für den genannten Zweck einen Vorschuß bis zu 22 Milliarden zu zahlen." Eine Woche vor der Währungsreform benötigte die Schule für die Lehrergehälter „Zehn Billionen, neunhundertsiebenundzwanzig Milliarden, achthundertvierundachtzig Millionen Mark." Nach der Inflation wurden im November 1923 für wertbeständige Zahlungen neben der Rentenmark auch Dollar oder Goldmark festgelegt.[177]

16. Zahlungen von Stadt und Land

Seitdem Frankfurt an Preußen gefallen war, bestimmte dessen Schul-
und Sozialgesetzgebung die Stadt und damit die Gehörlosenschule.
Diese Forderungen und Vorschriften schränkten den
Handlungsspielraum ein. Sie führten schließlich über die
Zusammenlegung mit der Gehörlosenschule in Camberg und
weiteren Eingriffen der Stadt Frankfurt nach dem Zweiten Weltkrieg
zum Ende der Frankfurter Gehörlosenschule.

Für die überörtliche Sozialversorgung war ein Bezirksverband
verantwortlich. Er war unter anderem Träger des
„Taubstummeninstituts" Camberg seit 1873. Unter Einbeziehung
Frankfurts wurde er 1885 zum „Bezirksverband des
Regierungsbezirks Wiesbaden", und ab 1900 „trug der bisherige
Landesdirektor die Amtsbezeichnung 'Landeshauptmann'. Sitz des
Bezirksverbandes war Wiesbaden." War es für die Gehörlosenschule
in Frankfurt bedeutsam, daß dieser Verband seit 1891 zuständig war
für die Unterbringung von „Menschen mit psychischen Krankheiten
oder geistigen Behinderungen", wenn man daran denkt, daß die
Gehörlosenschule über die Zeit eine veränderte Schülerschaft
bekam? „Ab 1901 war der Bezirksverband beteiligt an der
Kostenträgerschaft für die 'Fürsorgeerziehung Minderjähriger'". In
der NS-Zeit blieb der Bezirksverband „als Körperschaft bestehen".[178]

„Schulaufsichtsbehörde für die Taubstummenanstalt ist das
Provinzial-Schulkollegium. Diesem ist gemäss den geltenden
staatlichen Vorschriften wie bisher stets, so auch vor Beginn des
laufenden Schuljahres Unterrichtsverteilung und Stundenplan der
Anstalt nebst Angabe der Lehrkräfte und der Verteilung der
Unterrichtsstunden nach der vom Direktor aufgestellten und vom
Pflegeamt gutgeheissenen Aufstellung vorgelegt worden." Das
Provinzial-Schulkollegium hatte seinen Sitz in Kassel; es bestand
Schulpflicht für die gehörlosen Kinder seit dem 1. April 1912. So
war die Gehörlosenschule schließlich abhängig von verschiedenen
Gremien in und außerhalb Frankfurts geworden. In der Weimarer
Zeit zeigte sich dies zum Beispiel bei der Frage, wer die personale
Führungskompetenz besitzt: „Die Angabe des Direktors der
Taubstummenanstalt, daß seine Tochter nicht von ihm, sondern von
dem Pflegamt der Taubstummenanstalt mit Zustimmung der

staatlichen Schulaufsichtsbehörde als Hilfskraft im laufenden Schuljahr an der Anstalt beschäftigt sei, trifft zu. Als Schulaufsichtsbehörde ist für die Anstalt nicht die hiesige Schuldeputation, sondern das Provinzial-Schulkollegium in Cassel zuständig. ... Was die rechtlichen Verhältnisse anbelangt, so werden die Lehrkräfte an der Anstalt auf Grund der geltenden Stiftungsordnung vom Pflegamt ernannt und vom Magistrat und Provinzial-Schulkollegium bestätigt." Die Stadt wurde stets bedingt ins Einvernehmen gesetzt: „Die Schuldeputation erhält von den Vorgängen im Betrieb der Anstalt schon dadurch Kenntnis, dass ein Stadtschulrat dem Pflegeamt angehört."[179]

Die allgemeinen wirtschaftlichen Probleme waren Ende 1920 so stark, daß die Beiträge und Geschenke für 1920 laut Jahresrechnung bei nur 647 Mark lagen, was einen dramatischen Einbruch bedeutete; 1919 hatten sie noch bei durchschnittlichen 1704,50 Mark gelegen. Beträge durften bis zu einer festgesetzten Summe für laufende Ausgaben verwendet werden. Größere Summen zur Anhebung des Stiftungskapitals waren nun hochgradig gefährdet, der Inflation anheimzufallen. Daher genehmigte die Städtische Stiftungs-deputation im Mai 1922, die Zustiftung aus dem Pauline Lohse geb. Sebass'schen Nachlaß in Höhe von 149.850 Mark für die laufenden Ausgaben einzusetzen.[180]
Die kritische Finanzlage führte seit Anfang 1921 dazu, daß die Stiftungsdeputation und das Pflegamt mit Vertretern des Landeshauptmanns verhandeln wollten, um über die Zukunft der Gehörlosenschule zu beraten. Wahrscheinlich kam es nicht dazu; man war auch nicht optimistisch, was Zuschüsse durch den Landeshauptmann betraf, „da Art. 3 der Verwaltungsordnung bestimmt, dass ´soweit die Einnahmen nicht reichen, der erforderliche Zuschuss aus städtischen Mitteln zu leisten ist.´"
Auch die Mittel für die Kinder, deren Schulgeld aus öffentlichen Kassen bezahlt wurde, standen unter Druck. Beispielsweise schrieb im April 1922 der Landeshauptmann an die Stiftung, daß er nur 9.000 und nicht mehr 11.000 Mark leisten wolle, alternativ würde er die Kinder „anderweit unterbringen". Die Zahl der Kinder, für die die Sozialhilfe die Kosten übernahm, schwankte anscheinend in jener Zeit zwischen 30 und 35.[181]

Damals bestand die Gefahr, daß die Gehörlosenschule geschlossen
werde: „Wie in einer Versammlung der Eltern der in der
Taubstummen-Anstalt untergebrachten Kinder mitgeteilt wurde,
sieht diese segensreiche, seit 95 Jahren bestehende Anstalt, ihrer
demnächstigen Auflösung entgegen, da die Stadt keine Mittel zu
ihrer weiteren Unterhaltung zur Verfügung stellen kann.“[182] Die
Interessensvertretungen der Gehörlosen einerseits sowie andererseits
die Schuleltern schrieben deshalb an den Magistrat: „Die in den
unterzeichneten Taubstummen-Vereinen zusammengeschlossenen
erwachsenen Taubstummen Frankfurt a. M., deren Zahl etwa 300
beträgt, unterbreiten dem Magistrat folgende Bitte! Infolge der durch
den Krieg veränderten wirtschaftlichen Verhältnisse unserer Zeit ist
die hiesige Taubst.-Erz.-Anstalt in wirtschaftliche Not geraten, sodaß
die Gefahr der Auflösung für sie besteht. Damit würde auch die mit
ihr eng verknüpfte Fürsorge für die erwachsenen Taubstummen
sofort aufgehoben werden“ und die in der Schule „gehaltenen
Vorlesungen für die erwachsenen Tbst. unmöglich“ werden, die von
50 Gehörlosen besucht werden. Es würde die „religiöse Versorgung
der hiesigen Tbst. durch Fortfall der Mittätigkeit des Kollegiums der
Tbst.-Anstalt, die in Halten von Gottesdiensten und praktischer
Seelsorge besteht, bedeutend einschränken und .. uns der vom
Lehrerkollegium der Anstalt jederzeit erteilten Beratungen berauben,
die uns das Zurechtfinden in den öffentlichen und sozialen
Verhältnissen im allgemeinen (gerichtlich bestellte Klagen .. etc.)
und ... Berufsberatung .. nach Möglichkeit erleichtern.“ Daher war es
ihre Bitte, die Existenz der Frankfurter Gehörlosenschule zu
erhalten. „Wir Eltern betrachten es als eine grosse Härte, unsere
Kinder, die noch mehr als vollsinnige der elterlichen Fürsorge
bedürfen, von uns zu trennen“. Die Unterschriften wurden mit den
Berufsangaben der Unterzeichner versehen.[183]
Sogar eine Frankfurter Zeitung setzte sich für die Gehörlosenschule
ein und erläuterte ihr Engagement in einer einleitenden Bemerkung
durch die Redaktion: „In Hinblick auf die drohende Einstellung des
Unterrichts und Betriebs der durch die wirtschaftliche Not
hochgradig gefährdeten Taubstummen-Anstalt verdienen die
nachstehenden Angaben über die Anstalt die Beachtung weitester
Kreise.“ Es wird im Artikel darauf hingewiesen, daß an der Schule
„etwa 320 gehörlose Kinder ausgebildet“ worden seien, die „zu 80%
ganz auf eigenen Füßen stehen ... Die Männer sind Buchbinder,
Bürstenbinder, Feinmechaniker, Gärtner, Holzbildhauer, Hutmacher,

Korbmacher, Kunstgewerbler, Kürschner, Lagerarbeiter, Portefeuiller usw., die Frauen Blumenbinderinnen, Büglerinnen, Kunstgewerblerinnen, Schneiderinnen usw. ... Die Angehörigen der hiesigen Zöglinge gehören Arbeiter- und Handwerkerkreisen an." Die breite Verankerung der Gehörlosenschule in der Frankfurter Stadtgesellschaft zeigte sich daran, daß sich auch die Handwerkskammer Frankfurt für sie im Mai 1922 einsetzte, weil sich Handwerker für sie verwandten. Die Handwerkskammer lobte die Schule, da sie die Gehörlosen „durch eine gute Schulbildung und durch ihren Beistand während der Lehrzeit zu tüchtigen Männern macht, die trotz ihres Gebrechens volkswirtschaftlich wertvolle Glieder der menschlichen Gesellschaft sind. Gerade bei Gesellenprüfungen konnte man oft beobachten, dass taubstumme Lehrlinge ihre gesunden Kollegen durch bessere Fachleistungen in den Schatten stellen konnten."[184]

Bei der folgenden Entwicklung spielte Schulrat Henze eine bedeutende Rolle, wie August Henze häufig genannt wurde. Er wirkte ab 1912 als Stadtschulinspektor insbesondere für die „Volks- und Hilfsschulen". 1920 wurde er Stadtschulrat und war von 1929 bis zu seiner Pensionierung 1932 „Magistrats-Oberschulrat". Er kümmerte sich besonders um den Ausbau der Hilfsschulen. Er war zudem einflußreich in der Schuldeputation und schließlich seit 1919 Mitglied im Pflegamt. Mit seiner Pensionierung habe er dieses Amt verlassen. Weil er drei zentrale Funktionen bezüglich der Gehörlosenschule innehatte, ist es häufig kaum möglich zu bestimmen, in welcher Funktion er tatsächlich jeweils argumentierte und handelte. Für Henze war bezüglich des Lernerfolgs gehörloser Schüler ein Externat ausreichend.[185]

Lehrer der Gehörlosenschule hatte damals unter anderem an die Stadtverordnetenversammlung geschrieben. Daraus werden mehrere Konflikte und Spannungsfelder deutlich: Dies beginnt mit der bezeichnenden Merkwürdigkeit, daß einerseits Beschwerdebriefe verloren gingen oder unbeantwortet blieben, während andererseits Verwaltungsvorgänge bearbeitet wurden. Obwohl bei manchen Gelegenheiten sich der Magistrat zu Personalfragen der Stiftung für unzuständig erklärte, wurde es hierbei anders gesehen oder gehandhabt. So heißt es: „Wegen der Anstellung eines 3. ordentlichen Lehrers haben mehrfach Verhandlungen zwischen dem

Pflegamt und den städtischen Behörden stattgefunden." Ein deutlicher Hinweise auf eine tiefgehende Vertrauenskrise zwischen Eltern auf der einen Seite und Mitgliedern des Pflegamts auf der anderen findet sich in den beiden Aussagen: „Ganz entschieden zurückgewiesen muss die grundlose Behauptung werden, dass das Pflegamt nicht für den Fortbestand des Instituts eingetreten sei." „Von der vom Collegium veranstalteten Elternversammlung hat das Pflegamt zu seinem Bedauern erst durch den Bericht in den Zeitungen über die Versammlung nach deren Abhalten Kenntnis erhalten."[186] Es war also nicht zum erwarteten Schulterschluß von Pflegamt und Elternschaft gekommen, um gemeinsam in der Öffentlichkeit für die Schule zu werben. Es kann auch mit Blick auf das spätere Vorgehen des Pflegamts begründet vermutet werden, daß Schulrat Henze als hauptberuflich im Umfeld der Schule tätige Person das Pflegamt dominierte und dort zuerst die Interessen seines Arbeitgebers vor Augen hatte.

Eine Besprechung am 31. August 1922 unter Beteiligung des Landeshauptmanns war entscheidend für die nächsten 20 Jahre der Gehörlosenschule. Gemäß dem Protokoll gab es „die einhellige Überzeugung ..., daß es rein wirtschaftlich betrachtet, das richtigste wäre, die Taubstummenerziehungsanstalt aufzuheben, da die Camberger Anstalt die Zöglinge versorgen könnte. Es kommt aber in Betracht, daß das Frankfurter Erziehungssystem seine besondere Bedeutung hat. Der Landeshauptmann erklärt sich mit Rücksicht darauf damit einverstanden, daß zunächst aus ideellen Gründen das Frankfurter Institut aufrecht erhalten bleiben soll."[187] So war bis auf weiteres die Zukunft der Schule gesichert.

Das konnten die Beteiligten selbstredend damals noch nicht wissen resp. war es für einige nicht deren Wunschvorstellung. Denn in einem Schreiben von Henze vom 23. Oktober ging jener davon aus, daß es zu einer Zusammenlegung komme und Lehrer in städtische Dienste an allgemeinen Schulen übernommen werden, bis sich für „ihre Spezialarbeit" „Gelegenheit bietet"; daß der Landeshauptmann die Hälfte übernehmen wolle, könne „hierseits nur mir Freuden begrüßt werden. Die Verwendung des Direktors im hiesigen Schuldienst allerdings dürfte sehr schwierig werden, da im Schulwesen der Stadt sich kaum eine Gelegenheit bietet, ihn seiner gegenwärtigen Stellung und Besoldung entsprechend

unterzubringen." Es wäre zu erwarten gewesen, daß Henze als
Mitglied des Pflegamts die Pflicht gesehen hätte, die
Eigenständigkeit der Gehörlosenschule unbedingt zu verteidigen.
Anscheinend war dies nicht sein Ziel. Einige Tage zuvor war eine
Besprechung von Stadtschulrat Henze und Bürgermeister Gräf zum
Ergebnis gekommen, „daß seitens der Stiftungsdeputation ein
Schreiben an das Pflegamt ... gerichtet werden soll, in dem dem
Pflegamt nahegelegt werde, um den veränderten wirtschaftlichen
Verhältnissen Rechnung zu tragen, zu der Schulform der Externates
überzugehen. Der Fortbetrieb der Anstalt in der bisherigen Form
kann in finanzieller Beziehung nicht damit begründet werden, daß
die Stadt ... nach der Stiftungsordnung für Fehlbeträge aufzukommen
habe."[188] Henze war hierbei offenkundig als städtischer Beamter in
der Schulverwaltung zum Wohle des „Stadtsäckels" aktiv geworden,
die Stiftungsdeputation zu bewegen, an das Pflegamt, dem er
angehörte, zu schreiben, daß die Grundkonzeption der
Gehörlosenschule geändert werden solle; dabei konnte Henze
außerdem als Mitglied der Schuldeputation in diesem Sinne wirken.

Der Direktor der Gehörlosenschule, Gottlieb Haux, schrieb im
„Dezember 1922" an das Pflegamt und verteidigte die Existenz der
Schule als Internat. Haux führte anschaulich Vorzüge auf. Eine
solche Schule wahre besser die Hygiene: „Jedes Kind sein eigenes
Bett ... jedes sein eigenes Waschbecken, seinen Waschlappen, sein
Handtuch, seinen Kamm, seine Haar-, Zahn-, und Nagelbürste. Jedes
sein wöchentliches Bad. Einfache, geeignete und genügende Kost;
feste Mahlzeiten. Ausreichenden Schlaf durch frühes Zubettgehen.
Geregelte Tageseinteilung." Aus diesem Argument wird der Alltag
in der Gehörlosenschule deutlich und es läßt sich erahnen, in welcher
Armut viele Kinder aus den Kreisen leben mußten, aus denen die
Schülerinnen und Schüler kamen. Dann ging Haux ein auf die
„geistig-sprachliche Ausbildung: Dauerndes Beisammensein von
Zögling und Erzieher. Darum stete Uebung im Sprechen, lautrein,
vokalreich". „Versprachlichung alles dessen, was das Kind innerlich
bewegt und erregt zu Freude oder Leid, Zorn, Neid, Hass, Rache,
oder aber zu Milde, Geduld, Hilfsbereitschaft, Nächstenliebe.
Sprachliche Darstellung aller Arbeiten, die der Zögling in der
Schule, Haus, Garten, bei Besorgungen und Botengängen zu leisten
hat ... Mit einem Wort: Sprech- und Sprachübungen von früh bis
spät." Und er hob hervor „die sittliche Förderung: ... Kleine Zahl von

Zöglingen, darum individuelle Behandlung des einzelnen. ... Pflichten im Hause, die sich mit den Jahren steigern, und deren pünktliche Erfüllung überwacht wird ... Erst dient das Kind aus Zwang, dann aus Gewohnheit, dann aus Gefälligkeit, zuletzt aus innerer Einsicht. ... Tägliche Andachten gewöhnen an Gebet, führen zu Religiosität". Haux kontrastierte damit dramatisch die „Gefahren des Externats": „Weite Schulwege ... Verwendung der Kinder zum Bettel." Es gab bereits „Tagesschüler", über die es Klagen gab: „Am Montag vormittag ist Unterricht den Kindern eine Qual; gähnen fortgesetzt, ... klagen über Müdigkeit". Die Begründung lautete damals: die Kinder „fanden auch keinen erquickenden Schlaf in dem mehrschläfrigen Bett". Haux malte ein düsteres Bild der sozialen und familiären Lage der Kinder in deren Wohnungen; offenkundig war dies teilweise zutreffend in den schwierigen Zeiten der 1920er Jahre. Dann behandelte Haux den „Kostenunterschied zwischen Internat und Externat. Wenn Externat, Hilfskräfte unnötig. Kinderzahl jedoch dieselbe. Also mehr ordentliche Lehrer." Sollen die auswärtigen Kinder entlassen werden, fragte er. „Sie zahlten Jahrzehnte lang mehr als die Selbstkosten und trugen bei zum Vermögen der Anstalt." Er sah eine Ersparnis von „23,91%" bei reinem Externat, bei Tagesanstalt nur von „11,40%". Er behauptete: „Die Stadtverordneten-Vers. wird die Mittel zur Erhaltung der Anstalt jederzeit bewilligen." Er informierte: „Wir haben zurzeit Kinder aus Oberrad (1), Sachsenhausen (1), Niederrad (2), dem Kamerun-, Westend- und Bahnhofsviertel (4 bezw. 1, bezw. 1), aus Bockenheim (3), Rödelheim (1), Ginnheim (1), Eckenheim (3), Seckbach (1), der Riederwaldkolonie (1)." „22% unserer Kinder sind nicht aus Gross-Frankfurt". Schließlich betont er für das Internat: „Der kleine Taubstumme ... braucht 4 Schuljahre, bis er verkehrsfähig ist."[189]

Die Frage über die Zukunft der Schule blieb auch im Jahr 1923 auf der Tagesordnung; dies geschah vor dem Hintergrund der Hyperinflation. Die Stadt Frankfurt wollte zu diesem Zeitpunkt dem Direktor sowie den weiteren Lehrkräften keine berufliche Absicherung gewähren und bekräftigte entsprechend Anfang März 1923 die eigene Position in einem Magistratsbeschluß: „Die Lehrkräfte der Taubstummen-Erziehungs-Anstalt sind Angestellte des Pflegamts dieser Anstalt, die zwar der Aufsicht der städtischen Körperschaften untersteht, im übrigen aber eine vollständig selbständige Einrichtung mit eigener juristischer Persönlichkeit und selbständiger Vermögensverwaltung ist. Der Magistrat kann daher keinerlei Verpflichtungen anerkennen, im Falle der Auflösung ... den Lehrkräften die aus ihrem Anstellungs- und Dienstverhältnis entspringenden Rechte zu garantieren."[190] Später wird die Stadt, wenn es für sie vorteilhaft oder wünschenswert erschien, eine andere Rechtsposition einnehmen und zum Beispiel dem Hausmeister analog zu städtischen Mitarbeitern Sonderzuwendungen gewähren.

17. Externat und Fortbildungsschule

Ende Juni 1923 empfahl die Städtische Stiftungsdeputation „dem Magistrat, den Herrn Landeshauptmann um Übernahme der Frankfurter Taubstummen-Erziehungsanstalt unter Umwandlung in ein Externat, jedoch unter Aufrechterhaltung des Stiftungscharakters der Anstalt, zu ersuchen." Der Magistrat stimmte Anfang Juli dem zu.[191]

Am 27. August 1923 hielten die Eltern der gehörlosen Kinder eine Elternversammlung ab. Die Eltern votierten einstimmig: „Als geeignete Organisation sieht die Elternschaft Erhaltung des Internats für die 4 ersten Schuljahre und Einrichtung einer Tagesschule für die 4 letzten Schuljahre ihrer Kinder an." Außerdem wählte die Elternschaft einen Elternbeirat.

Auch die „beiden" „festangestellten Taubstummenlehrer" wurden aktiv; sie wandten sich Anfang September an die Stadtverordnetenversammlung und den Magistrat mit einer „Denkschrift". Sie sähen die Existenz der Schule „in Frage gestellt" durch den Magistratsbeschluß. Sie beklagten sich: „so sind die Lehrkräfte dieser Anstalt sämtlicher wohlerworbener Rechte auf lebenslängliche Anstellung, Ruhegehalt-, Witwen- und Waisenversorgung beraubt. Das zwingt sie, in kürzester Zeit ihr Dienstverhältnis zu lösen. Da sich unter den gegebenen Verhältnissen keine geeigneten Kräfte zur Besetzung der freiwerdenden Stellen zur Verfügung stellen können, müßte in kürzester Zeit der Unterricht eingestellt und die Kinder in einer Provinzialanstalt beschult werden." Die beiden wiesen also auf ihre Probleme infolge der Hyperinflation hin und versuchten, eine Drohkulisse aufzubauen. Mit Bezug auf den Schulausschuß schrieben sie „in Gemeinschaft mit der sozialpolitischen Kommission des Kommunallandtages": „Die Unterzeichneten bitten

den Magistrat u. die Stadtverordnetenversammlung ... Aufhebung des Internats u. Übernahme der Anstalt als vierklassige Taubstummen-Schule durch die Stadt. Für die Aufhebung des Internats sprechend folg. Gründe: Die Kinder, die tagaus tagein außer Sonntag in der Anstalt sind, werden ganz der Familie entfremdet. Die sie betreuenden Lehrkräfte sind beim besten Willen nicht imstande, Mütter- oder Vaterstellen zu ersetzen ... und ihnen die Liebe und Rücksichtnahme zuzuwenden, die ihnen im Elternhause zuteil werden würde." Die beiden Lehrer zeichneten hier das Gegenteil von dem Bild, das der Direktor gemalt hatte. Dann sahen die beiden auch im Zuhause der Kinder eine bessere Lösung der „Ernährungsfrage". „Durch das Anstaltsleben werden die Kinder nicht für das Leben erzogen. Sie bleiben unselbständig." „Die Knaben könnten so Interesse für einen ihrer Neigung und Befähigung zusagenden Lehrberuf gewinnen, und die größeren Mädchen würden den täglichen Haushaltsbetrieb der Mütter kennen lernen."
Diese Einschätzung der Situation der gehörlosen Kinder wurde vom Direktor später anders dargelegt: „Unsere Kinder sind jede Woche 1 ½ Tage zu Hause und ausserdem sämtliche Ferien, die zusammen ¼ Jahr ausmachen. Ueber Entfremdung hat noch keine Mutter geklagt. ... Gehen die Kinder nach Unterrichtsschluss heim, so sehen sie ohne Zweifel mehr vom Leben als im Internat. Allein das Leben spricht nicht zu den Gehörlosen. Er sieht nur Bilder ohne Worte, Rätsel ohne Lösung; denn alles, was hörende Kinder zu ihren Spielen singen und sprechen, was Arbeiter und Handwerker bei ihren Geschäften reden, vernimmt der Taubstumme nicht. Seine geistige Bildung wird darum nicht wesentlich gefördert draussen im Leben. Die Eltern haben keine Zeit, die Geschwister machen sich nicht die Mühe, das Gehörlose zu unterrichten über Sinn und Zweck dessen, was vorgeht. ... Auf der Strasse wird das Taubstumme von gleichaltrigen Kindern nie zum Spiel herangezogen, bestenfalls übersehen, meist aber gehänselt". „Kein Handwerker lässt heute einen fremden Knaben in seine Werkstatt. Das allgemeine Misstrauen ist viel zu gross. Das Externat bietet also den Kindern keine Gelegenheit, die Tischlerei, Buchbinderei, Sattlerei näher kennen zu lernen als das Internat. .. Die Kinder werden auch im Internat zu häuslichen Arbeiten herangezogen. Die grösseren Knaben und Mädchen helfen in der Hauswirtschaft, machen Gänge und Besorgungen, genau wie in der Familie."[192]

Mitte Oktober schrieb der Landeshauptmann dem Magistrat, daß nur die Umwandlung des Internats in eine „Taubstummenschule" „die vollständige Auflösung der Frankfurter Anstalt" verhindern würde. Am 10. November erklärte die Stiftungsdeputation, die Verhandlungen würde noch „schweben". „Wir werden zur gegebenen Zeit ... berichten." Es wurde eine Frist von einem Monat gesetzt.

Ende November 1923 erklärte das Pflegamt gegenüber der städtischen Stiftungsdeputation: „Das Pflegamt ist trotz der lebhaftesten Bedenken gegen eine Aenderung des jetzigen Charakters der Anstalt als Internat mit der versuchten Einführung des Externats ... bei 4 Klassen mit 4 geprüften Lehrkräften einverstanden. Durch diese aus der Not der Zeit erforderlich gewordene zeitweilige Ersetzung des Internats durch ein Externat soll an der Selbständigkeit der Stiftung nichts geändert werden."

Am 30. November 1923 gab es eine Besprechung mit Vertretern der beteiligten Einrichtungen im Amtszimmer von Stadtschulrat Henze. Dieser stellte fest: „Es wird darauf hingewiesen, daß die Anstalt bis vor wenigen Jahren ohne jeglichen Zuschuß von irgend einer Seite sich selbst unterhielt ... Die rasche Geldentwertung der letzten Jahre hat das Vermögen der Anstalt bis auf ihren Grund-, Gebäude und Inventarbesitz rasch verschwinden lassen. Seit mehreren Jahren hat die Stadt ... sehr erhebliche Mittel zuschiessen müssen ... Schon 1921 ergaben sich Schwierigkeiten, die zu Verhandlungen mit dem Herrn Landeshauptmann Veranlassung gaben", woraus sich „als Pflegesatz der um 1/3 erhöhte Pflegesatz" ergab. Dann heißt es, daß die „Umwandlung ... in eine 4klassige Schule mit 4 geprüften Lehrkräften" im Raum stand. Man wollte „die Kosten derselben zu gleichen Teilen auf den Bezirksverband und die Stadt ... verteilen". Zu den offenen Fragen gehörte, ob das Jugendamt in der Lage sei, die Kosten von den Eltern einzuziehen. Als Arbeitsauftrag war festgelegt worden: „Durch das städtische Jugendamt soll festgestellt werden, wie hoch die Erstattungskosten sich stellen, die die Stadt als Ortsarmenverband bei Unterbringung der hiesigen Kinder in Camberg zu leisten hätte."[193]

Auch die Medien nahmen von der Entwicklung Notiz: Die Deutsche Allgemeine Zeitung setzte sich für den Erhalt der Schule ein. Der Artikel wies unter anderem auf die „individuelle Stellenvermittlung" sowie auf die Funktion als eine „unentbehrliche Beratungsstelle" für die Gehörlosen durch Mitarbeiterinnen und Mitarbeiter der Taubstummenerziehungsanstalt hin.

Am 7. Januar 1924 berichtete die Stiftungsdeputation dem Pflegamt über den Brief an den Landeshauptmann: „Wir können auch nicht einsehen, weshalb ein Unterschied zwischen Blindenanstalt und Taubstummenanstalt bezüglich der Pflegesätze gemacht werden soll."

Am 9. Januar setzte sich die Elternschaft gegenüber der Stadtverordnetenversammlung für den Erhalt der Schule ein. Sie sagten, sie hätten 90 Prozent der Kosten getragen. Und sie erklärten: „Wir gehen zweifellos geordneten Verhältnissen und besseren Zeiten entgegen, sodaß es verfehlt wäre, das Internat jetzt abzuschaffen".

Im Februar 1924 wünschte die Stiftungsdeputation genaue Beträge zu erhalten, was die Eltern tatsächlich zahlten und welche das Jugendamt nicht einziehen könnte. Ende Februar 1924 informierte das Jugendamt die Stiftungsdeputation. Demnach seien „aktenmässige Unterlagen" für 27 Schüler da, von denen nur für 2 „die Kosten ganz gezahlt werden". 21 Schüler, zu denen beim „Jugendamt aktenmässige Unterlagen vorhanden" waren, hätten jeweils für Dezember 1923 und Januar 1924 1.953 M. zahlen müssen; aber 1.690,20 M waren „nicht beitreibbar". Diese Zahlen unterscheiden sich massiv von den bis dato genannten hohen Selbstbeteiligungswerten. Es läßt sich vermuten, daß die diesbezüglichen finanziellen Probleme der Eltern eine Folge der Hyperinflation waren. Entsprechend heißt es Anfang März von seiten der Stiftungsdeputation: „Es ist nicht richtig, daß 90%", sondern nur 13% der Eltern die Summe aufbringen würden.[194]

Am 27. Februar 1924 schrieb Justizrat Scheele vom Pflegamt, der kurz darauf Senior wurde, an Schulrat Henze und erklärte, daß ein Internat günstiger für die Stadt sei als ein Externat: „Sie werden nun die Frage stellen, wie es kommt, dass dies möglich ist. Ich möchte die Frage dahin beantworten, dass durch die jetzt erst mögliche sparsame Ernährungswirtschaft mit 75 Pfg. für jedes Kind ... den Ausgleich herbeiführen ... Ich schreibe Ihnen dies, um in letzter Stunde noch ein Wort für das Internat zu sagen, dessen Erhaltung mir am Herzen liegt". Auf welcher Grundlage die von ihm behauptete „jetzt erst mögliche sparsame Ernährungswirtschaft" erfolgen konnte, ist nicht nachvollziehbar. In der Sitzung der Stiftungsdeputation von Anfang März wird einer Umwandlung zugestimmt und dies dem Magistrat mitgeteilt „mit der Maßgabe, daß auswärtige Schüler, die bisher zum Teil bevorzugt wurden, nur dann ... zugelassen werden sollen, wenn alle Frankfurter Kinder ... Aufnahme ... gefunden haben."[195] Dieser Vorwurf verwundert, da es für die Jahrzehnte zuvor gegenteilige Behauptungen gab.

Am 10. März 1924 entschied dann der Magistrat, das Angebot des Landeshauptmanns anzunehmen: „Der Magistrat ist grundsätzlich damit einverstanden, daß die hiesige Taubstummen-Erziehungsanstalt ihre Tätigkeit auf den Betrieb einer 4 klassigen Anstaltsschule für taubstumme Kinder (Externat) einschränkt und nimmt das Angebot des Herrn Landeshauptmann vom 17. Oktober 1923, wonach der Bezirksverband die Hälfte der Kosten einer Anstaltsschule für Frankfurter taubstumme schulpflichtige Kinder tragen wird, wenn die Stadt ihrerseits für die andere Hälfte der Kosten Gewähr leistet, an." Zwei Tage später antwortete der Landeshauptmann dem Frankfurter Magistrat und bestätigte den Empfang des Schreibens des Magistrat und nahm zustimmend Kenntnis von der Umstellung in ein Externat vom „1. kommenden Monats".

Über diese Entscheidungen wurde sogleich das Provinzial-Schulkollegium in Kassel informiert. Für diese Umwandlung ist den im Internat „wirkenden Hilfskräften zum 1. 4. 1924 bereits gekündigt" und für „geprüfte Lehrkraft ... Stelle ausgeschrieben" worden. Es erklärte sich „damit einverstanden, daß die dortige Taubstummenanstalt von Beginn des neuen Schuljahres ab als Externat in Form einer 4 klassigen Anstaltsschule mit Klassen von je 2 Jahrgängen geführt wird. ... Wir legen Wert darauf, daß eine weibliche Lehrkraft angestellt wird."[196] Damit war die Entscheidung über das Ende der Taubstummenerziehungsanstalt in seiner Form, wie sie seit der Gründung bestanden hatte, endgültig gefallen; es stand nicht mehr eine Sprachausbildung Rund-um-die-Uhr verbunden mit einer darauf bezogenen Erziehung im Mittelpunkt, sondern es ging nur noch um die Erfüllung der Schulpflicht für Gehörlose.

Unmittelbar vor der Umwandlung fragte Direktor Haux beim Pflegamt nach; es ging um das Datum: „31.3 oder am 12.4.?" Der 12. April war das Ferienende. Und das Pflegamt erklärte gegenüber Schulrat Henze. „Wir müssen also am 1. das Internat auflösen und die Kinder nach Hause schicken. Die Vollpensionäre wird man allerdings wohl behalten müssen, bis zur Beendigung des Schuljahres. Man wird auch die Lehrkräfte bis zum Ende des Schuljahres behalten müssen und sie bezahlen ..., damit der Schulunterricht nicht leidet."[197]

Was die Umwandlung konkret bedeutete, läßt sich aus einem Schreiben der Städtischen Schuldeputation an die „Strassenbahn-Direktion" erkennen: „Es handelt sich um etwas über 30 taubstumme Kinder, die in den verschiedensten Stadtteilen wohnen und die daher durchweg die Strassenbahn jeden Tag zur Anstalt hin und von da wieder zurück nach dem Elternhaus werden benutzen müssen. Wir bitten im Hinblick auf die den taubstummen Kindern wegen ihres Gehörmangels ganz besonders drohenden Gefahren des Verkehrs dem gesamten Fahrpersonal der Strassenbahn eine Mitteilung zugehen zu lassen, ... diesen Kindern Rücksichtnahme und Unterstützung angedeihen zu lassen. Die Kinder werden, um als Taubstumme kenntlich gemacht zu werden, von der Leitung der Taubstummen-Anstalt eine Ausweiskarte erhalten."[198]

Viele Eltern gehörloser Kinder kämpften für das Fortbestehen als Internat. So hatte sich auch der Elternbeirat am 15. März an die Stiftungsdeputation gewandt und sich mit einer Unterschriftenliste für den Erhalt als Internat eingesetzt. Er führte dafür 35 Befürworter mit Unterschrift oder Namen auf, während im Brief „16 Eltern von Anstaltszöglingen sich für das Externat erklärt haben sollen." In einem Brief zu diesen Vorgängen wird geschrieben, daß Frankfurter Eltern dagegen seien, „die beispielsweise von einer Überweisung ihrer Kinder nach einem anderen Orte und noch dazu ins [von Frankreich] besetzte Gebiet aufs schwerste sich betroffen fühlen würden. Die Angelegenheit wäre vielleicht schon vor mehreren Wochen zum Abschluß gekommen, wenn nicht immer von neuem wieder Herr Direktor Haux bei allen möglichen Stellen es versucht hätte, die Aufhebung des Internats in der hiesigen Anstalt zu verhüten, durch die Behauptung, daß dabei die Ausbildung der taubstummen Kinder aus [sic] schwerste leiden würde."

Der „Elternrat" setzte sich noch Anfang April mit einem Schreiben an den „Stadtmagistrat" weiterhin für das Internat ein. Für den Fall, daß durch das Ende des Internats Räume freiwürden, ahnten die Eltern eigensüchtige Motive in der Stadtverwaltung. „Die berechtigte Frage der Eltern geht nun aber dahin: Was geschieht mit Haus und

Garten der Anstalt? Sie gehören der Stiftung und sind bestimmungsgemäss zugunsten der Frankfurter taubstummen Kinder zu verwenden. Die Stadtverwaltung hat kein Recht, das Stiftungseigentum für andere Zwecke in Anspruch zu nehmen, die Räume für andere städtische Behörden nutzbar zu machen. Die Stadt hat dieses Recht auch nicht durch die Unterhaltung der Anstalt in den letzten Notjahren erworben. ... Was würde die Stadtverwaltung sagen, wenn mit dem gleichen Unrecht jeder Besitzer vom [sic] städtischen Schuldverschreibungen sich auf dem Rathaus Zimmer zum Bewohnen aneignete oder sich die Einrichtung städtischer Räume wegführte?"[199] Hier zeigt sich, daß Eltern schon früh erkannten, wie die Interessenslage von seiten bestimmter Ämter war. Nach dem Zweiten Weltkrieg wird sie entscheidend negative Auswirkungen haben, so daß dann über Jahrzehnte keine lebendige Stiftungsarbeit mehr existiert hat.

Die konkrete Finanzlage des Schulbetriebs wurde problematisch, anscheinend vor allem durch die mangelhafte Zahlungsmoral der Stadt Frankfurt. Schon im Mai 1924 erklärte das Pflegamt gegenüber der Stiftungsdeputation: „Die Stiftung als solche ist nicht in der Lage, ihre Lehrkräfte zu sichern." Man wünschte aber sichere Stellungen für sie, um „gute Lehrkräfte zu gewinnen und zu erhalten." Im Juni mahnte das Pflegamt beim Magistrat fällige Gehaltszahlungen an. „Womit soll ich bezahlen?" Im November 1924 wandte sich das Pflegamt an die Finanzdeputation und beklagte sich, daß das Land „pünktlich 1000 Mark" zahle, aber nicht die Stadt. Direktor Haux schrieb im August 1926 an Schulrat Henze und wies darauf hin, daß der Bezirk pünktlich monatlich 1860 Mark besteuere, „die Stadt am Ende des Monats und nur 1 200 Mark. Damit kann ich meinen Verpflichtungen nicht nachkommen."[200]

Gehörlose erhielten damals durch die Arbeit der Stiftung Taubstummenerziehungsanstalt in ihrem Schulgebäude nicht nur als Kinder und Heranwachsende die Vermittlung der grundlegenden Sprachkompetenz und ihre Schulausbildung, sondern als Erwachsene auch Fortbildungen und Beistand durch ein Engagement von Taubstummenlehrern als Dolmetscher. So waren für „die nicht mehr schulpflichtigen, 15-18jährigen Taubstummen ... Fortbildungs-klassen" eingerichtet worden. „Die Gehörlosen haben nach der Fürsorgepflichtverordnung vom 13.2.24 und den später erlassenen

Bestimmungen ein Recht auf ausreichende Fürsorgemassnahmen. Diese können ... und sind auch immer ehrenamtlich von Taubstummenlehrern geleistet worden. ... Im Jahre 1921 wurde die erste Volkshochschule für Taubstumme in Frankfurt gegründet, die bis zum Ausbruch des [Zweiten Welt-]Krieges bestanden hat." Im Jahre 1925 wurde moniert: „Die durch die Erhöhung der Pflichtstundenzahl herbeigeführte Ueberlastung des Lehrkörpers der Anstalt macht es ihm unmöglich, die bisher gern und erfolgreich betriebene Fürsorgearbeit an den etwa 300 erwachsenen Taubstummen in Frankfurt a/Main, sei es durch Unterricht an der Taubstummen-Fortbildungsschule durch Halten von Vorträgen im Rahmen der Volkshochschule, Mitarbeit in der Rechtsberatung und Auskunftserteilung, fortzusetzen. Dadurch werden die Interessen der erwachsenen Taubstummen in Frankfurt a/Main arg geschädigt." Rückblickend heißt es 1949. „Die Taubstummenerziehungsanstalt hatte auch eine Fortbildungsschule eingerichtet, und die Taubstummenlehrer bereiteten ihre Schüler stets mit gutem Erfolg auf die Gesellenprüfung vor. Sogar eine Volkshochschule errichteten die Lehrer für ihre ehemaligen Schüler. Mehr als 200 Gäste besuchten diese Veranstaltung. Ferner arbeiteten die Taubstummenlehrer in den verschiedenen Taubstummenvereinen mit."[201]
Das Engagement der Lehrer wurde von manchen nicht goutiert. Deshalb setzten sich die Lehrer 1927 gegenüber dem Landeshauptmann für veränderte Arbeitsverträge ein, weil sie wie bisher ehrenamtlich für die ca. 400 in Frankfurt lebenden Gehörlosen dolmetschen wollten. Denn die Lehrer der Gehörlosenschule wurden immer wieder als Dolmetscher benötigt, wenn ein Mediziner im Krankenhaus darum bat oder ein Rechtsanwalt, der Bedürftige vertrat. Die Landesverwaltung war gegen eine „Besetzung der Fürsorgestelle an der Frankfurter Anstalt", wie sie von den Frankfurter Gehörlosen gewünscht wurde. Auch hier wurde die Verzögerungstaktik eingesetzt. Im Sommer 1931 wandte sich der Landeshauptmann an das Landesjugendamt, „auf das Pflegamt der Taubstummen-Erziehungsanstalt Frankfurt dahingehend einzuwirken, dass eine Besetzung der Beratungsstelle bis zur Klärung der Frage der Zusammenlegung der beiden Taubstummenanstalten unterbleibt."[202]

Die Kinder der Gehörlosenschule verbrachten zu jener Zeit wie alle Frankfurter Schulkinder im Alter von 14 bis 15 Jahren eine

Erholungszeit von vier Wochen im Schullandheim „Wegscheide" bei Bad Orb.[203]

Weil das Konzept der „Taubstummenerziehungsanstalt" seit ihrer Gründung eine intensive Betreuung - quasi rund um die Uhr - der gehörlosen Kinder vorsah, wohnten Erzieherinnen und Erzieher im Schulgebäude. Dieses Erfolgskonzept endete mit der Umwandlung des Internats in ein Externat. Damit wurden zahlreiche Räume frei. Das Wohlfahrtsamt zeigte Interesse, wollte jedoch nicht so viel Miete zahlen, wie der beeidigte Sachverständige festgestellt hatte. Das Pflegamt gab anscheinend nach. 1924 mietete die „Stadt ... zwölf Zimmer des Gebäudes zur Unterbringung von Wohlfahrts- und Jugendamt, sowie der Kriegshinterbliebenen-Fürsorge." 1932 mietete die Stadt durch das Städtische Fürsorgeamt weitere Räume. Dementgegen bat die Schule um eine eigene Verwendung der Schulsporthalle, denn: „Unsere Turnhalle nimmt das städtische Fürsorgeamt für seine Kreisstelle 5 dauernd in Anspruch." Bei der Turnhalle ist offen, welche Umbauten dafür vorgenommen wurden. Vielleicht war diese Halle gemeint, wenn es heißt: „Die fraglichen Räume waren vor Jahren vom Wohlfahrtsamt für eine Kreisstelle ermietet und durch Einziehen von Rabitzwänden zweckentsprechend eingerichtet worden. Nach der Kreisstelle ermietete die S.A.- Standarte 99 die Räume". Auch die NSV richtete 1934 und 1935 erfolglos begehrliche Blicke auf Räume im Stiftungsgebäude; Senior und Direktor verhinderten dies mit Verweisen auf eine mögliche „Unterbringung von Schwerhörigenklassen" sowie die Neuordnung der „Beschulung der Gehörlosen im Rhein-Main-Gebiet". Immerhin war das Amt für Volkswohlfahrt – Ortsgruppe Günthersburg für Aktionen zum Winterhilfswerk 1934 und 1935 erfolgreich. Anfang Oktober 1935 wurde das Schulgebäude „etwa nur zur Hälfte benutzt: die Turnhalle wurde nicht benutzt." Von 1936 bis 1937 waren Räume an die Frankfurter Frauenschule für Volkspflege vermietet worden, bis sie wegen der Zusammenlegung der Gehörlosenschule mit der in Camberg das Gebäude verlassen mußte. Die SA hatte zuvor die Turnhalle ruiniert. Es fragt sich, wer dann die Reparatur finanziell übernommen hat, so daß sie später „von der Anstalt und von der Frauenschule täglich benutzt" werden konnte?[204] Der Garten wurde verpachtet. Außerhalb der Dienstwohnung wurde ein Zimmer an eine Tochter des früheren Direktors vermietet, die in Frankfurt arbeitete.

18. Unruhige Zeiten und Veränderungen

Die schwierige finanzielle Lage in der Weimarer Zeit verbunden mit dem Verhalten der Frankfurter Stadtverwaltung verunsicherte die Lehrer an der Gehörlosenschule, da sie sich um ihre bürgerliche Existenz Sorgen machen mußten. Ein wesentlicher Punkt bildete das willkürliche Verhalten von seiten der Stadt, wonach die Lehrer „bald als Privat-, bald als städtische Beamte angesehen" wurden, je nachdem, wie es aus städtischer Sicht vorteilhaft war. Lehrer hatten wiederholt um Klärung ihrer Situation gebeten. Dann beschwerten sich die Eltern bei den Stadtverordneten über einen Magistratsbeschluß, der erklärte hatte: „'Die Lehrkräfte der Taubstummen-Erziehungsanstalt sind Angestellte des Pflegamts dieser Anstalt, die zwar der Aufsicht der städtischen Körperschaften untersteht, im übrigen aber eine vollständig selbständige Einrichtung mit eigener juristischer Persönlichkeit und selbständiger Vermögensverwaltung ist. Der Magistrat kann daher keinerlei Verpflichtung anerkennen, im Falle der Auflösung ... die aus ihrem Anstellungs- und Dienstverhältnis entspringenden Rechte zu garantieren.'" „Die Elternschaft ist entrüstet" und „fordert Übernahme der Anstalt durch die Stadt und Steigerung ihrer unterrichtlichen Leistungsfähigkeit durch Anstellung weiterer geprüfter Lehrkräfte".[205] Der Streit zog sich die 1920er Jahre hin. Dabei zeigte sich, daß leitende Beamte - und bisweilen auch Kommunalpolitiker - die angestellten Lehrer der Gehörlosenschule nicht als städtische Mitarbeiter einordnen wollten. Bei anderen Gelegenheiten trugen sie eine divergierende Einschätzung vor. Teilweise war dies Prinzipienreiterei und schierer Machtwille. Darauf verweist das perfide Aussitzen. Diese Belastung für die Lehrer wird sich auf die Arbeit in der Gehörlosenschule ausgewirkt haben.

Ein Streitfall war die Erhöhung der Lehrdeputate nach der Schulumwandlung Ostern 1924 aus einem Internat in ein Externat. Es wurde für „4 Lehrkräfte umorganisiert. Darnach entfallen also auf jede Lehrkraft an der Taubstummenschule etwa 7-8 taubstumme Kinder." Als Reaktion darauf kam es im Januar 1925 zu einer „Denkschrift" des Kollegiums der Schule gegen „die Verfügung des Pflegamts vom 31.Dezember 1924, Erhöhung der Pflichtstundenzahl für die männlichen Lehrkräfte auf 29 und die weiblichen auf 27 Wochenstunden" sowie die „Bitte um Erweiterung des Kollegiums der Taubstummen-Anstalt durch Anstellung eines Hilfslehrers." Die Städtische Schuldeputation unterbreitete dem Magistrat folgenden Vorschlag für eine Antwort: „Um aber trotzdem die Lehrkräfte der Anstalt nicht mehr zu belasten, hat das Pflegamt sich damit einverstanden erklärt, daß jede Unterrichtslektion in der Anstalt um 5 Minuten gekürzt wird." Der Magistrat wies kritisch darauf hin: „Eigentümlich muß es berühren, daß in der Angelegenheit Eingaben an die verschiedensten Stellen gerichtet worden sind, unterzeichnet 'Das Kollegium der Taubstummenanstalt Frankfurt a.M.', ohne daß der Leiter der Anstalt, der doch auch zu dem Lehrerkollegium gehört, irgendwelche Kenntnis davon bekommen hat".[206]

Ein Aktienverein hatte im 19. Jahrhundert die Mittel gesammelt, um der Stiftung ein eigenes Grundstück mit Gebäude zu ermöglichen. Danach und seit der Gründung der Stiftung wurden Spenden eingeworben, um Bedürftigen den Besuch der Schule zu gewähren. Dieses stattliche Kapital, das für diesen Zweck aber noch nicht ausreichend war, wurde nach dem Ersten Weltkrieg durch die Inflation vernichtet. Es konnten danach nur mühsam Spenden entgegen genommen werden, da viele Menschen verarmt waren. Die Stadt Frankfurt spendete der Stiftung 1927 zum 100jährigen Jubiläum einen Lichtbilderapparat. Weil das Internat in ein Externat umgewandelt worden war, konnten Räumlichkeiten vermietet und der Garten verpachtet werden. Aber während der „guten Jahre" der Weimarer Republik stiegen die Kosten der Gehörlosenschule erheblich. Sie ging man bei Einnahmen und Ausgaben 1927 von 58.352,52 RM aus, im Jahr 1928 von 65.461,-- RM und 1930 von de facto 78.786,92 Reichsmark.[207]
Schon während der kritischen Lage der Stiftung zur Zeit der Inflation und folgend der Hyperinflation in der Weimarer Zeit ist mit hoher Wahrscheinlichkeit ein kritikwürdig schwaches Engagement von Mitgliedern des Pflegamtes für ihre Stiftung zu verzeichnen: Lag es daran, daß sie sich um ihre persönlichen Belange kümmerten, um in der Inflation zu bestehen? Oder fehlte es in dieser Notlage an der Verankerung der Stiftung in der Stadtgesellschaft, einer Entwicklung, der sich die Pfleger vielleicht angepaßt hatten?
Immerhin trat das Pflegamt am Ende der 1920er Jahre für die Stiftung gegen Bestrebungen aus der Kommunalpolitik und der

Stadtverwaltung ein, die die Selbständigkeit Frankfurter Stiftungen minimieren wollten. Diese Gefahr betraf auch die Stiftung Taubstummenerziehungsanstalt. Dagegen protestierte das Pflegamt beim Schulrat Henze.[208] Diese Attacke auf die Selbständigkeit von Stiftungen erfolgte mit den gleichen allgemeinen Argumenten wie schon zur Zeit des Oberbürgermeisters Adickes. Es wurde behauptet, daß die vorgesehenen Veränderungen nur Äußerlichkeiten berührten, jedoch die „Zwecke und Rechte der Stiftungen" nicht tangiert seien sowie die Nutzung und ihren Personenkreis unangetastet ließe. Das entsprach aber nicht den Tatsachen, wie sich insbesondere bei der Gehörlosenschule und der sie tragenden Stiftung nach dem Zweiten Weltkrieg deutlich zeigt. Von daher waren solche Proteste stets berechtigt. Die behaupteten Trennungen zwischen formalen Vorgaben und dem Alltag waren fadenscheinige Täuschungen. Die Interessen der Inhaber der Macht, sei es der politischen oder der realen Verwaltungsmacht, hatten Vorrang. Diese Minderung der Selbständigkeit der einzelnen Stiftungen war zum Schaden der Bürgerstadt.

Eine Zusammenlegung mit der Camberger Anstalt wurde schon in den 1920er Jahren debattiert: „Erstmals im Jahr 1922 kam es soweit, daß man daran dachte, die Schüler der Taubstummen Anstalt in Camberg zuzuführen und die Anstalt in Frankfurt aufzulösen. Durch eine Besichtigung seitens der verantwortlichen politischen Gremien konnte dies noch einmal abgewendet werden." Denn die Lehrerschaft hatte sich für den Erhalt eingesetzt. 1931 wollte der Kommunallandtag in Wiesbaden die Frankfurter Gehörlosenschule in die Schule in Camberg eingliedern. Wieder waren es Lehrer, die sich dagegen wehrten. Ende Januar 1932 entschied sich der Magistrat für die Existenz der Frankfurter Gehörlosenschule, weil ihm bewußt geworden war, „dass bei einer Zusammenlegung der Frankfurter Taubstummen-Erziehungsanstalt mit der Camberger Taubstummenanstalt für die Stadtgemeinde keine Verminderung ihrer Lasten zu erwarten steht."[209]

Der Landeshauptmann, der die Arbeit der Gehörlosenschule finanziell unterstützte, wollte deshalb in der Stiftung mitsprechen. Anscheinend hatte ihn die Stadt bis zu einer Neuorganisation des Stiftungswesens in Frankfurt vertröstet, so daß er zu Beginn der 30er Jahre vorerst einen Vertreter „mit beratender Stimme" im Pflegamt forderte. Die Stadt übernahm diesen Anspruch und entschied, daß „für die Zeit bis zur endgültigen Regelung der Neuorganisation der öffentlich-milden Stiftungen" je ein Vertreter des Landeshauptmanns und der Stadt „mit beratender Stimme hinzuzuziehen" sei. Der Landeshauptmann wollte dann zwei stimmberechtigte Mitglieder ins Pflegamt entsenden, da die „Wirtschaftskommission des Landesausschusses" dies verlangte. Stadtverwaltung, Magistrat und Stadtverordnetenversammlung in Frankfurt dehnten es folglich auch auf zwei Sitze für die Stadt aus, so daß das Pflegamt aus 7 Mitgliedern bestehen sollte.[210]

19. „Drittes Reich"

Die NS-Zeit belastete die Frankfurter Gehörlosenschule sehr. Die Nationalsozialisten töteten einige gehörlose Kinder, andere ließen sie zwangssterilisieren. Die Stiftung sowie die gehörlosen Schülerinnen und Schüler wurden benachteiligt. Ein mittelbarer symbolischer Eingriff war für die Schule, daß die Nationalsozialisten den Namen Rothschild-Allee ablehnten und somit das Schulgebäude seit Mai 1933 an der Karolinger-Allee lag.[211]

Brutale Verfolgungen durch die Nationalsozialisten könnten es vielleicht sein, daß - wie berichtet wird - die SA in den Räumen der Gehörlosenschule nach der sog. Machtergreifung ein „wildes KZ" eingerichtet habe, wobei die Rede vom Ende Februar ist. Eine Chronologie des Direktors jedoch weist rückblickend nicht darauf hin, zählt immerhin für den Mai unter anderem die Übergabe von zwei Kellerräumen auf, die dafür genützt worden sein könnten, wobei andere Berichte des Direktors dazu widersprüchlich sind.[212] Weil der Direktor im Hause wohnte, hätte er dies auf jeden Fall mitbekommen müssen, was aber die Existenz eines „wilden KZ" nicht ausschließt. Darüber hinaus besetzte die SA Teile des Gebäudes. Es bestehen viele, zum Teil gravierende Widersprüche innerhalb der Akten zu der „Vermietung" an die SA, so daß sich vieles nicht rekonstruieren läßt.

Der Direktor berichtete Ende Januar 1934 dem Vorsitzenden des Pflegsamts über den Verlauf, wie es dazu kam, daß sich die SA im Schulgebäude befand:

„Nach meinem Tagesnotizbuch 1933 entwickelte sich die Sache folgendermassen:

19.4.33: Vier Herren der SA, von Oberbürgermeister Dr. Krebs geschickt, sehen sich die Räume der Kreisstelle 5 in unserem Hause an u. sagen, sie mieten sie vielleicht.

8.5.33: Standarte 81 teilt mir auf Anruf mit, Sturmbann 3 derselben komme wahrscheinlich in unser Haus.

9.5.33: Hochbauamt. Abt. Vermietungen – Architekt Dickhaut – ruft an a) ob die Anstalt Bedenken habe gegen Ermietung der Kreisstellen-Räume durch die NSDAP (bezw. die SA). Ich antwortete, das Pflegamt sei zur Zeit nicht beschlussfähig; ich selbst habe keine Bedenken. b) Dickhaut fährt fort, die Partei könne keine Miete zahlen. Ich entgegnete, dann müssen erst die Lastenträger – Stadt u. Bezirk – gefragt werden.

13.5.33: Sturmbannführer Dr. Roth, Adjutant Bauer, Mitwitzky u. ein vierter SA-Mann erscheinen abends 6 Uhr an unserem Tor mit einem Beamten der Kreisstelle und verlangen diktatorisch die Kellerschlüssel; es soll eine Küche für 330 SA-Leute eingerichtet werden. Ich versprach 2 Kellerräume.

23.5.33: Dr. Roth ruft an: Wir haben uns wegen der Miete für die Räume an den Landeshauptmann gewandt; der Landeshauptmann verwies uns ans Pflegamt. Wer ist das Pflegamt? – Ich zählte die Mitglieder des Pflegamtes bis zu Hitlers Regierungsantritt auf u. sagte, Magistrat u. Stadtverordnete müssen erst ein neues Pflegamt wählen. Dr. Roth erwiderte, er werde sich an den Magistrat wenden.

24.5.33: Uebergabe der Räume ʹvorbehaltlich der Zustimmung des Pflegamtesʹ.

17.6.33: Architekt Dickhaut fragt – nach vorhergehender Besprechung einer anderen Sache – ob ich dem Landeshauptmann mitgeteilt habe, die SA sei in unserem Hause. Nein, meine vorgesetzte Behörde ist in diesem Falle das Pflegamt. Dickhaut: Es ist besser, abzuwarten, bis die SA eingegliedert ist in den Staatsverband; dann ist eine Aussprache mit den Behörden über die Miete der SA leichter.

26.6.33: Aussprache des Anstaltsleiters mit Sturmbannführer Dr. Roth wegen 2 Räumen im zweiten Stock. Bei dieser Gelegenheit erinnerte ich daran, dass ein Mietvertrag abgeschlossen werden müsse, worauf Dr. Roth erwiderte: ʹWir machen wahrscheinlich überhaupt keinen Mietvertrag.ʹ

10.11.33: Die Anstalt erhält den Magistratsbeschluß vom 30. Okt. 1933, Nr. 1061, wonach Herr Stadtrat Dr. Fischer-Defoy vom Magistrat in das Pflegamt der Anstalt gewählt ist. Von da an hatte die Anstalt wieder ein beschlussfähiges Pflegamt."[213]

Stadtrat Werner Fischer-Defoy war NSDAP-Mitglied. Er nahm im Dezember 1933 Kontakt mit der „Standarte 99, Taubstummenanstalt" auf: „Der Unterzeichnete, der zum Vorsitzenden des Pflegamtes der Taubstummenanstalt gewählt worden ist, möchte gern mit Ihnen wegen des Mietvertrags über die von der Standarte bezogenen Räume verhandeln". Und im gleichen Monat bat der Direktor den Senior Fischer-Defoy: „Die Mitbenutzung der Turnhalle bitte ich ab 1.1.34 auszuschliessen; denn wenn sie der SA als Abstell- und Putzraum für Fahr- und Motorräder, Lagerraum, Probesaal für den Musikzug, Werkstatt und Versammlungsraum dient, ist es unmöglich, sie so frei und so sauber zu halten, wie Unterricht und Gesundheit unserer Kinder und Lehrer es verlangen. (Die Anfänger haben täglich 1 Turn- u. Spielstunde, die Grossen wöchentlich 5.)" Darüber hinaus berichtete er dem Senior von der Rücksichtslosigkeit der SA: „Die SA in unserem Haus besitzt seit einigen Monaten zwei junge Doggen (jetzige Rückenhöhe etwa 60 cm) und lässt die Tiere tagsüber einigemal im Garten und Hof frei laufen. ... muss ich das Pflegamt bitten, mit der Standarte 99 vereinbaren zu wollen, dass die Doggen nicht mehr in Hof und Garten kommen, aus folgenden Gründen: 1. Ein Teil der Kinder fürchtet sich vor den Tieren (Mütter wurden deshalb vorstellig bei mir): 2. ich fürchte eine Berührung der Kinder mit den Hunden (Schnauze, Würmer). Der Taubstummenlehrer führt Tag für Tag die Hand bald dieses bald jenes Kindes an seinen Hals, in sein Gesicht, führt den Finger des Kindes in seinen Mund; 3. die Hunde verwühlen den Vorgarten und später auch bestellte Beete und laufen über alles hin. Beschwerden der Pächter werden folgen; 4. die Hunde verunreinigen den Schulhof und die Gartenwege in starkem Masse. Wenn das Wetter es erlaubt, wird der Turn- und Spiel-Unterricht nach Vorschrift der Schul-Aufsichtsbehörde im Freien erteilt." In der Folgezeit beschwerte sich der Direktor immer wieder gegenüber dem Pflegamt. „Dem Pflegamt zeige ich ganz ergeben an, dass die SA unsere Räume bis heute nicht verlassen hat und keine Anstalten macht, auszuziehen. ... Die beiden Doggen kommen immer noch in

Hof und Garten. Ich bitte sehr, darauf zu bestehen, dass sie sofort und für immer aus unserem Hause entfernt werden."[214]

Das führte schließlich dazu, daß Fischer-Defoy sich im April 1934 bei der „S.A.-Brigade 49 Frankfurt/Main" beschwerte über die „Besetzung der Räume der Taubstummen-Erziehungsanstalt durch die S.A.Standarte 99": „Als Vorsitzender des Pflegamtes der Taubstummen-Erziehungsanstalt, die nicht städtisches Eigentum ist, sondern von einer milden Stiftung unterhalten wird, bitte ich dringend, die Standarte 99 zu veranlassen, dass sie endlich in ein klares Verhältnis zu der Besitzerin der Räume tritt. Heute vor Jahresfrist wurden die Räume ohne jedes Einverständnis des Pflegamtes besetzt. Meine Bemühungen, einen Mietvertrag abzuschliessen, oder auch nur die Auslagen für Heizung usw. zu erlangen, sind völlig gescheitert. Nachdem der schriftliche Weg nicht zum Ziele geführt hat, da jedes Schreiben unbeantwortet blieb, bin ich etwa Ende Februar ds. Jrs. persönlich dort gewesen, wo mir von dem stellv. Führer der Standarte der Bescheid wurde, dass binnen allernächster Zeit die Anstalt geräumt würde. Bis jetzt sind keine Anstalten zur Räumung gemacht worden, dagegen klagt der Direktor der Taubstummenanstalt sehr über Belästigungen, die besonders durch die von der Standarte gehaltenen Doggen erfolgen sollen. Ich bitte dringend einzugreifen und Klarheit in die Verhältnisse zu bringen. Ich wiederhole nochmals, dass es sich um kein städtisches Eigentum handelt, sondern um eine milde Stiftung, die auf die Miete angewiesen ist, und bisher keine Entschädigung für den Ausfall von mindestens 10.000 RM bekommen hat."
Im Mai 1934 antwortete die Brigade 49 dem Senior, sie könnten sich „des Eindruckes nicht erwehren, dass man der SA in der Revolutionszeit gerne jeden Wunsch erfüllt hat und, nachdem alles wieder in geregelten Bahnen ist, wir im Wege stehen. Aus dieser Erkenntnis heraus werden wir selbstverständlich auf schnellstem Wege das Feld räumen, zumal uns in freundschaftlicher Weise von seiten der Stadt eine Schule kostenlos und mietfrei zur Verfügung gestellt worden ist."[215]
Aber Ende August war die SA immer noch in der Schule. Erst am 18. September 1934 konnte der Direktor melden, „dass die SA-Standarte gestern unser Haus geräumt hat." Es wurden Mietforderungen an die S.A. geprüft, und zwar „in Verbindung mit dem Gauschatzmeister der NSDAP, Herrn Stadtrat Eck und den

Herren Stadträten Niemeyer und Dr. Lehmann." Dabei kam man zum Ergebnis, daß die „Gesamtkosten RM 84.583,50 (Mietausfall)" betragen. Bald darauf erklärte Stadtkämmerer Lehmann, daß Mietforderungen „einem dahingehenden Wunsch des Herrn Reichsschatzmeister folgend niedergeschlagen worden" seien; demnach hätte die SA nur ab dem 1. Juli 1934 Zahlungen geleistet. Dabei war die Gehörlosenschule kein Amt der Stadt, und die Miete gehörte der Stiftung; das beeinflußte aber nicht den Frankfurter Stadtkämmerer, dem ein Wunsch eines NSDAP-Funktionärs wichtiger war. Lehmann war auch NSDAP-Mitglied.[216] Vermutlich hat die SA niemals Miete und Anteile an den Betriebskosten für Heizung, Strom sowie Wasser gezahlt.

Direktoren und Ärzte für Schulen der Gehörlosen haben den Nationalsozialisten in Deutschland geholfen, daß Gehörlose zwangssterilisiert wurden;[217] es stellt sich die Frage, wie es in Frankfurt am Main war. Zum Ende der Weimarer Republik hatten sich viele führende Personen im Sozialwesen für freiwillige Sterilisationen eingesetzt. Das war das bedrohliche Umfeld auch für Gehörlose, denen in der NS-Zeit eine Zwangssterilisation drohte, denn die Nationalsozialisten verfolgten intensiv Menschen mit sog. „Erbkrankheiten". Es fehlte somit an Fachleuten, von denen die Gehörlosen sich Hilfe erhoffen konnten. Die sozialrassistischen Verbrechen in Frankfurt wurden sogar in einer Haushaltsrede vom NS-Oberbürgermeister Krebs thematisiert: es seien „1935 in erheblicher Zahl Unfruchtbarmachungen durchgeführt worden." Zwangssterilisationen sind bei Frauen vielleicht auch durch Bestrahlungen vorgenommen worden. Wer weiß, ob diese in den „Monatsberichten" des Oberbürgermeisters an den Gauleiter im Jahr 1938 aufgeführten Vorgänge zur teilweise außerplanmäßigen Anschaffungen von Radium etwas damit zu tun haben?[218] In Frankfurt war bei der „Durchführung des Gesetzes zur Verhütung erbkranken Nachwuchses" auch das Jugendamt involviert. Das städtische „Fürsorgeamt (Jugendamt)" nannte gemäß dem Gesetz unter „7.) erbliche Taubheit", um dann auf die „Pflegekinder, die die Landestaubstummenschule – und Erziehungsanstalt, Karolinger-Allee 18, besuchen", hinzuweisen. Auch Gehörlose wurden für die „Erfassung der Körperbehinderten" gemeldet.[219]

Im negativen Sinne wird es bedeutsam gewesen sein, daß Max Schwarz 1937 HNO-Professor an der Goethe-Universität und Direktor der HNO-Klinik in Frankfurt wurde: denn Schwarz wurde daraufhin am 20. Mai 1938 in das Pflegamt der Stiftung Taubstummenerziehungsanstalt gewählt. Er war u. a. Mitglied der NSDAP, der SA, des NS-Ärztebundes, zuvor Beisitzer am Erbgesundheitsgericht Tübingen sowie Obergutachter für Erbgesundheitsgerichte gewesen. Schwarz untersuchte als Obergutachter viele Schülerinnen und Schüler des Gehörloseninternats in Frankfurt. Über „173 Zöglinge der kürzlich durch Zusammenlegen der Homberger und Camberger Anstalt sehr erweiterten Frankfurter Taubstummenschule" wird dies berichtet; für jeden wurde „ein ausführlicher, vorgedruckter Untersuchungsbogen ausgefüllt, der alle die vor kurzem von M. Schwarz zusammengestellten, für die Beurteilung der erblichen Taubheit wichtigen Frage- und Erhebungsdaten berücksichtigte und danach, wenn irgend möglich, die Untersuchung von Familienangehörigen in der gleichen Weise angeschlossen." Einschließlich zu 30 weiteren Gehörlosen „konnte die Diagnose ´erbliche Taubheit´ 46 mal mit annähernder Sicherheit gestellt werden ... 55 mal wurde eine erworbene Taubheit ermittelt ... Bei 102 Taubstummen vermochten wir dagegen ursächlich nichts Sicheres in Erfahrung zu bringen." Schwarz trat im „Dritten Reich" als Facharzt für sog. Erbkrankheiten auf. Er wurde Herausgeber der „Erbblätter für den Hals-, Nasen- und Ohrenarzt", die ab 1936 eine Beilage der medizinischen Fachzeitschrift „Der Hals-, Nasen- und Ohrenarzt" waren. Er wurde deshalb schon 1937 als „bekannter Erbforscher" bezeichnet. Für seine wissenschaftliche Karriere hatte sich Schwarz an die Spitze der Bewegung der empirischen Untersuchung der „Erbkrankheiten" bei Taubheit gestellt. Dies geschah durch Veröffentlichungen und praxisnahe Untersuchungsbögen. Er forderte, daß die Begutachtungen sehr sorgfältig und durch einen HNO-Arzt vorgenommen werden müßten. Dies bedingte eine größere Zahl an HNO-Ärzten und folglich deren verstärkte Ausbildung. Dafür mußten die Angebote an Universitäten ausgebaut werden, was absehbar für Schwarz gute Karrierechancen bedeuteten, sprich Ordinarius an einer renommierten Universitätsklinik für Hals-, Nasen-, Ohrenkrankheiten zu werden. Bei Schwarz gab es nur den wissenschaftlichen Zweifel; war er durch den Facharzt ausgeräumt worden und die Diagnose eindeutig, dann zeigte er bei den

Schlußfolgerungen Härte. Hier fehlte bei Schwarz ein ethisch fundiertes Verständnis für das Recht auf Leben und für die Menschenwürde, statt dessen nahm er die menschliche Fortpflanzung nur als Kosten-Nutzen-Rechnung wahr. Damit vertrat Schwarz eine menschenverachtende Position. Für die Gehörlosen war so jemand als Mitglied im Pflegamt sehr problematisch. Sie hatten in ihm nicht einen Beschützer, sondern einen Verfolger.[220]

Die gehörlosen Schülerinnen und Schüler wurden zu Forschungsobjekten: Thea Scharp hatte für ihre Dissertation von 1938 auch drei gehörlose Kinder untersucht. Sie erwähnt darin: „Das Kind wird von der Taubstummenschule zur Untersuchung geschickt." Der Anlaß für diese Untersuchung bleibt offen. „Doktorvater" war Prof. Otto Voß, der Vorgänger von Schwarz als Direktor der HNO-Klinik und in der Stiftung Taubstummenerziehungsanstalt. Wolfgang Wilcke befaßte sich in seiner Dissertation von 1939 mit der „Erforschung der Taubstummheit im Regierungsbezirk Wiesbaden"; sein „Doktorvater" war Otmar von Verschuer, sein Zweitgutachter Schwarz. Wilcke griff auf eine Reihe von Unterlagen zurück: „Die Schülerliste von Frankfurt war leider erst von dem Aufnahmejahr 1900 an zugänglich", dann auf die Reichsgebrechlichenzählung von 1925, Akten des Jugendamtes, ärztliche Zeugnisse oder Berichte in Schulakten der Gehörlosenschule und Aufzeichnungen der Universitäts-Ohrenklinik. In seinen Ermittlungen kam er auf 351 Taubstumme in Frankfurt, ohne diejenigen mitzuzählen, die „in Frankfurt a.M. die Gehörlosenschule besuchen oder für einen Beruf ausgebildet werden".[221] Wilckes Dissertation beförderte nationalsozialistische Maßnahmen zur Zwangssterilisation von Gehörlosen.

Ehemalige jüdische Schüler der Gehörlosenschule wurden von den Nationalsozialisten ermordet. Die Gehörlosenschule war religiös offen gewesen, weshalb an ihr auch jüdische gehörlose Schüler unterrichtet wurden: „1917/18 gingen hier sechs, 1930 noch zwei jüdische Schüler zur Schule. Für die Zeit nach 1930 liegen keine Zahlenangaben über jüdische Schüler in der Frankfurter Taubstummenanstalt vor." 1971 wurde beim Stiftungsfest des Vereins „Vatter" - einer Alumnigesellschaft ehemaliger Schüler - an die „seit 1940 bis 1945 vermißten oder umgebrachten jüdischen

Mitglieder des Verein Vatter" gedacht: zehn Personen wurden namentlich genannt. Stellvertretend sei Johanna Wronker genannt. Sie war am 24. November 1889 in Mannheim geboren worden; die Nationalsozialisten deportierten sie am 18. August 1942 aus Frankfurt und sind für ihren Tod am 22. Februar 1943 in Theresienstadt verantwortlich. Allgemein ist festzuhalten: „Die Anzahl der jüdischen Gehörlosen aus Frankfurt, die während der Zeit des Nationalsozialismus auf diese Weise zu Tode kamen, sind nicht bekannt."[222]

„Die Taubstummen im Dritten Reich befanden sich im Spannungsfeld zwischen Dienst an der Volksgemeinschaft, also volkswirtschaftlichem Nutzen, dem Druck auf finanzielle Entlastungen im Bereich der Taubstummen-...Anstalten und der Bedrohung durch das Erbgesundheitsgesetz". In Hessen wurde dies 1939 so formuliert: „Zwei Aufgaben stehen heute für die restlose Erfassung gehör- und sprachgeschädigter Kinder ... im Vordergrund: Die rassenpolitische Aufgabe und die Mitwirkung bei der Leistungssteigerung des gesamten Volkes. Beide Aufgaben verbinden die Sonderschule eng mit der Aufbauarbeit unseres Reiches, die in der Lebenserhaltung des Deutschen [sic] Volkes ihr Hauptziel erblickt." [223]

Der totalitäre NS-Staat wollte sich auch Gehörlose einverleiben. Für die Kinder gab es eine HJ für Gehörlose und Schwerhörige, zu der es bezogen auf das Jahr 1934 heißt: „Für Gehörlose und Schwerhörige wird ein eigener Bann innerhalb der Hitlerjugend gegründet. ... Den Nazis gelingt es, mittels der Hitlerjugend auch die Gehörlosen und Schwerhörigen für ihre Politik zu begeistern." Die gehörlosen Schülerinnen und Schüler erhielten außerdem Unterricht „in nationalsozialistischer Weltanschauung." Um eine Unfruchtbarmachung als „Opfer" für das deutsche Volk hinzunehmen, gab es sogar einen entsprechenden rassebiologischen Unterricht an Schulen für Gehörlose. Der Direktor der Gehörlosenschule, Willi Nietschke, legte am Weihnachtstag 1936 gegenüber dem NS-Schuldezernenten Rudolf Keller seine Sicht dar: „Wie die hörende, so ist auch die gehörlose Jugend in der Hitlerjugend zusammengefasst, um sie körperlich, geistig und sittlich im Geiste des Nationalsozialismus zum Dienst am Volk und zur Volksgemeinschaft zu erziehen. Die Arbeit in der Gehörlosen-H.J.

wird von den einzelnen Taubst.-Anstalten ausgeführt. Aus der Lösung dieser Pflichtaufgabe erwachsen den Anstalten einige Unkosten (Beiträge für Unfallversicherung, Beihilfen zur Teilnahme am Zeltlager, zu den Strassenbahnfahrtunkosten, den Beiträgen für die R.J.F. für unbemittelte Hitlerjungen). In anderen Taubstummen-Anstalten werden diese Unkosten durch den laufenden Etat gedeckt. Ich bitte, bei der Neuaufstellung des Etats eine Position für die Gehörlosen-H.J. in Höhe von RM 150,-- einzusetzen." Stadtrat Keller verfügte handschriftlich gegenüber seinem Mitarbeiter, wohl ein Herr Martin, „bitte mal im neuen Etat mit aufnehmen", was dann beim „Konto 39" geschah. Zur Indoktrination und für den Terror setzten die Nationalsozialisten Lager ein. Das betraf auch die „Landesgehörlosenschule Frankfurt a. M.", für die zum Jahr 1938 geschrieben wurde: „In erzieherischer Hinsicht hatte die Teilnahme" des Deutschen Jungvolks und der Jungmädchen „an dem Zeltlager in Altenahr in der Zeit vom 15. bis 30. Juni allergrößte Bedeutung."[224]

Es gab sogar einige Gehörlose, die in die SA wollten; und dabei kam mittelbar die Frankfurter Gehörlosenschule ins Spiel. „Der erste reine ʹGehörlosen-SA Sturmʹ entstand 1933 in Berlin." „Ihren ersten Auftritt unter Führung von Taubstummenlehrer Hühn hatte die Frankfurter Gehörlosen-SA zu Pfingsten 1933 beim Verbandstag des ʹTaubstummen-Fürsorge-Verbandesʹ. ... Aber schon kurze Zeit später kam die Anweisung von der obersten SA-Leitung, die ʹGehörlosen-SAʹ aufzulösen!" „Taubstummenlehrer Hühn ... bekam schließlich die Genehmigung, im ʹTaubstummen-Turnvereinʹ in Frankfurt einen ʹTaubstummen-Turner-Neusturmʹ aufzustellen. Auf diesem Wege konnte [er] ... einen 30-Mann starken ʹSA-Sturmʹ aufstellen". Aber „Ende 1933 ließ man in der SA keine geschlossenen ʹGehörlosen SA-Stürmeʹ mehr zu. Zwar wurde den Gehörlosen in Frankfurt weiterhin gestattet, ihren Dienst auszuüben, allerdings in ʹBraunhemdʹ ohne Abzeichen, mit Koppel ohne Schulterriemen und Mütze ohne Mützenaufschlag. Somit wurden sie nicht als SA-Männer anerkannt, sondern statt dessen belächelt. Im Jahre 1934 legte Sturmführer Hühn seine Arbeit für eine Gehörlosen-SA nieder."[225]

Auch während des „Dritten Reiches" wurden öffentliche Gottesdienste für Gehörlose unter anderem in der Matthäuskirche abgehalten, auf denen mit einem Geistlichen im Wechsel Oberlehrer

Hühn predigte. Erst zum 1. Oktober 1938 entband die evangelische Kirche ihn und ließ alle Predigten vom Stadtvikar - später Pfarrer - Klemann halten.[226]

Der NS-Sozialdezernent Fischer-Defoy war im Oktober 1933 ins Pflegamt gewählt worden. In der Zeit wurde begonnen, um das „Führerprinzip" zu verdeutlichen, in den Frankfurter städtischen Stiftungen statt vom „Senior" nun vom „Stiftungsleiter" zu sprechen. Der Amtseid, den jeder Pfleger zu leisten hatte, wurde zum Treueid auf den „Führer des Deutschen Reiches und Volkes, Adolf Hitler".[227] Danach ging die Position des „Stiftungsleiters" im Frühjahr 1935 an den NS-Schuldezernenten: Rudolf Keller war beruflich als Frankfurter Schul- und Kulturdezernent im „Dritten Reich" in mancherlei NS-Machenschaften involviert und über weitere Vorgänge informiert, darunter Verbrechen gegen die Menschlichkeit. Bei der Verwaltung der Schule war die Rechnungsführung „bisher vom Direktor und einem Angestellten der Stadtsparkasse übernommen [worden], der dafür 300.—RM erhielt." Nun wurde mit der Übernahme der Stiftungsleitung durch einen hauptamtlichen Stadtrat der Stadt Frankfurt am Main dies wie folgt geregelt: „Die Arbeiten der Rechnungsführung der Taubstummen-Erziehungs-anstalt werden vom 1.4.35 ab durch die Rechnungsführung des Schulamtes mit erledigt. Das Schulamt erhält hierfür von der Taubstummen-Erziehungsanstalt eine jährliche Vergütung von 200.—RM."[228]

Die NS-Zeit brachte auch finanzielle Nachteile für die Gehörlosenschule mit sich. So schrieb im Juni 1934 der Direktor Haux an den NS-Oberbürgermeister: „Die Anstalt ... war, seit ich mir denken kann, und das sind bald vierzig Jahre, von städtischen Steuern und Abgaben befreit. Ende August 1933 erhielten wir erstmals einen Steuerzettel vom Rechneiamt. Es forderte Haus- und Grundabgaben und verschiedene Gebühren. Und ein am 9.d.M. bei uns eingegangener Steuerzettel 1934/35 verlangt von der Anstalt 1972 RM Steuern und Gebühren trotz der Verfügung des Herrn Oberbürgermeisters vom 23.5.34 zum Haushaltsplan unserer Stiftung. ... Nur mit einem jährlichen Zuschuss von der Stadt – 20 bis 24 000 RM – vermögen wir uns zu halten. Deshalb bitte ich den Herrn Oberbürgermeister höflich, unsere Stiftung ab 1.4.34 von allen städtischen Steuern und Abgaben befreien zu wollen." Dieser

Vorstoß blieb ohne Erfolg. Als Gründe wurden staatliche Steuern und kommunale Gebühren genannt. Immerhin erklärte der NS-Oberbürgermeister wenige Jahre später: „Ich stimme zu, dass die öffentlichen milden Stiftungen auch für das Rechnungsjahr 1937 von städtischen Steuern befreit werden."[229]

1934 gab der Schuldirektor einen Arbeitsbericht. Dabei werden die Erziehungsideale jener Zeit deutlich: „Die Taubstummen-Erziehungsanstalt hier hat im Rechnungsjahre 1934 dreissig schulpflichtige, gehör- und sprachlose Kinder unserer Stadt erzogen und unterrichtet in dem Streben, sie zu wertvollen Gliedern der Gemeinde und des Volkes heranzubilden. Ratsuchende Eltern vorschulpflichtiger, taubstummer Kinder wurden über richtige Behandlung und Erziehung ihrer Kleinen aufgeklärt: Sie nicht verwöhnen aus falschem Mitleid, nicht hintansetzen aus falscher Scham, sie vielmehr mit liebender Geduld und zäher Kraft zu Gehorsam und nützlichem Tun bringen. Gehörlose Lehrlinge und Lehrmädchen aus Gross-Frankfurt erhielten in der Anstalt Fortbildungs-Unterricht zur Einführung in berufliche, bürgerliche, staatliche Fragen und Aufgaben. Den erwachsenen Taubstummen hier suchte die Anstalt auf allen Gebieten des Lebens zu dienen: Geistig, sozial, religiös. Seit letzten Herbst bemühen wir uns in Verbindung mit dem Arbeitsamt ganz besonders, den vielen Erwerbslosen unter ihnen ein eigenes Brot zu schaffen. Gemeinde- und Staatsbehörden halfen wir als Dolmetscher bei Verhandlungen mit Taubstummen. Einem kleinen Kreis der Bürgerschaft nur wird von unserer Stiftung, ihrem Zwecke entsprechend, still und unauffällig gedient, einem Kreis jedoch, der von andern nicht erfasst, kaum beachtet wird; deshalb erfüllt auch uns das frohe Gefühl, mitbauen zu dürfen an dem neuen Deutschland."
Der Erste Deutsche Gehörlosentag fand am 8. und 9. Juni 1935 „im Kompostellhof und in der Festhalle samt Festabend im Volksbildungsheim" statt.[230]
Es gab den einen und anderen Lehrerwechsel in der NS-Zeit. So verließ die Schule „infolge Verheiratung" die „Schulamtsbewerberin Emma Haux". Die Stelle einer „katholischen Taubstummen-Oberlehrerin" wurde Ende 1936 ausgeschrieben. Dann ging eine ältere Lehrerin aus gesundheitlichen Gründen vorzeitig in den Ruhestand. Im selben Jahr hatte es einen neuen Schulleiter gegeben:

„Direktor Haux geht in Pension. Lehrer Nitschke übernimmt die Leitung der Taubstummenanstalt."[231]

Die Umwandlung des Begriffs „Taubstumme" in „Gehörlose" erfolgte für die Schulen unter dem Reichminister für Wissenschaft, Erziehung und Volksbildung zum 19. Mai 1938, so daß aus „Taubstummenschule" folglich „Gehörlosenschule" wurde.[232]

Im totalitären NS-Staat wurde in die Arbeit der Stiftungen eingegriffen: Die Stadt gründete unter dem NS-Oberbürgermeister Krebs eine Stiftungsabteilung, an deren Spitze der NS-Stadtrat Bruno Müller stand. Im Jahr 1938 erhielt diese Abteilung vom Regierungspräsidenten eine wirtschaftliche Aufsicht über die Stiftungen übertragen. Der NS-Oberbürgermeister erließt 1940 eine neue Verwaltungsordnung für die Stiftung Taubstummenerziehungsanstalt mit deutlich nationalistisch-rassistischer Ausprägung:
„Stück 1. Die Stiftung hat den Zweck, unmittelbar und ausschließlich dem Wohl der deutschen Volksgemeinschaft durch Förderung, Pflege, Unterricht und Erziehung taubstummer Kinder zu dienen, die von deutschen Volksgenossen abstammen.
Stück 2. Die Stiftung stellt zur Erfüllung dieses Zweckes das ihr gehörige Grundstück Karolinger-Allee 018 zur Verfügung."[233]

20. Verlust der Verfügung über das Gebäude 1939

Es war seit der Notzeit nach dem Ersten Weltkrieg immer wieder angedacht worden, hessische Gehörlosenschulen zusammenzulegen. „Zu Beginn des Kalenderjahres 1937 setzten auf Veranlassung des Herrn Oberpräsidenten ... Verhandlungen wegen der Zusammenlegung der beiden Anstalten in Frankfurt a/M und Kamberg ein. Sie führten am 1. April 1937 zu der Vereinigung im Gebäude der Frankfurter Anstalt". „Und so wurden Anstalten einfach zusammengelegt, nicht aus pädagogischen Gründen, sondern lediglich der Ersparnis wegen. Aus diesem Grunde erging 1937 vom Landeshauptmann in Wiesbaden die Anordnung, daß die Camberger Taubstummenschule innerhalb kürzester Zeit nach Frankfurt zu verlegen sei." Sie wurden um „die Taubstummenanstalt Homberg des Landesfürsorgeverbandes Kassel"[234] ergänzt.

Seit dem 1. April 1937 wurde die Schule durch den Landeshauptmann betrieben, der für das laufende Geschäft des Provinzialverbandes verantwortlich war. Der Stiftung verblieben nur die damit „zusammenhängenden Verwaltungs- und Rechnungsarbeiten", welche von „von zwei Beamten des Schulamtes miterledigt" wurden. Mit einer Drohung hatte der Landeshauptmann für diese Entscheidung gesorgt: Er hatte „für den Fall, dass die Stadt Frankfurt a/M die gestellten Bedingungen nicht annimmt, die Zusammenlegung in Kamberg vorgesehen". Zur Vereinbarung gehörte, daß das Pflegamt vom NS-Oberbürgermeister ermächtigt worden war, „vom Rechnungsjahr 1937 ab die Erträgnisse aus dem Vermögen der Stiftung an den Herrn Landeshauptmann als Beitrag zur Unterhaltung der ˈLandestaubstummen-Schule und Erziehungs-Anstalt in Frankfurt a/Mˈ abzuführen."[235] Weil es bestimmt worden war, daß Mieten direkt nach Wiesbaden gingen, hätte die Stiftung auf Dauer nicht feststellen können, wie hoch ggf. ausstehende Forderungen waren.

Man sah sich also in Frankfurt genötigt, das Schulgebäude dem Oberpräsidenten zur Verfügung zu stellen: „Die Gebäude der Frankfurter Anstalt und deren Einrichtungsgegenstände sind ihm unentgeltlich zur Verfügung gestellt. Ihm fliessen auch die Einnahmen der Frankfurter Anstalt zu, soweit sie nicht von der Stiftung zur Bestreitung von Verwaltungsausgaben benötigt werden oder aus Kapitalrückzahlungen stammen und wieder anzulegen sind." Darüber hinaus verpflichtete sich die Stadt, einen Zuschuß zu leisten. Es wurden dafür 21.000 Mark genannt. Der städtische Zuschuß war zuerst nur auf 5 Jahre festgelegt worden. Diese Regelung hatte zehn Jahre Bestand: „Das stiftungseigene Schulgebäude in Frankfurt a.M. nebst der gesamten Einrichtung stand bis zum 30. Juni 1947 dem Bezirksverband kostenlos zur Verfügung. Ab 1. Juli 1946 [sic] wurde das Schulgebäude der Stiftung wieder zurückgegeben, sodass die bauliche Unterhaltung des Gebäudes sowie die auf dem Grundstück ruhenden Lasten nunmehr wieder aus Stiftungsmitteln bestritten werden müssen. Der vorhandene Schulhausmeister wurde bei der Rückgabe des Gebäudes gleichfalls mitüberwiesen. Die entstehenden Lohnkosten gehen ebenfalls zu Lasten der Stiftung."[236] Fraglich ist, ob überhaupt die Vereinbarung stiftungsrechtlich gestattet war; die einschlägige Stiftungsordnung ist erst 1940 angepaßt worden. Es mangelt zudem an Hinweisen, daß es zur vereinbarten Instandhaltung gekommen ist.

Für die Kriegsschäden ist anscheinend niemand aufgekommen oder hat sich darum bemüht.

„Während zu Beginn des Schuljahres 1936 die Anstalt 28 Zöglinge zählte ..., stieg die Schülerzahl im Jahre 1937 auf 195. Die Zöglinge wurden in 145 Pflegestellen extern in der Stadt untergebracht. ... Der Lehrkörper bestand aus 15 Lehrkräften. Gleich nach der Eröffnung wurde der Schule eine Berufsschule für Gehörgeschädigte angegliedert, welche durchschnittlich von 15 Lehrlingen und 15 Lehrmädchen besucht wird." Der erwartete Zuzug der Schüler machte es notwendig, öffentlich nach Pflegefamilien für die Kinder zu suchen. „Unter der Trägerschaft des Taubstummenunterstützungsvereins kamen zu den Schulklassen Lehrwerkstätten, in den damaligen Standardberufen für Gehörlose: Schneider/Schneiderin, Stickerin hinzu."[237] Aus Frankfurt war nur Lehrer Hühn und der „Hauswart Schad" übernommen worden; Direktor war ab dem 12. April 1937 Hermann Müller, der aufgrund der Schulgröße 1938 befördert wurde. Er war Mitglied der NSDAP seit dem 1. April 1933 (Nr. 1 677 831), der SA, der NSV, des Deutschen Reichskriegerbundes (Kyffhäuser) und des Reichsluftschutzbundes sowie ein HJ-Führer. Nach dem Krieg wurde ihm unter anderem vorgeworfen: „Eines seiner Erziehungsmittel für den nat.soz.Staat bestand in der Verlesung der Propagandaartikel aus dem 'Reich'. Dazu wurden die Schulpausen ausgenutzt. Alle Mitglieder des Kollegiums mussten dazu erscheinen."[238]

Bei der Zusammenlegung wurde auf katholischer Seite ein positiver Aspekt gesehen: „Für den Religionsunterricht ist an der Anstalt in Ffm. wieder gut gesorgt, da die Taubstummen Oberlehrer Thies, Wenz, Hild, Frl. Seibert - bisher in Camberg - diesen übernehmen werden. An der Frankfurter Anstalt war bisher keine hauptamtliche kath. Lehrkraft mehr." Damit stand die religiöse Erziehung auch 1938 in Beziehung: „Am heutigen Weissen Sonntag werden zwei taubstumme Kinder im Taubstummengottesdienst zur Ersten hl. Kommunion geführt." Gehörlose Kinder aus der evangelischen Landeskirche wurden vermutlich „in der alten Nikolaikirche" konfirmiert, wozu es den „hier in Frankfurt in allen Gemeinden üblichen Blumenschmuck" gab. „In früheren Jahren wurden die entstandenen Kosten durch die Anstalt selbst gedeckt; da sie keine Mittel mehr hat, ist es m.E. selbstverständliche Pflicht der Kirche, diese Kosten zu bezahlen, umsomehr da sie in ihrem Etat eine besondere Summe dafür eingesetzt hat", erklärte der Probst 1940. Noch 1943 gab es Ausgaben für die Konfirmation gehörloser Frankfurter Kinder, die sehr wahrscheinlich zur Frankfurter Gehörlosenschule gehörten.[239]

Die neue Großschule führte bald den Namen „Landesgehörlosenschule in Frankfurt am Main". „Am 1.9.1939 wurde die Landesgehörlosenschule Frankfurt geschlossen und der Wehrmacht zu Lazarettzwecken angeboten. Die Schüler wurden nach Hause entlassen." Schon 1937 waren für Kriegszwecke Schulgebäude in Frankfurt besichtigt worden. Die Gehörlosen waren anscheinend durch Frankfurter Stadträte in ihrer Stiftung nicht vor der Vertreibung schützt worden.[240] Durch den Einspruch des Provinzial-Schulkollegiums wurde der Unterricht 1940 „wieder notdürftig aufgenommen". Im April 1940 bat Direktor Müller zusammen mit dem Oberlehrer Hühn über den NS-Oberbürgermeister das Schulamt um „Zuweisung zwei weiterer Schulräume in der Spohrschule", nachdem man bereits Räume in der Kleistschule nutzte. Das Schulamt sperrte sich dagegen, weil es dafür Miete wünschte, die die Gehörlosenschule nicht bezahlen konnte, da sie selbst auf die Miete von der Wehrmacht wartete. Das Schulamt antwortete dem NS-Oberbürgermeister: „Wenn bis jetzt, was auch geltend gemacht worden ist, die Militärverwaltung tatsächlich noch nichts bezahlt hat, so kann dieser Umstand keinen Grund zu einer anderen Beurteilung der Sachlage abgeben." Das Schulamt blockierte eine Vermietung von freien Räumen, wohlwissend, daß die Stiftung nicht die Wehrmacht zwingen konnte, das Geld zu überweisen. Dabei war NS-Schuldezernent Keller zugleich Senior der Stiftung. Es ist sehr erstaunlich und zugleich bezeichnend, daß er offenkundig sein Amt mit solcher Dreistigkeit gegen eine Stiftung, für die er Verantwortung trug, vorgehen ließ.[241] Der Stundenplan erstreckte sich offiziell montags bis samstags von 8.00 bis 12.20 Uhr und zusätzlich montags bis freitags von 14.30 bis 17.50 Uhr für die Zeit vom Spätsommer 1942 an für das kommende Schuljahr sowie ebenso vom Spätsommer 1943 an; es gab aber Anfang Oktober 1943 auch eine Beschwerde über eine Halbierung der Stundenzahl. Am 15. Oktober 1943 wurde bestimmt, wegen des Bombenkrieges den Schulbetrieb nach Camberg zu verlegen. „Die Schüler wurden nach Bad Camberg ... evakuiert, wo Unterricht in

Gasthäusern organisiert wurde ... Die eigentlichen Schulräume waren
... durch die Haus- und Landarbeitsschule belegt." Eine Klasse ging
nach Erbach im Kreis Limburg, mußte jedoch zuerst mit einem
Raum in einem Gasthof vorlieb nehmen und bemühte sich um einen
Klassenraum in einer Schule; auch in Walsdorf wurde 1943
unterrichtet. Formal wurde festgestellt, daß „es sich um eine
vorübergehende Maßnahme handelt und nach wie vor Frankfurt a.m.
als Dienstort gilt". Es wurde dann 1944 geplant, die Sommerferien
auf den August zu verlegen und zudem angedacht, die Herbstferien
ausfallen zu lassen und dafür die Weihnachtsferien zu verlängern.[242]
Es sollte die Schule für Gehörlose nie wieder nach Frankfurt
zurückkehren. Bis kurz vor Kriegsende wurde aufgerufen zur
Anmeldung für die „Beschulung blinder und taubstummer Kinder".
Die Schule wurde „1946 wieder"[243] in Camberg eröffnet.

Anfang 1941 stimmte die Stiftung dem Bau eines Bunkers auf dem
Stiftungsgelände zu. Ein Jahr später schrieb der Senior dem NS-
Oberbürgermeister: Es „ergibt sich, daß wegen des
Luftschutzbunkers eine Gesamtfläche von 1622 qm abgegeben
werden muß. Die s.zt. von der Liegenschaftsverwaltung angegeben
Fläche von rd. 560 qm umfasst nur den eigentlichen Bunkerbau."
Der Bunker mit der Adresse Germaniastraße 89 nahm einen
erheblichen Raum auf dem Schulgelände in Anspruch. 1944 wurden
Baracken auf dem Schulgelände geplant. Der „Stiftungsleiter" Keller
war mit der „pachtweisen Überlassung des Gartengeländes ... zur
Errichtung von 6 Behelfsheimen einverstanden"[244] Es ist unbekannt,
ob sie gebaut wurden. Die Straßenbahnverwaltung zog im Juli 1944
in das ehemalige Internatsgebäude ein.

21. Städtische Stiftungsverwaltung nach dem Zweiten Weltkrieg

Nach dem Zweien Weltkrieg berief der Oberbürgermeister am 15.
Januar 1946 „für die Dauer der Amtszeit" Schuldezernent Keller in
den „Stiftungsvorstand der Taubstummen-Erziehungsanstalt" als
„Stiftungsleiter" und Sozialdezernent Polligkeit als stellvertretenden
„Stiftungsleiter". Im Pflegamt saßen darüber hinaus weiterhin
Schwarz, Pfaff und Eckard, obwohl das NSDAP-Mitglied Schwarz
1945 „durch die Militärregierung" entlassen worden sein soll und es
im „Verwaltungsbericht der Stiftungsabteilung für die Jahre

1942/47" heißt: „Ausserdem mussten alle Vorstandsmitglieder, die Mitglieder der NSDAP gewesen sind, ausscheiden."[245]
Wilhelm Polligkeit war Frankfurts Fürsorgedezernent vom Juni 1945 bis zum 31. Juli 1946. Er hatte während der NS-Zeit als Honorarprofessor an der Goethe-Universität gelehrt. Auszüge aus Niederschriften von Vorlesungen vermitteln das Bild, daß er für die Zwangssterilisation von sogenannten „Erbranken" sowie für Eheverbote eintrat. Dies betraf auch Gehörlose. Polligkeit wollte als Sozialreformer eine Gesellschaft nach seinen Vorstellungen erschaffen. Daß er daran mit Hilfe der Nationalsozialisten arbeiten konnte, ließ ihn deren Bevölkerungspolitik „euphorisch begrüßen". Deshalb war er unter anderem für Sicherungsverwahrungen. Polligkeit war in die NS-Verfolgungspolitik involviert: Im Zusammenhang mit einer Information des NS-Oberbürgermeisters an die Ratsherren in einer Sitzung im März 1941 über die Deportation der Juden aus Frankfurt - ein halbes Jahr vor deren Beginn - setzte sich Polligkeit für die Vertreibung von Frauen aus größeren Wohnungen ein und später für die von älteren Menschen aus ihren Wohnungen, worüber er dann forschte. Sein 1943 gegründetes Soziographische Institut „betrieb Raumforschung im Sinne der nationalsozialistischen Siedlungs- und Aggressionspolitik."[246]
Sein Nachfolger wurde Rudolf Prestel, der seit 1937 in leitender Funktion in der Frankfurter Sozialverwaltung tätig gewesen war. Er war deshalb aktiv beteiligt an Ausgrenzungen und Verfolgungen der Nationalsozialisten in Frankfurt. Polligkeit hatte für das NSDAP-Mitglied Prestel einen „Persilschein" ausgestellt. 1946 wurde Prestel zum Stadtrat gewählt und hatte durch Wiederwahlen das Amt des Sozialdezernenten bis 1966 inne. Er stellte die sog „Zigeunerforscher" Robert Ritter und Eva Justin ein und wehrte sich erfolgreich gegen deren Entlassungen.[247]
Stadtverordnetenversammlung und Magistrat beschlossen und bestätigten 1947/48, den Schuldezernenten Heinrich Seliger zum Senior und den Sozialdezernenten Prestel zum stellvertretenden Senior zu berufen.[248] Als Seliger aus dem Amt eines Stadtrats ausschied, verblieb er im Amt des Seniors, bis er bald darauf 1956 starb.
Der neue Schuldezernent Theodor Gläß wurde dann Senior und blieb es bis 1965. Bekannt wurde er dafür, daß in seiner Amtszeit „rund 40 Frankfurter Schulen wieder- bzw. neuerrichtet" wurden. Gläß war

anscheinend in nationalsozialistisches Unrecht involviert. Unter anderem erscheint sein Name als Geschäftsführer im Reichsausschuß für Volksgesundheitsdienst in einer Aktennotiz des Frankfurter Fürsorgeamts vom Mai 1938.[249] Dieser Reichsausschuß wird als ein Träger der NS-Bevölkerungspolitik angesehen. Mit der Eugenik ist die Zwangssterilisation von sog. erbkranken Gehörlosen verbunden.

Die Gehörlosen wollten wieder eine Schule in Frankfurt am Main haben; dazu gehörte auch die Fortbildung sowie eine Unterstützung beim Umgang mit Bürokraten. Je mehr ihnen bewußt wurde, daß die Chancen für eine Schule geringer wurden, um so mehr traten sie dafür ein, daß die Stiftung „ihr" Gebäude für einen Kindergarten, für Beratungsangebote und ein Kulturzentrum nutzt. Über die Jahre protestierten sie wiederholt gegen die Zweckentfremdung und bekamen dafür Unterstützung von Kommunalpolitikern und aktiven Bürgern; auch die Zeitungen berichteten darüber. Zu den Unterstützern gehörten ebenso Gehörlosenseelsorger.[250] Doch die Frankfurter Stadtverwaltung verhinderte diese Pläne jahrzehntelang. Die Gehörlosen waren mit ihren Interessen im Pflegamt im Grunde nicht mehr vertreten.
Charakteristisch ist, wie die Gehörlosen, die in ihr ehemaliges Schulgebäude zur Beratung gingen, sich schutzlos „Hänseleien" ausgesetzt sahen, die von den Kindern der Kindertagesstätte im Gebäude ausgingen. Die Gehörlosen beschwerten sich sogar beim Oberbürgermeister. Der Schuldezernent äußerte sich kalt dazu: „Zum anderen ahmen die normalen Kinder gelegentlich die Zeichensprache der gehörlosen Kinder nach."[251] Das Mobbing wurde nicht abgestellt. Schuldezernent Willy Cordt, zugleich Senior, vertrat hier nur die Interessen seines Amtes und versagte den Gehörlosen, die unter Mobbing litten, seine Hilfe und seinen Respekt. Gehörlose sind durch Einstellungen wie diese in der mangelnden Akzeptanz ihrer persönlichen Würde sehr verletzt worden.

Die „Arbeitsgemeinschaft der Gehörlosenvereine in Frankfurt / Main" beklagte sich noch nach über zwei Jahrzehnten Vertreibung aus dem Stiftungsgebäude 1968 beim Oberbürgermeister: „In den Hände des Schulamtes hat sich die Stiftung 'Taubstummenanstalt' eher taubstummenfeindlich, als taubstummenfreundlich entwickelt". Auch aus der Stadtverwaltung kam über Jahrzehnte Kritik an der Amtsführung der Stiftung in der Hand der Dezernenten;

Revisionsamt und Stadtkämmerei sprachen wieder und wieder massive Vorwürfe aus. Sie verlangten zeitweise die Einstellung eines Geschäftsführer, weil es ihn nicht gab. Und sie forderten über Jahrzehnte - letztlich vergeblich - ein Inventar sowie eine zinsbringende Geldanlage, statt es nur auf dem Girokonto zu belassen. Diese Vorwürfe wurden seit der Währungsreform bis mindestens 1963 vorgebracht. Das bedeutete erhebliche Vermögungsverluste.[252] Da der Arbeitsaufwand für eine mündelsichere Geldanlage statt der alleinigen dauerhaften Zwischenlagerung auf einem Girokonto minimal größer ist, könnte man auf eine personalisierte Frage kommen: cui bono? Darüber hinaus wurde die schlechte Rechnungsführung beklagt. Beim Inventar besteht zudem die Frage, ob es überhaupt eigene Gegenstände gegeben hat, so daß eine entsprechende Verneinung diese Aufgabe sofort obsolet gemacht hätte. Denn der Stiftungsvorstand hatte 1938 geschrieben, daß durch die Vereinigung dreier Schulen die „Einrichtungsgegenstände aller dieser Anstalten gebraucht werden". Damit war „die getrennte Verwaltung der Bestände nach ihren Ursprüngen nicht mehr durchführbar".[253] Hatten sich vielleicht Personen oder Ämter an wertvollen Einzelstücken bereichert?

Es lassen sich drei Motive für eine Vorgehensweise der Schul- und Sozialdezernenten zusammen mit ihren städtischen Mitarbeitern in der Stiftung Taubstummenerziehungsanstalt gegen eine Nutzung der Räume des Schulgebäudes für Zwecke der Gehörlosen nach dem Zweiten Weltkrieg nennen:
Man wollte die Räume für Aufgaben der Ämter nutzen und sah in den Schulräumen in der Nachkriegszeit zuerst eine schnell zu realisierende und dann wohl eine kostengünstige Möglichkeit.
Man wollte eine Zentrumsbildung - in Verbindung mit der HNO-Universitätsklinik - verhindern, um damit den Zuzug von Gehörlosen zu unterbinden, aus dem man zusätzliche Kosten befürchtete. Dazu gehörten ggf. nicht erstattungsfähige Auslagen für entsprechend geschulte Mitarbeiter, verbunden mit außergewöhnlichen Aufgaben wie die Betreuung für medizinische oder psychische Folgen von Zwangssterilisationen.
Man wollte eine in Zahl und Kompetenz vergrößerte Gruppe von Gehörlosen verhindern, bei der zu fürchten war, daß sie sich für die Rechte von Gehörlosen einsetzen könnten, insbesondere bei der

Wiedergutmachung von NS-Verbrechen an Gehörlosen und Schwerhörigen. Es ist davon auszugehen, daß führende Mitarbeiter dieser wie auch anderer städtischer Ämter daran ein persönliches Interesse hatten; hinzu kommen solche Interessen bei denjenigen, die meinten, Rücksicht nehmen zu müssen auf Personen aus ihrem beruflichen oder privaten Umfeld.

1932 hatte Stadtrat Seliger folgenden Eid gesprochen, den er per Unterschrift bestätigte: „Ich schwöre, dass ich das mir übertragene Amt eines Mitgliedes des Pflegamts der Taubstummen-Erziehungsanstalt nach den Gesetzen und Stiftungsverordnungen treu und gewissenhaft versehen will."[254] Seine zahlreichen Handlungen gegen die Interessen der Stiftung nach dem Zweiten Weltkrieg sind so zu deuten, daß er diesen Eid gebrochen hat. Gleiches ist für die Gruppe seiner Nachfolger zu sagen.

Die Schule für Gehörlose blieb nach dem Kriegsende in Camberg; deshalb konnten alle Teile der Immobilie vermietet werden, die nicht für Stiftungszwecke verwendet werden sollten. Die Stiftung hatte ihr Kapital in der Inflation von 1923 verloren und mußte dann auch Verluste durch die Währungsreform 1948 hinnehmen. Danach blieben ihr nur noch das Schulgebäude und das Grundstück als Werte von Substanz. Und die Einkünfte beschränkten sich weitgehend auf die Miete, weil die Stiftung so gut wie gar nicht mehr für Gehörlose tätig war und somit keine Impulse zum Spenden verbreitete.

Als das Schulgebäude beim Bombenangriff in Mitleidenschaft geraten war, heißt es im NS-Bericht: „Das Gebäude ist beschädigt, aber instandsetzungsfähig [sic]. In dieses Gebäude ist seit Juli 1944 die Strassenbahnverwaltung verlegt worden."[255] Die Kriegsschäden waren minimal, auch wenn von städtischer Seite nach 1945 häufig das Gegenteil behauptet wurde. So dramatisierte noch 1965 die städtische Stiftungsabteilung gegenüber dem Oberbürgermeister: „Es bestehen Meinungsverschiedenheiten über die künftige Verwendung des weitgehend kriegszerstörten Gebäudes". Den tatsächlichen Schaden gibt am besten eine Vorlage für eine Magistratssitzung im Februar 1952 wieder: „Der frühere Turnhallenbau wurde so schwer beschädigt, dass er vor kurzem niedergelegt werden musste, weil Einsturzgefahr bestand. An dem früheren Schulgebäude wurde die Südostecke vom Dach bis zum 1. Obergeschoss beschädigt und zum

Teil weggerissen."[256] Es handelte sich somit nicht um eine weitgehende Zerstörung des Schulgebäudes, sondern nur um den Verlust eines Eckteiles. Das Gebäude hatte ein „Souterrain", „Erdgeschoß", zwei weitere Stockwerke sowie ein Dachstockwerk mit Giebelzimmern, in denen Dienstwohnungen und Zimmer für Gäste lagen. Auf vorhandenen Fotografien wird die Schule gewöhnlich in ihrer Vorderfront mit einem Seitenflügel rechts gezeigt. Nimmt man eine solche Abbildung, dann hatte der Bombenkrieg mit der Turnhalle das links angebaute kleine Gebäude getroffen. Am Hauptgebäude war rechts der Flügel bis herunter zum 1. Stock zerstört worden. Mehr ist es nicht gewesen. Das Erstaunen über diesen mangelnden Realitätsbezug innerhalb der Stiftungsabteilung führt zur Frage nach deren Interessen und deren Gesinnung.

Seit 1944 war das Gebäude für die Betriebsverwaltung der Straßenbahn vermietet worden. Auch danach wurde es nicht für die Verwaltung eines zahlungskräftigen Privatunternehmens vermietet, sondern es kam eine Sozialverwaltung, sodann ein städtischer Kindergarten und -hort. Von seiten der Stiftungsverwaltung wurde offenkundig nicht eine möglichst hohe Miete angestrebt, so daß sich beispielsweise der Landesverband der Gehörlosen Hessens beschwerte, es seien zu niedrige Mieten festgesetzt worden. Er beklagte die fehlende Gartenpacht und monierte schließlich einen Leerstand.

Zusätzlich zum Internatsbetrieb sowie zur Gehörlosenschule ab 1924 hatten sich Lehrerinnen und Lehrer ehrenamtlich für Gehörlose eingebracht, indem sie beispielsweise als Dolmetscher in schwierigen Lebenslagen unterstützend wirkten. Es ist gut nachvollziehbar, daß Gehörlose nach dem Krieg eine vergleichbare öffentliche Betreuung wollten. Weil die Schule nach Camberg verlegt worden war, wünschten sie, daß diese Beratung im alten Schulgebäude angeboten werden sollte, mit dem sie vertraut und emotional verbunden waren. Diese praktische Lösung wurde aber nach dem Kriegsende nicht realisiert, da kein Raum dafür gewährt wurde; statt dessen fanden die Sprechstunden in Privaträumen statt. Angeboten wurden sie vom ehemaligen Direktor der Gehörlosenschule in Camberg, Hans Hild, sowie von Frau Haux. Nach langem Bemühen von seiten der Gehörlosen wurde endlich

1949 ein Zimmer im ehemaligen Schulgebäude bereitgestellt. Später kam ein weiterer Raum hinzu. Der Landesverband der Gehörlosen nutzte die Adresse Gabelsbergerstraße,[257] weshalb davon auszugehen ist, daß ihm ein Zimmer zeitweise zur Verfügung stand.

Im Stiftungsgebäude vorhandene Zimmer wurde auch nach dem Zweiten Weltkrieg als Wohnungen vermietet, jedoch nicht - wie von Gehörlosen gewünscht - als eine Art Dienstwohnung, sondern an Dritte.

Im Verlauf des Krieges war ein Bunker im Garten des Internatsgeländes gebaut worden, womit dessen zukünftige Nutzung eingeschränkt worden war. Auf dem Gelände stand nach dem Zweiten Weltkrieg bis in die 60er Jahre zudem eine Holzkirche der Freikirche der „Evangelischen Gemeinschaft" - diese Freikirche ist seit 1968 Teil der Evangelisch-methodistischen Kirche.

Den Rest des Stiftungsgarten hatte das Schulamt verpachtet, wobei dies zeitweise ohne Vertrag erfolgte. Es ist erstaunlich - und offenkundig auch bezeichnend -, daß in der Zeit nach dem Zweiten Weltkrieg, als das Geld reichlich und Lebensmittel rar waren, der Garten 1946 für jährlich nur 3 Reichsmark verpachtet wurde.

Im März 1946 wollte Schuldezernent Rudolf Keller die Stiftung auflösen, an deren Spitze er stand: „Die früher von dem Pflegamt unterhaltene Taubstummen-Erziehungsanstalt besteht nicht mehr".[258] Keller hatte mit seinem Unterfangen keinen Erfolg. Es war nicht sein Ziel, sich für eine Verlagerung der Gehörlosenschule zurück nach Frankfurt einzusetzen. Er wollte Gebäude und Grundstück in der Hand seines Schulamtes haben.

Der Amtsinhaber Anfang der 50er Jahre hatte dasselbe Ziel, das er konsequent vorantrieb: Das Pflegamt, an dessen Spitze er stand, faßte einen Auflösungsbeschluß. Die Stadtpolitik trat dem aber entgegen. Der Magistrat beschloß am 3. März 1952 den Erhalt der Stiftung und die Stadtverordnetenversammlung stellte 200.000 DM für eine entsprechende Ertüchtigung des Gebäudes zur Verfügung. Dieses Geld benutzte das Schulamt jedoch, um das Gebäude für einen Kindergarten herzurichten. Das war offenkundig ein Mißbrauch.

Auch 1954 wollte das Schulamt die Stiftung schließen.

In den 50er und 60er Jahren kamen aus den Reihen der im Kommunalparlament vertretenen Parteien immer wieder Vorstöße an die Stadtregierung, „damit das Gebäude der Taubstummenanstalt seinen eigentlichen Zwecken wieder zugänglich gemacht werden kann".[259] Dabei waren zum Beispiel der Stadtverordnetenvorsteher Heinrich Kraft und der Kommunalpolitiker Prof. Max Flesch-Thebesius sehr aktiv. Aber der jeweilige Senior der Stiftung sowie sein Stellvertreter - das waren Schuldezernent und Sozialdezernent - opponierten ungeachtet der kommunalverfassungsrechtlichen Ordnung gegen die Beschlüsse und Wünsche des Magistrats wie der Stadtverordnetenversammlung, zudem des Oberbürgermeisters, von Mitgliedern des Magistrats oder vom Stadtverordnetenvorsteher.

22. Wünschenswerte Aufgaben nach 1945 sowie Neubau 1977

Nach dem Zweiten Weltkrieg wurde das „Vermögen der Stiftung am 31.3.1946" beziffert mit 193.511,88 Reichsmark, „darunter Schulgrundstück Gabelsbergerstr. 2" 147.000,-- RM. Der Immobilienbesitz war eine Schätzgröße, die Finanzen demgemäß gering; der Vermögensbestand 1947 war strittig. Dazu erklärte das Revisionsamt: „Z.Zt. steht überhaupt nicht fest, wie hoch das eigentliche Stiftungsvermögen ist."[260] Was angespart worden war, fiel 1948 der Währungsumstellung weitgehend zum Opfer.

Für Frankfurts gehörlose Kinder bestand seit Ende 1945 wieder eine Möglichkeit, Unterricht zu erhalten - nur nicht in Frankfurt. Denn am 1. November 1945 wurde der Unterricht für Gehörlose im Bezirk Wiesbaden „wieder aufgenommen", und zwar in Camberg. Entsprechend wurden gehörlose Schüler aus Frankfurt nach Camberg geschickt, zum Beispiel Anfang 1959 „noch 12 Schüler".[261] Friedberg war bei der Beschulung von Gehörlosen eine Konkurrenz; es ist davon auszugehen, daß dorthin ebenso Frankfurter Kinder geschickt wurden.

Frankfurter Gehörlose haben über Jahrzehnte ständig Vorschläge für den Gebrauch des Stiftungsgebäudes eingebracht. Betrachtet man die ursprüngliche Nutzung als Internat, so entsprachen einige dieser Stiftungspraxis, andere lehnten sich eng daran an und schließlich betrafen weitere die Förderung der Gehörlosen, welche die einzige Zielgruppe der Stiftung Taubstummenerziehungsanstalt über viele Jahrzehnte gewesen war. Diese Vorstellungen der Gehörlosen schlossen den gleichzeitigen Einsatz mehrerer Vorschläge ein. Diese

Möglichkeiten waren ein Kindergarten, ein Kinderhort, die Schule, Berufsschule, Lehrlingsheim, Bibliothek, Wohnung(en) für Mitarbeiter, Volkshochschule, Treffpunkt (Club), Veranstaltungssaal, Räume für Interessensverbände, Dolmetscherhilfe, Sportstätte, Sozialberatung sowie Altenheim.

Die Stiftung förderte nach dem Zweiten Weltkrieg mit kleinen Beträgen immerhin die Nachschulung von Gehörlosen: Weil Gehörlose ihre Stimme nicht hören können, sind sie darauf angewiesen, von Fachleuten auf Fehler beim Sprechen hingewiesen zu werden und Hilfestellungen zur zukünftigen Vermeidung zu erhalten. Außerdem gehörten zur Fortbildung Ablesekurse.

Die Sprechausbildung im Gehörloseninternat hatte im frühen Alter begonnen. Beispielsweise bestimmte die Verwaltungsordnung der Taubstummen-Erziehungs-Anstalt von 1877: „Kinder müssen in der Regel das vierte Lebensjahr zurückgelegt ... haben."[262] So konnten Kinder schon möglichst früh ihre Neugierde und ihre Kräfte dafür einsetzen. Es wäre also naheliegend gewesen, nach dem Zweiten Weltkrieg zumindest ein Vorschulangebot aufzubauen. Und so hatten bereits Anfang März 1947 Gehörlose und Schwerhörige den Wunsch nach einer eigenen Vorschulausbildung vorgebracht. Ungeachtet wiederholter Initiativen wurde eine solche Einrichtung nie dem Kindergarten für hörende Kinder im Schulgebäude angegliedert; ein solches Angebot wurde erst 1961 der Kindertagesstätte in der Fritz-Tarnow-Straße angefügt.

Es hatte in der gemeinsamen Gehörlosenschule in Frankfurt eine Berufsschule gegeben; der „Bericht der Verwaltung des Bezirksverbandes Nassau" für 1938/39 hatte für die „Landesgehörlosenschule Frankfurt a. M." festgestellt: „Nicht unerwähnt soll bleiben der Vorteil der eigenen ausgebauten zweiklassigen Fortbildungs- und Berufsfachschule." Dennoch wurde diesem Wunsch, der nach 1945 in Frankfurt für Frankfurt vorgebracht wurde, nicht entsprochen. Es kam auch nicht „zum Aufbau einer Zentralberufsschule für Gehörlose auf Landesebene in Frankfurt".[263]

Eine Volkshochschule wäre im Schulgebäude zu der Zeit, als es für einen Kindergarten genutzt wurde, in den Abendstunden leicht zu realisieren gewesen. Damit hätte es der Fort- und Weiterbildung sowie der Allgemeinbildung für gehörlose Jugendliche dienen können und hätte im Rahmen des Stiftungszwecks der ersten hundert Jahre gelegen. Schon für den März 1947 wird das Thema bei einer Besprechung im Sozialamt genannt. Auch dieser Wunsch der Gehörlosen wurde nicht verwirklicht, obwohl Geld vorhanden war.

Die Gehörlosen wünschten beständig, daß „das Gebäude wenigstens den erwachsenen Gehörlosen zur Benutzung offen stehen" möge. Sie äußerten dabei vielfältige Nutzungswünsche, die sich unter den Begriffen „Club" oder „Kulturzentrum" zusammenfassen lassen. Nach vielen Jahren wurde der Wunsch endlich erfüllt, und zwar drei Jahre nach dem Abbruch des Schulgebäudes. Sozialdezernent Martin Berg berichtete 1973 an den Magistrat: „Für die Übergangszeit ist diesen Behinderten durch die Einrichtung einer Begegnungsstätte in der Karmelitergasse 3 eine brauchbare Ersatzlösung geschaffen worden."[264] Es dauerte noch vier Jahre, bis das neue Stiftungsgebäude eingeweiht wurde.

Im Übergang von 1966 zu 1967 wurde der Name der Stiftung geändert. „Statt 'Stiftung Taubstummen-Erziehungsanstalt', hieß sie nun 'Stiftung Taubstummenanstalt'. ... Der Stiftungszweck erhält jetzt folgende Fassung: 'Die Stiftung hat den Zweck, unmittelbar und ausschließlich dem Wohle der Allgemeinheit durch Förderung, Pflege und Unterstützung Taubstummer, Gehörloser und Schwerhöriger sowie deren Selbsthilfeorganisationen zu dienen.'"[265] Die Vorschläge von Gehörlosen zur Nutzung „ihres" Gebäudes" in den Jahrzehnten nach dem Krieg fügten sich in diesen Stiftungszweck ein.

Die Idee eines Erbbauvertrages, mit dem erhebliche Einnahmen erzielt werden sollten, konnte endlich gegen Ende der 60er Jahre Fahrt aufnehmen. Dabei sollte das Schulgebäude abgerissen werden, ein eigenes Kulturzentrum für die Gehörlosen sowie ein Wohn- und Bürohaus auf Erbbaurecht errichtet werden. Auch hier versuchten Teile der Stadtverwaltung, dem eigene Interessen entgegenzusetzen, was ihnen jedoch letztlich nicht gelang. Von daher war es eine Verbesserung der Situation für die Gehörlosen, als der Magistrat „mit Beschluß Nr. 11 vom 8. 1. 1968 der Eintragung eines Erbbaurechts auf einem Teil des stiftungseigenen Geländes" zustimmte. Nur ist es offenkundig, daß damit kein Zeitalter zügigen Handelns begann. Denn es besteht eine zeitliche Lücke bis zum Abriß des alten Schulgebäudes: Eine Fotografie vom 25. August 1970 dokumentierte den Abriß. Diese Zeitspanne nutzte die Stadtverwaltung aber nicht für eine Aktualisierung ihrer Finanzplanung, so daß die Beratungen für den vorliegenden Magistratsbeschluß aus ihrer Sicht nun nicht mehr für den Bau relevant erschienen. So zog die Zeit dahin. Es dauerte bis zum Herbst 1976 - also fast ein Jahrzehnt - bis der Bau begann. Das Kulturzentrum für Gehörlose wurde am 6. Dezember 1977 eingeweiht. Und nach weiteren 20 Jahren hatte die Stiftung schließlich ihre Schulden daraus bei der Stadt abgeleistet.[266]

2008 wurde der Name der Stiftung geändert in Frankfurter Stiftung für Gehörlose und Schwerhörige. Im folgenden Jahr konnte unter maßgeblichem Wirken von Lothar Scharf ein Museum zur Geschichte der Gehörlosen und Schwerhörigen im Gehörlosen- und Schwerhörigenzentrum eröffnet werden.[267] Wie von den Gehörlosen jahrzehntelang vergeblich gefordert, besteht nun ein Treffpunkt mit Beratungen und Hilfen. Mit dem Neubau kann die Aktivität der Gehörlosen in Frankfurt an einem Ort konzentriert werden. Dennoch gibt es private Zuwendungen seitdem anscheinend nur in geringer Höhe.

23. Fazit

Tatkräftige Pädagoginnen und Pädagogen wirkten an der Gehörlosenschule in Frankfurt am Main, deren Einrichtung von engagierten Frankfurterinnen und Frankfurtern gefördert wurde. Im Internat wurden gehörlose Mädchen und Jungen unabhängig von der religiösen Bindung ihrer Eltern ab 1827 unterrichtet. Im Jahre 1924 wurde die Schule in ein Externat umgewandelt, in der NS-Zeit wurden Juden ausgeschlossen und ab 1937 wurde daraus eine Großschule zusammen mit den Gehörlosenschulen aus Camberg und Homberg. Im Krieg gab es in der Anfangszeit noch eine Frankfurter Ersatzlösung, bis es 1943 zu einer Verlegung nach Camberg kam. Die Gehörlosenschule wurde nie wieder in Frankfurt eröffnet, obwohl die 1861 als Trägerin der Schule geschaffene Stiftung bis heute besteht.

Die Schule in Form eines Internats für die Gehörlosen wurde als eine privatrechtliche Unternehmung gestartet, welche bei einer bildungsbezogenen humanitären Ausrichtung formal gewinnorientiert war. Für das Bildungsinstitut und Internat waren staatliche Genehmigungen notwendig. Der mildtätige Ansatz in der Betreuung unterstützungsbedürftiger Frankfurter Kinder führte anscheinend ab dem Jahr 1832 zu Spenden. Mit der Gründung des sogenannten „Aktien-Vereins" 1839 kam eine andere Dimension hinzu: Dabei verließ man sich auf den Verzicht von Forderungen, um die eingeworbenen Gelder nur teilweise zurückzahlen zu müssen. Es konnte ein Schulgebäude mit Grundstück erworben werden. Damit verbunden war die Frage, wer der Eigentümer dieses Vermögens langfristig sein sollte. Zugleich wurde weiter für den Aufbau eines Kapitalfonds geworben, um das Ziel zu erreichen, allen Frankfurter gehörlosen Kinder das Angebot eines Internats unterbreiten zu können, ohne dafür den Staats- resp. den Stadthaushalt in Anspruch nehmen zu müssen. Die Einverleibung Frankfurts in den preußischen Staat hatte an dieser Ausrichtung nichts geändert; erst der Ausbau des Wohlfahrtsstaates brachte Veränderungen in der Stiftungspraxis mit sich, die in Folge von Inflationen und Kriegen schließlich negative Auswirkungen zeitigten.

Die Stiftung Taubstummenerziehungsanstalt wurde nicht durch eine Stifterpersönlichkeit geschaffen noch war sie das Ergebnis einer Entscheidung von Politikern oder Verwaltungsbeamten. Sondern sie war auf Basis der Gründung einer Gehörlosenschule die Folge der fortdauernden Aktivität vieler Bürgerinnen und Bürger, die sich finanziell für gehörlose Menschen einbrachten. Als eine hinreichende materielle Grundlage bestand, wurde von stadtstaatlicher Seite die bürgerschaftliche Initiative in eine entsprechende Form gebracht. Danach war es die Mildtätigkeit vieler Frankfurterinnen und Frankfurter, welche die Stiftung festigte.

Die Akzeptanz als mildtätige Stiftung der Freien Stadt Frankfurt am Main durch die tragenden politischen Gremien war 1861 eine hohe Würdigung der Gehörlosenschule sowie des Engagements seiner Mitarbeiterinnen und Mitarbeiter. Diese gesetzliche Absicherung ihrer Existenz, die der Gründer so lange angestrebt hatte, hing zukünftig davon ab, daß die Mitglieder des Pflegamts ihren Eid hielten. Eine weitere große Gefahr lag darin, daß das Vermögen durch Inflation oder Krieg verloren ging. Schließlich konnte sich die Gehörlosenschule auf die finanzielle Unterstützung der Frankfurterinnen und Frankfurter verlassen, als die über ein erträgliches Auskommen verfügten und die Schule eine überzeugende und notwendige Arbeit leistete.

Die Stiftung Taubstummenerziehungsanstalt ist erfolgreich und stark gewesen, weil ihre Leitung durch die Besetzung des Pflegamts mit bürgerschaftlich engagierten Bürgern erfolgte. Die allgemeine Entwicklung zur Sozialbürokratisierung und der Verlust des Stiftungskapitals durch die Hyperinflation 1923 öffneten Tor und Tür für die Übernahme der Stiftung durch die Stadtverwaltung von Frankfurt am Main in Verbindung mit einem verstärkten Einfluß des Landes. Dieser schrittweise Niedergang von 1916 bis 1932 und danach führte zu den schmerzlichen Einschnitten in die Stiftungsarbeit während des „Dritten Reiches" und nach dem Zweiten Weltkrieg und damit zum endgültigen Aus für die Frankfurter Gehörlosenschule.
Sie war in einer Art Fortsetzung der Aktivität des Aktienvereins durch engagierte Frankfurter Bürger verwaltet worden; an der Spitze dieser Geschäftsführung stand der Senior, der anscheinend für die Verwaltungsarbeit auf eigene Mitarbeiter aus seinem beruflichen Kontext zurückgriff. Darüber hinaus wurden zahlreiche Tätigkeiten vom Direktor der Gehörlosenschule erledigt. Dieser Charakterzug einer einsatzfreudigen und kompetenten Betreuung der Belange der Gehörlosenschule durch Privatleute endete mit der Übernahme der Stiftungsleitung durch einen hauptamtlichen Dezernenten, der die Geschäfte einem Beamten seines Amtes übertrug.[268]

Als die Schule aus Frankfurt verlegt wurde, wäre es die Pflicht des Pflegamts gewesen, sich um drei Aufgaben zu kümmern: eine optimale Verwaltung des früheren Schulgebäudes mit möglichst hohen Einnahmen, eine sichere und dabei gute Vermögensanlage sowie schließlich die Nutzung der Finanzmittel und ggf. von Teilen des Gebäudes für eine zusätzliche Aus- und Fortbildung gehörloser Kinder und Jugendlicher; das hätte dem Stiftungszweck entsprochen. Das geschah aber nicht. Statt dessen wurde allem Anschein nach über Jahrzehnte die Stiftung mißbraucht für die Interessen des städtischen Schulamts und des Sozialamts.

Es zeigen sich im ersten Jahrhundert der Frankfurter Gehörlosenschule deutlich vier Motive, warum sich Mitarbeiter und Spender für Gehörlose engagierten: Dies war wohl zumeist ein Mitfühlen mit dem Wunsch, dem Mitmenschen zu helfen. Dann war es das Ziel, von ihnen einen wirtschaftlichen Beitrag zur bürgerlichen Gesellschaft zu erhalten und sie dafür zu befähigen. So heißt es zu Beginn des 20. Jahrhunderts, daß „aus unglücklichen Kindern nützliche Glieder der menschlichen Gesellschaft" werden, was „der schönste Lohn für jeden Geber" sei. Eine weiterer Anstoß waren christliche Beweggründe. Das mag auch dazu geführt haben, daß sich eine evangelische Gehörlosenseelsorge anscheinend für die Gehörlosen und ihre Schule lange eingesetzt hat. Ebenso sah die katholische Kirche die geistliche Seite.[269] Schließlich gab es von jüdischer Seite her die Notwendigkeit und den Wunsch, für jüdische gehörlose Kinder ein Internat zu haben sowie vielleicht damit die eigene Integration zu fördern.

Die beiden wichtigsten Persönlichkeiten für die Gehörlosenschule in Frankfurt am Main waren Ludwig Kosel und Johannes Vatter.
Und es wird bezeichnend sein, daß und wie Vatter ausführlich Kosel zum Religionsunterricht zitiert: „'Derselbe ist der wichtigste; auf ihn muß sich endlich aller Unterricht mittelbar oder unmittelbar beziehen. Nur die Religion kann dem Taubstummen Beruhigung und Trost geben, nur in ihr wird er auch in den schwierigsten Lagen des Lebens, wo auch der gebildetste Taubstumme mehr oder minder auf sich allein beschränkt ist, Rat, Ermahnung, Warnung, Stärkung und Belohnung finden.'"[270] Eine große Hoffnung bildete die biblische Motivation: „Dann werden ... die Ohren der Tauben geöffnet werden" (Jesaja, Kapitel 35, Vers 5) „und Taube hören" (Matthäus-Evangelium, Kapitel 11, Vers 5).
Der Frankfurter Gründer Ludwig „Kosel erwarb seine pädagogische Bildung im Schwabenlande. Die übernächsten Anstaltsleiter waren alle Schwaben, zuerst Johann Georg Rapp ..., dann Johannes Vatter, 1874 bis 1916, seither"[271] Haux.
Die Schulleiter Kosel, Rapp und Vatter wurden jemals mit der Benennung einer Straße in Frankfurt am Main geehrt.
Eine Schule möge nach Amalie Schwartz, der ersten Gehörlosenlehrerin in Frankfurt, benannt werden.

24. Anhang

<u>Schülerinnen und Schüler</u>

Im 19. Jahrhundert waren viele Schulen für Gehörlose geschaffen worden, so daß der Leiter der Frankfurter Schule für 1900 von ca. 100 Schulen in Deutschland spricht, in denen ca. 7.000 gehörlose Kinder durch ca. 700 Lehrerinnen und Lehrer unterrichtet wurden.[272] Durch die Einführung der Schulpflicht für Gehörlose 1912 wird die Zahl der Schülerinnen und Schüler gestiegen sein.

In Frankfurt begann der Gründer Kosel mit 4 Kindern. 1836 waren es 11. „Die Zahl der Zöglinge betrug bei Kosel´s Tod 13". Für das Jahr 1853 ist die Rede von 15 Schülern. „Die Durchschnittsfrequenz war folgende: Von 1827 bis 1861: 10; von 1861-1872: 16,2; von 1872-1877: 22,5 Zöglinge. Die Dauer der Schulzeit beträgt durchschnittlich 8,5 Jahre."
An Gesamtzahlen für den Zeitraum von 1827 bis 1861 werden 46 und bis 1877 42 weitere Schüler genannt. Die 46 Schüler seien „29 Frankfurter und 17 Auswärtige" gewesen, die 42 „20 Frankfurter und 22 Auswärtige". Für die ersten 75 Jahre werden 209 aufgenommene Schülerinnen und Schüler genannt.
Für den Berichtszeitraum[273] 1885/86 sind es „26 (13 Knaben und 13 Mädchen; 13 von hier, 13 von auswärts"). Als 1896/97 „6 aus dem neuen Stadtteile Bockenheim" hinzukamen, erreichte die Zahl der Kinder „33". Das neue Gebäude sah sogleich deutlich mehr Kinder: So waren es 1901/02 bereits 40 Kinder. Am 1. Januar 1907 lag die Anzahl bei 45 Kindern (24 Jungen zu 21 Mädchen), was damals als Höchstwert angesehen wurde. Dennoch sind 47 Kinder für das Rechnungsjahr 1909/10 zu verzeichnen.
Die Zahl der von der Stadt unterstützten Schülerinnen und Schülern stieg währenddessen von 1894 bis 1906 Stück um Stück von 8 auf 23 Schüler. Die Beiträge, die für die vom „Waisen- und Armen-Amt in die Anstalt eingewiesenen" Kinder geleistet wurden, deckten „kaum den 5. Teil der" entsprechenden Kosten. Diese Schülerzahl steigerte sich in den nächsten Jahren auf fast 30.
1916 waren es 48 Schüler. Bevor die Schule im Frühjahr 1924 in ein Externat reduziert wurde, verfügte sie über 52 Schüler: damit wurde die Schule als „voll" bewertet. (Bei der Umwandlung hatten die auswärtigen Schüler die Schule verlassen müssen). Die Angaben zur Zahl der Schülerinnen und Schüler im Externat schwanken erheblich; ob als Erklärung eine erhöhte Fluktuation aufgrund mangelnder Verbindlichkeit ausreicht, weil es kein Internatsbetrieb mehr war, ist zweifelhaft. Die geringste Zahl ist 22, die höchste 39; zum Beispiel lag die Bandbreite im Rechnungsjahr 1936/37 „zwischen 32 und 36".
Die Zusammenlegung von Gehörlosenschulen in Frankfurt führte zu einem starken Anstieg der Schülerzahl. Für die „Landesgehörlosenschule Frankfurt

a. M." wurde dann berichtet: „Das Schuljahr 1938/39 wurde mit 150 Schülern eröffnet."[274]

Die Frankfurter Gehörlosenschule hatte sich gehörlosen Kindern aus anderen Teilen Deutschlands wie auch der Welt geöffnet; deren wohlhabende Eltern finanzierten den Haushalt überproportional und waren teilweise Mäzene. So hatte ein Schüler aus England auf Deutsch sprechen gelernt. Eine Veröffentlichung von 1900 nennt einen „Herr[n] Waldemar Weinberg aus St. Petersberg [sic]". An anderer Stelle ist die Rede von Schülern, „die aus Rußland oder Amerika, Polen oder Frankreich [kamen] ... Nur während der langen Sommerferien waren alle Schüler in ihrer Heimat." Im Sommer 1914 vor Ausbruch des Ersten Weltkrieges hatte die Schule „36 Frankfurter [Kinder], 7 aus dem übrigen Preußen und Deutschland und 6 Ausländer (1 aus England, 1 aus Rumänien, 3 aus Rußland, 1 aus der Schweiz)." Eine auf ähnlicher Basis erfolgte Aufstellung gibt folgende Daten an: „Fast 80 % der Kinder stammten von hier. Der Rest verteilte sich auf das übrige Preußen (1), auf Baden (2), die Schweiz (2), England (1) und Rußland (3)." Ein Schüler aus Polen, das damals zu Rußland gehörte, kehrte nach dem Kriegsausbruch nicht in seine Heimat zurück.[275]

1875 seien es 6 Klassen gewesen bei einem Lehrer auf 6 Schüler; dies soll in Preußen der beste Wert gewesen sein. 1882 seien es 5 Klassen mit insgesamt 5 Lehrern gewesen.[276]

<u>Lehrerinnen und Lehrer</u>[277]

Die Gehörlosenschule in Frankfurt am Main wurde als „Taubstummenerziehungsanstalt" von Ludwig Kosel gegründet. Die Leitung wurde als Oberlehrer oder ab 1901 als Direktor bezeichnet. Dies waren Ludwig Christian Kosel von 1827-1847, Dr. Emil Wilhelm Schwartz (zusammen mit seiner Frau Amalie) von 1848-1861, Johann Georg Rapp von 1861-1874, Johannes Vatter von 1874-1916, Gottlieb Friedrich Haux von 1916-1936;[278] Willi Nitschke war dann der letzte Leiter der eigenständigen Schule. Auf ihn folgte Hermann Müller ab 1937.

Lehrer an der Gehörlosenschule waren bis zum Ersten Weltkrieg:
Dr. Emil Wilhelm Schwartz von 1838-1847, Johannes Vatter von 1872-1874, Gottlieb Friedrich Haux von 1900-1916. „Kurt Riebow, Anstellung als Lehrer. .. Max Zander, Anstellung als Lehrer. 1914. Gustav Witt, Anstellung als Lehrer. 1914".[279]

Als sogenannte „Hilfslehrer" sind bis zum Ersten Weltkrieg engagiert worden:
Ein nicht namentlich genannter Lehrer nach ca. einem Jahr. Dann „Dr. E. W. Schwartz von 1836-1838. Wüst von 1841-?. Rauch von 1852-1854. C.

Oehlwein von 1854-1857. W. Schwarz von 1857-1859. G. Weber von 1859-1863. J. Vatter von 1863-1872. Fr. Kauer von 1872-1874. G. Kull seit 1874." In der – hier teilweise korrigierten - Aufzählung von Johannes Vatter folgen dann: Mathäus Bleher 1879-1882, J. Stortz 1881-1885, Chr. Esenwein [sic] 1884-1887, W. Erhardt 1884-1889, Karl Lieber 1889-?, M. Schneider 1891-1894, R. Lutz 1890-1894, Friedrich Wilhelm Rau 1877/8-1893, D. Ehni 1894-1898, G. Haux 1894-1900, E. Seeger 1898-1901, J. Burkhardt 1901-?. Karl Oppermann 1901-1904. Aus den Akten ergibt sich ein etwas anderes Bild: Ernennung von Oehlwein schon 1853, Mathäus Bleher 1879, Johannes Storz folgte auf ihm 1882, für ihn 1885 Christian Essenwein, Wilhelm Erhardt an Stelle von Emilie Rapp 1886, Friedrich Wilhelm Rau für Essenwein, Karl Lieber für Erhardt, Reinhold Lutz für Lieber, Mathias Schneider für Rau, David Ehni für Schneider 1894, Gottlieb Haux für Lutz 1897, Ernst Seeger für Ehni, Johann Georg Burckhardt wird zum zweiten Hilfslehrer 1901 ernannt, der aufgrund einer Erkrankung im Oktober 1903 ging. Albert Griesinger folgte ihm im November; in der Akte sind die Angaben widersprüchlich, ob er im März 1905 oder im Mai 1906 ging. Paul Friedrich Knauer kam im 1905 und Karl Hiller 1906, der 1910 Militärdienst leisten mußte; Knauer ging 1906 und für ihn kam Georg Moser, der dies wegen seiner Militärpflicht 1908 aufgegeben mußte. Vom 1. April bis 30. Juni 1908 war es für Theodor Hoffmann „eine aushülfsweise Beschäftigung." Es kam dann Heinrich Höhle, der schon im Oktober „wegen eines Halsleidens" gehen mußte. Auf ihn folgte Christian Kaiser und es kam Karl Müller. Karl Hiller erhielt die „Anstellung als Lehrer". Haux hospitierte ein Jahr in Berlin für eine Schulleiterposition. Kaiser ging 1912 und für ihn kam Karl Seher. Müller ging nach Homberg 1912 und Ernst Finkbeiner kam, wobei es einerseits heißt, daß das Provinzial-Schulkollegium die Genehmigung für Finkbeiner nicht gewährte und er andererseits bis 1913 geblieben sein soll. Es wurde Kurt Riebow eingestellt, der 1914 ging und auf den Gustav Witt folgte. Es ging 1914 der Hilfslehrer Scher.[280]

Als „Fachlehrer haben verschiedene Herren aus der Stadt längere oder kürzere Zeit Unterricht ertheilt" bis zum Ersten Weltkrieg - auch Damen waren hierbei aktiv:
Fachlehrer: August Ravenstein, Geographie; F. Müller, Schreiblehrer; G. Henrich, Modellieren; Eugen Peipers, Zeichenlehrer 1830-1881; Ed. Müller, Zeichenlehrer 1881-1882; Hermann Hein, Zeichenlehrer 1882-1897; Gustav Haas, Zeichenlehrer 1897-1899; W. Freud, Zeichenlehrer seit 1900; Wilhelm Hilpisch als katholischer Religionslehrer ab dem 1. Oktober 1888; Anna Nebel hatte ab 1891 katholischen Religionsunterricht erteilt und ihn 1907 „krankheitshalber aufgegeben"; dafür kam von „der städtischen Brentanoschule" Luise Link.[281]

Für die Erziehung der Mädchen ist ein Augenmerk auf die Anstellung von fachkundigen Gehörlosenlehrerinnen gelegt worden. Die Lehrerinnen und sogenannten Hilfslehrerinnen waren anscheinend stets unverheiratet, wie an der jeweiligen Bezeichnung als „Fräulein" erkennbar wird. Sie erhielten bei „freier Station" (wie die Männer) hingegen deutlich weniger Jahresgehalt als ihre männlichen Kollegen; beispielsweise bekamen Johanna Talmon-Gros und Elisabeth Sommer nur 800 Mark, während Hiller 1.000 M verdiente; Helene Heins wurden 900 Mark gegeben, hingegen Heinrich Höhle 1.100 Mark.[282] Als Lehrerinnen wirkten bis zum Ersten Weltkrieg: „Frl. A. Schmitt (nachmalige Frau Dr. Schwartz) von 1833-1861. Frl. Ch. Curtman[n] von 1857-1862. Frl. M. Haug von 1862-1867. Frl. L. Ganger von 1867-1870 [alternativ: Gauger]. Frl. J. Rapp von 1870-1871 [später Vatters Frau.] Frl. L. Kugler von 1871-1874. Frl. L. Schweitzer von 1874-1875. Frl. A. Schweickhardt seit 1875." Es folgten S. Rapp 1876-81, Emilie Rapp 1881-84, M. Lindäuer 1884-87, Fr. Stelzer 1888-90, Lydia Oberkampf 1890-1900, M. Schmidt 1900-? Danach werden als Lehrerinnen resp. Hilfslehrerinnen genannt: Johanna Talmon-Gros 1906-1907, „da sie zu heiraten beabsichtigt", Elisabeth Sommer, Anna Sophie Haller, Anna Finckh bis 1912, Helena Heins 1912-1914 und Emma Koepp.[283]

Der Erste Weltkrieg beeinflußte auch den Lehrkörper der Gehörlosenschule: „Am 1. Mai 1915 war eine Kindergärtnerin, Fräulein Overdyck, zur Aushilfe eingetreten, da Ersatz für die im Heer dienenden Lehrer nicht zu finden war." „Die Lehrerschaft der Anstalt war durch Einberufung zum Heeresdienst und die Pensionierung des früheren Leiters sehr verringert und wurde durch weibliche Kräfte ersetzt, so daß fast jede der sechs Klassen wieder eine eigene Lehrerin hatte." Eine Kindergärtnerin war auch nach dem Ersten Weltkrieg für die Betreuung der kleinen Kinder im Internat eingestellt worden, nachdem Pflegamt und Stadtregierung das Anliegen gutgeheißen hatten. So war dann im Mai 1921 die Rede von der „Hortnerin Fräulein Kuhl".[284]

Für Emma Koepp kam 1916 die Hilfslehrerin Margarethe Matthiolius. Die Hilfslehrerin Oferdick ging zum 1. Februar 1917; auf ihr folgte Fernande Bleckmann. Dann kamen „Annie Trass als Hilfslehrerin für weibliche Handarbeiten und Turnen" vom 23. April 1917 „sowie Frl. Adele Schulz als Hilfslehrerin vom" 15. Juni 1917 an. 1917 verließ Fernande Bleckmann die Schule und es begann Dorothea Elkan. Anni resp. Anna Trass ging 1918 zu einer Schule der Stadt. Therese Oppermann unterrichtete ab dem 1. April 1918 weibliche Handarbeiten und Turnen.[285]

In der weiteren Darstellung wird nicht mehr nach Lehrerinnen und Lehrern getrennt berichtet:
Philipp Hühn begann als Hilfslehrer am 1. April 1918. Ein Jahr später ging Margarethe Matthiolius und es kam Amala von Czettritz und Neuhaus. Die Lehrer Willi Nitschke und Max Göldner begannen 1919. Neue Hilfslehrer resp. Lehrer waren Ilse Paul mit dem 1. April 1920 – resp. Walter Paul -,

Gertrud Clare ab dem 16. April 1920 und Gustav Stutius ab dem 21. April 1920 sowie Walter Baum ab dem 11. Mai 1920. Im folgenden Jahr gehörte dazu auch ein(e) Hilfslehrer(in) Buchenau. In den Jahren der hohen Inflation und Hyperinflation gab es manch schnellen Wechsel oder Rücknahme der Bewerbung: Martha Giebeler kam dann nicht, es folgte Martha Ringelmann. Louise Oppermann kam für Frau Paul und Margarete Peil für Frau Kuhl. Es ging Buchenau und es kam Willi [Willy] Müller. Hilfslehrer Baum verließ die Schule und 1923 begann Gustav Weninger. Für Ringelmann trat Maria Michels ein. Philipp Hühn wurde 1923 ordentlichen Lehrer. Dazu wurde 1924 auch Frau Matthiolius ernannt, die zurückgekommen sein muß. Sie schied jedoch aus und es folgte für sie anscheinend als katholische Religionslehrerein Carola Nelke.[286]

An der Gehörlosenschule wirkten im Jubiläumsjahr 1927 „die Herren Haux als Direktor, Nitschke und Hühn als Taubstummen-Oberlehrer, Professor Freud als Zeichenlehrer, die Damen Nelke als Oberlehrerin, Emmi Haux als Hilfslehrerin und Fräulein Hopf als technische Lehrerin." Zuvor war Martha Diehl, die technische Zeichnerin, verstorben. 1936 schied die „Schulamtsbewerberin Emmi Haux" „infolge Verheiratung" aus; der NS-Oberbürgermeister schrieb im selben Jahr die Stelle einer „katholischen Taubstummen-Oberlehrerin" aus. Für den Berichtszeitraum 1936 bis 1937 werden an der Gehörlosenschule für drei Klasse drei wissenschaftliche und eine technische Lehrkraft genannt. Für die „Landesgehörlosenschule Frankfurt a. M." waren „an Lehrkräften .. im Schuljahr 1938/39 tätig: der Direktor, 12 Lehrer und eine Lehrerin sowie ein Zeichen- und Werklehrer. Der Handarbeits- und Hauswirtschaftsunterricht wurde durch eine Schneidermeisterin erteilt."[287]

Familienangehörige von Schulleitern

Als Dr. Schwarz und seine Frau Amalie die Leitung übernahmen, wurden sie beide „in den ersten 3 Jahren von Kosel´s Töchtern unterstützt." Als er im „Frühjahr 1860 bei Hohem Senat um Enthebung von seinen Verpflichtungen und einen Ruhegehalt nebst freier Wohnung im Institutsgebäude für sich und seine Gattin nachsuchte", wurde „ein Ruhegehalt von jährlich fl. 1200 nebst freier Wohnung bis zum Tode des Letztlebenden" gewährt. In diesem Zusammenhang wurde von seiten der Freien Stadt Frankfurt bestätigt, daß nach Kosels Tod die Leitung „vom früheren Mitarbeiter Dr. Schwartz und dessen Gattin" fortgeführt worden war. Sie lebte auch nach dem Tod ihres Mannes noch weitere Jahre im Internat. Das Adreßbuch von Frankfurt verzeichnet erst für 1875 als eine neue Adresse „Mittelweg 30", um ab dem nächsten Jahr bis 1880 als Wohnort Landau anzugeben; sie starb an einer Lungenentzündung am 8. Juli 1881 in Alsterweiler.[288]
Darauf folgte als Schulleiter Rapp, der im März 1874 verstarb. Seine Tochter Johanna war Hilfslehrerin an der Gehörlosenschule von 1870 bis

1871. Sie heiratete Johannes Vatter, der dann zum Nachfolger ihres Vaters wurde. Auch zwei weitere Töchter von Rapp arbeiteten dort als Hilfslehrerinnen: Sophie Rapp von 1876 bis 1881 und Emilie Rapp von 1881 bis 1885. Später wirkten auch die Kinder und Enkel von Johanna und Johannes Vatter dort, was für ihn ein „Stempel der Familienerziehung" war. „Nach J. Vatters Tod 1916 wurde seinem Schwiegersohn G. Haux die Leitung übertragen." Eine Tochter von Haux wurde Hilfslehrerin: Das müßte Emmi Haux gewesen sein, die später „infolge Verheiratung" ausscheiden mußte, denn die Sozialarbeiterin nach dem Zweiten Weltkrieg wurde als „Frl." tituliert; dies wird Johanna Haux gewesen sein.[289] Frau Vatter und Frau Haux gehörten mit zu den Ehefrauen, die sich durchweg als Hausmutter engagierten.

<u>Senioren und Mitglieder im Pflegamt</u>

In Frankfurt am Main 1861 wurde wie bei vergleichbaren Stiftungen bei der Einrichtung der Stiftung für die Taubstummenerziehungsanstalt als Leitungsgremium ein „Pflegamt" geschaffen. Geleitet wurde dies vom „Senior". Der erste war Ph. Bernhard Andreae-Winckler und als Mitglieder des Pflegamts Franz Joseph Schuster sowie Dr. jur. G. Schrader. In der zweiten Hälfte der 1860er Jahre kam Theodor Stern für Schuster ins Pflegamt; er war für die Finanzen zuständig und Mitglied bis zu seinem Tod im Jahr 1900. In der ersten Hälfte der 1870er Jahre schied Andreae-Winckler aus und Dr. jur. G. Schrader wurde Senior und blieb es bis zum Jahr 1901. Auf Dr. Schrader folgte im Pflegamt B. Schaffeld, der es 1902 wieder verließ, wobei Dr. F. Sieger Senior wurde. Dies waren Persönlichkeiten der Stadtgesellschaft. Eine weitere Personengruppen stellten promovierte Juristen dar: Dr. Schrader wurde zudem Landgerichtsdirektor und Schaffeld sogar Reichsgerichtsrat. Anfang der 1920er Jahre war Justizrat Dr. Eugen Helfrich Senior.
Im Ersten Weltkrieg wurde eigens eine Frau ohne Stimmrecht ins Pflegamt gewählt: dies war Emma Eckard. Bezeichnend für ihre geringe tatsächliche Bedeutung ist, daß ihr Name unterschiedlich geschrieben wurde. Sie hat auch in der NS-Zeit dem Pflegamt angehört.
Infolge der Erweiterung des Pflegamts nach dem Ersten Weltkrieg wirkte von 1919 bis 1932 August Henze im Pflegamt.
1924 starb Dr. Helfrich und Dr. Scheele übernahm von ihm das Amt des Seniors. 1932 kam per Magistratsbeschluß Stadtrat Seliger ins Pflegamt; als Senior blieb weiterhin Dr. Scheele, bis er aus dem Pflegamt ausschied.
In der zweiten Hälfte der Weimarer Zeit kam die Idee und zeitweilige Tradition auf, den Ordinarius für Hals-, Nasen- und Ohrenkrankheiten an der Universitätsklinik in das Pflegamt zu berufen; dies wurde zuerst Otto Voß. Auf ihn folgte im Mai 1938 Max Schwarz.
Der NS-Sozialdezernent Werner Fischer-Defoy wurde im Oktober 1933 Mitglied im Pflegamt und Senior Ende 1933. Im April 1935 wechselte die

Leitung zum NS-Schuldezernenten, so daß nun Rudolf Keller an der Spitze der Stiftung stand.

Nach dem Zweiten Weltkrieg blieb Keller im Amt. Auf ihn folgte der Schuldezernent Heinrich Seliger, der bis zu seinem Tod 1956 Senior der Stiftung war. Stellvertreter war nach dem Krieg der Sozialdezernent Wilhelm Polligkeit und ab 1946 dessen Nachfolger Rudolf Prestel. Auf Theodor Gläß folgten im Amt des Seniors die Schuldezernenten Willy Cordt und Peter Rhein. Als Sozialdezernent wirkte von 1966 bis 1972 Ernst Gerhardt. Auf ihn folgte als Sozialdezernent Martin Berg, der dann Senior wurde, weil Mitte der 70er Jahre die Leitung auf das Sozialamt verlagert worden war, da man davon ausging, es würde nie wieder eine Gehörlosenschule in Frankfurt geben. In jenen Jahren war das Pflegamt zeitweise „nicht mehr handlungsfähig, weil bis auf ein Pflegamtsmitglied alle anderen durch Tod, Ablauf der Wahlzeit, aus Altersgründen usw. ausgeschieden waren."[290] Seitdem ist der Senior stets der neue Sozialdezernent; Seniorin der Frankfurter Stiftung für Gehörlose und Schwerhörige ist seit 2007 die Sozialdezernentin Prof. Dr. Daniela Birkenfeld.

142

25. Quellen

Bundesarchiv, Berlin
R 1501/141374

Diözesanarchiv Limburg [= DAL]
Taubstummenfürsorge/-seelsorge 1861-1940, 236 B/1+2

DIPF, Leibniz-Institut für Bildungsforschung und Bildungsinformation,
BBF, Bibliothek für Bildungsgeschichtliche Forschung – Archiv
[=DIPF/BBF/Archiv]
Nachlaß Friedrich Fröbel, Fröbel 647, Bl. 1-3.

Hessisches Hauptstaatsarchiv, Wiesbaden [= HHStAW]
405, 18886
520/38, 22070

Hessisches Staatsarchiv, Darmstadt [= HStAD]
R 1 B, 19477

Hessisches Staatsarchiv, Marburg [= HStAM]
152 Acc. 1938/9, 1574+1575

Institut für Stadtgeschichte, Frankfurt am Main [= ISG]
Fürsorgeamt 960, 961, 3.434, 4.404
Hausurkunden 866
MA 2.695, 3.075, 3.076, 4.052, 5.584, 5.586, 5.587, 8.864, 9.476, 9.477,
9.478
MA Nachtrag 148, 209
MA V, Bd. 3; MA V 3, Bd. 2; MA V 47, Bd. 3; MA V 355; MA V 356, Bd.
1; MA V 356, Bd. 2; MA V 357; MA V 358; MA V 360; MA V 361, MA V
362, Bd. 1; MA V 362, Bd. 3; MA V 362, Bd. 4, Fasc. 4; Fasc. 8; MA V
362, Bd. 5; MA V 366; MA V 905; MA V 911; MA V 912; MA V 915; MA
V 916
Nachlassakte 1847 / 188, Ludwig Christian Kosel
Nachlassakte 1869 / 568, Emil Wilhelm Schwartz
Nachlassakte 1869 / 583, Tillmann Jacob Speltz
Nachlassakte 1871 / 591, Emil Wilhelm Schwartz
PA 19.195; PA 21.459
Rechnei nach 1816, Nr. 146
Rechneiamt III 224, 225, 231
Revisionsamt 77
S3/N 1978; S6b/38-50
Schulamt 2.015, 2.016, 3.288, 5.454, 6.636, 6.637, 7.010, 7.221, 7.239,
7.471, 7.478

SP:ER, Protokoll des Engeren Raths, 1840; Protokoll des Großen-Raths, 1856
Stadtkämmerei 2.449
Stadtverordnetenversammlung 1.294, 1.890
Stiftungsabteilung 662, 676, 686, 791, 1.005
Wohlfahrtsamt 142, 143, 775

Landeswohlfahrtsverband Hessen, Archiv, Kassel [= LWV]
B 100-10 Nr. 2679
B 100 P 11, 1775 (1); B 100 P 11, 1775 (2); B 100 P 11, 1775 (3)

Universitätsarchiv Frankfurt [= UAF]
Abt. 13 Nr. 162; Abt. 13 Nr. 352; Abt. 14 Nr. 1018; Abt. 120 Nr. 52; Abt.120 Nr. 53; Abt. 120 Nr. 60

Zentralarchiv der Evangelischen Kirche Hessen-Nassau, Darmstadt [= ZA EKHN]
Best. 1, Preußisches Konsistorium, Landeskirchenregierung, Landeskirchenamt Wiesbaden, Nr. 4273
Best. 22, Preußisches Konsistorium Frankfurt a.M., Nrn. 74+75

26. Literatur

[ohne Autor] Die Taubstummen-Erziehungsanstalt in Frankfurt am Main. Nach den Akten dargestellt, Frankfurt am Main 1862.

Adress-Buch von Frankfurt a. M. [im Internet].

Allgemeine medizinische Zeitung mit Berücksichtigung des Neuesten und Interessantesten der allgemeinen Naturkunde, (1), 1831, [23.03.1831], „Statistik der gegenwärtig bestehenden Taubstummenanstalten, nach Schmalz. (Fortsetzung.)", Sp. 369-379.

Askenasy, Alexander, Frankfurt am Main und seine Bauten, Frankfurt am Main 1886.

Bartelsheim, Ursula, Bürgersinn und Parteiinteresse. Kommunalpolitik in Frankfurt am Main 1848-1914, Frankfurt am Main [u.a.] 1997.

Bartelsheim, Ursula, Das Frankfurter Stiftungswesen im 19. Jahrhundert, in: Archiv für Frankfurts Geschichte und Kunst, 64, 1998, S. 99-124.

Bauer, Thomas, Das Alter leben. Die Geschichte des Frankfurter St. Katharinen- und Weißfrauenstifts, Frankfurt am Main 2003.

Beiträge zur Geschichte und Statistik des Taubstummen-Bildungswesens in Preußen, in: Centralblatt für die gesammte Unterrichts-Verwaltung in Preußen, Nrn. 9, 10, 11, 22.09.1884, S. 523-794.

Bender, Johann Heinrich, Die Verhandlungen der gesetzgebenden Versammlung der freien Stadt Frankfurt in den Jahren 1816 bis 1831, Frankfurt am Main 1834.

Berghaus, Heinrich, Allgemeine Länder- und Völkerkunde. Nebst einem Abriß der physikalischen Erdbeschreibung. Ein Lehr- und Hausbuch für alle Stände. Bd. 4, Teil 1: Das Eüropäische [sic] Staatensystem nach seinen geographisch-statistischen Hauptverhältnissen, Stuttgart 1839.

Bermejo, Michael, Die Opfer der Diktatur. Frankfurter Stadtverordnete und Magistratsmitglieder als Verfolgte des NS-Staates, Frankfurt am Main 2006.

Beyschlag, Willibald, Aus meinem Leben. Erinnerungen und Erfahrungen der jüngeren Jahre, Halle a.d.S. 1896.

Beyschlag, Willibald, Aus dem Leben eines Frühvollendeten, des evangelischen Pfarrers Franz Beyschlag. Ein christliches Lebensbild aus der Gegenwart, Berlin 3. Aufl. 1863, 1. Teil.

Biesold, Horst, Klagende Hände. Betroffenheit und Spätfolgen in bezug auf das Gesetz zur Verhütung erbkranken Nachwuchses, dargestellt am Beispiel der „Taubstummen", Solms-Oberbiel 1988.

Biesold, Horst, Sterilisation im Hitler-Reich, in: Hörgeschädigtenpädagogik, 38, 1984, S. 107-119.

Bilder-Conversations-Lexikon für das deutsche Volk. Ein Handbuch ... Bd. 2, Leipzig 1838.

Bing, Anton, Statistische Untersuchungen über private Wohlthätigkeitspflege mit besonderer Berücksichtigung der aktiven Teilnahme der Konfessionen an derselben, Frankfurt am Main 1904.

Brockhaus' Kleines Konversations-Lexikon. Bd. 2, Leipzig 5. Aufl. 1911 [im Internet].

Brodehl, Frank Andreas, Widerstand, Anpassung, Pflichterfüllung? Zur Konfrontation der Taubstummenpädagogik mit dem Gesetz zur Verhütung erbkranken Nachwuchses vom 14. Juli 1933, Hamburg 2014 [zugleich Diss. Univ. Oldenburg 2013].

Clemens, A., Ansichten eines Taubstummen über Geberden-, Schrift- und Tonsprache, in: Müller Malten, Heinrich, Neueste Weltkunde, Bd. 4, Frankfurt am Main 1847, S. 92-101.

Daum, Monika, Deppe, Hans-Ulrich, Zwangssterilisation in Frankfurt am Main 1933–1945, Frankfurt am Main/New York 1991.

Diamant, Adolf, Gestapo Frankfurt am Main. Zur Geschichte einer verbrecherischen Organisation in den Jahren 1933–1945, Frankfurt am Main 1988.

Eckhardt, Dieter, „Soziale Einrichtungen sind Kinder ihrer Zeit ..." Von der Centrale für private Fürsorge zum Institut für Sozialarbeit 1899-1999, Frankfurt am Main 1999.

Ellger-Rüttgardt, Sieglind Luise, Geschichte der Sonderpädagogik. Eine Einführung, München/Basel 2008.

Ellger-Rüttgardt, Sieglind Luise, Historischer Überblick, in: Hedderich, Ingeborg, Biewer, Gottfried, Hollenweger, Judith, Markowetz, Reinhard, Hg., Handbuch Inklusion und Sonderpädagogik, Bad Heilbrunn 2016, S. 17-27.

Eröffnung des Neubaues der Taubstummen-Erziehungs-Anstalt zu Frankfurt a. M. am 20. November 1900, Frankfurt am Main 1900.

Fehmers, A. F., Bechhold, Heinrich, Bericht über die Taubstummen-Erziehungs-Anstalt zu Frankfurt a. M., Frankfurt am Main 1887.

Festschrift zum 65jährigen Stiftungsfest des Vereins „Vatter", [Frankfurt am Main] 1971.

Fischer, Andrea, Kommunale Leistungsverwaltung im 19. Jahrhundert. Frankfurt am Main unter Mumm von Schwarzenstein von 1868 bis 1880, Berlin 1995.

Fleischer, Konrad, Naumann, Hans Heinz, [Red.,] Akademische Lehrstätten und Lehrer der Oto-Rhino-Laryngologie in Deutschland im 20. Jahrhundert, Berlin 1996.

Franke, Karl, Unsere Schule während und nach dem 2. Weltkrieg, in: 150 Jahre Sonderschule für Gehörlose, Camberg im Taunus 1820-1970, Camberg 1970, [o.S.]

Frankfurt am Main, [Artikel] in: Pierers Universal-Lexikon. Bd. 6, Altenburg 1858, S. 479-484 [im Internet].

Gall, Lothar, Frankfurt am Main - Traditionen und Perspektiven, in: Ders., Hg., FFM 1200. Traditionen und Perspektiven einer Stadt, Sigmaringen 1994, S. 19-27.

Gerchow, Jan, Stiftungen und bürgerschaftliches Engagement in Frankfurt am Main. Die lange Vorgeschichte der „Stiftungshauptstadt", [Rede, ohne Datum, im Internet].

Gollhard, Christian Friedrich, Historisch-geographisches Gemälde von Deutschland. Zur Förderung der Vaterlandskunde entworfen, Frankfurt am Main 1835.

Groschek, Iris, Unterwegs in eine Welt des Verstehens. Gehörlosenbildung in Hamburg vom 18. Jahrhundert bis in die Gegenwart, Hamburg 2008 [im Internet].

Großkinsky, Manfred, Ein europäischer Bürger zwischen Frankfurt und Mailand. Ausstellung zu Heinrich Mylius im Museum Giersch der Goethe-Universität, in: UniReport, 52, 2019, Nr. 4, S. 12.

Hänle, Siegfried, Spruner, Karl von, Handbuch für Reisende auf dem Maine, Würzburg 1843.

Hansen, Eckhard, Prestel, Rudolf, in: Maier, Hugo, Who is who der Sozialen Arbeit, Freiburg i. Br. 1998, S. 479.

Hansen, Eckhard, Wohlfahrtspolitik im NS-Staat. Motivationen, Konflikte und Machtstrukturen im „Sozialismus der Tat" des Dritten Reiches, Augsburg 1991.

Haug, Lorenz, Ausführliche Nachrichten über zwanzig der vorzüglichsten Taubstummen- und Blinden-Anstalten Deutschlands, Augsburg 1845.

Haux, G. Friedrich, Die Fürsorge für vorschulpflichtige taubstumme Kinder, [Berlin, um 1918].

Haux, [G. F.], Was ich an der öffentlichen Prüfung durchnahm, in: Organ der Taubstummen-Anstalten in Deutschland und den deutschredenden Nachbarländern, 52, 1906, S. 129-136.

Haux, Gottlieb F., Die Taubstummen-Erziehungs-Anstalt zu Frankfurt a. M., S. 1ff. [Sonderdruck aus: Marhold, Carl, Hg., Deutsche Taubstummen-anstalten, -Schulen und -Heime in Wort und Bild, Halle a.d.S. 1915].

Haux, Gottlieb F., Die Taubstummen-Erziehungsanstalt Frankfurt a. M. feiert am 1. November 1927 hundertjähriges Bestehen, in: Blätter für Taubstummenbildung, 40, 1927, S. 385.

Heibel, Jutta, Rudolf Prestel – Amtsjurist in der NS-Sozialverwaltung, in: Archiv für Frankfurts Geschichte und Kunst, 65, 1999, S. 259-305.

Heiland, Helmut, Hg., Bibliothek für Bildungsgeschichtliche Forschung des DIPF. Gesamtausgabe der Briefe Friedrich Fröbels [im Internet].

Hellft, [..], Statistik der Kranken- und Wohlthätigkeitsanstalten der Hauptstädte Europa's, in: Monatsblatt für medicinische Statistik und öffentliche Gesundheitspflege, 1857, Nr. 5., 16.05.1857, S. 37-40. [Beilage zur Deutschen Klinik. Zeitschrift für Beobachtungen aus deutschen Kliniken und Krankenhäusern, 9, 1857.]

Herrmann-Hubert, Harry, Jugendfürsorge, Jugendwohlfahrt und Jugendhilfe. Zur Geschichte des Jugendamtes der Stadt Frankfurt am Main. Bd. 2: Von 1945 bis 2014, Frankfurt am Main 2014.

Herzig, Arno, 1815-1933: Emanzipation und Akkulturation, in: Informationen zur politischen Bildung, Nr. 307 (Jüdisches Leben in Deutschland), 2010, [05.08.2010, im Internet].

Heuberger, Georg, Die Rothschilds. Eine europäische Familie, Sigmaringen 1994.

Hild, Hans, Die Gehörlosenschule Frankfurt am Main zur Zeit in Camberg, in: Neue Blätter für Taubstummenbildung, 1, 1946, [H. 2, Dezember], S. 59f.

Hill, Moritz, Grundzüge eines Lehrplans für Taubstummen-Anstalten [...], Weimar 1867 [im Internet].

Hubert, Harry, Jugendfürsorge, Jugendwohlfahrt und Jugendhilfe. Band 1: Von den Anfängen bis 1945, Frankfurt am Main 2005.

Hühn, Philipp, Zum 60. Todestag Johannes Vatters, in: Hörgeschädigtenpädagogik, 30, 1976, S. 343f.

Janett, Mirjam, Gehörlosigkeit und die Konstruktion von Andersartigkeit. Das Beispiel der Taubstummenanstalt Hohenrain (1847-1942), in: Schweizerische Zeitschrift für Geschichte, 66, 2016, S. 226-245.

Jansen-Degott, Ruth, Junk, Anne, Roth, Cornelia, Scherb, Ute, Frauengeschichte verorten. Offenburger Stifterinnen auf der Spur, in: Regnath, R. Johanna, Riepl-Schmidt, Mascha, Scherb, Ute, Hg., Eroberung der Geschichte. Frauen und Tradition, Münster 2007, S. 211-229.

Jaspert, August, Wegscheide, die Schule der Zukunft, in: Der Schulverband. Zeitschrift für die Angelegenheiten und Interessen der Schulverbände, 5, 1931, H. 9-10, S. 344-349, 389-393.

Kaiser, Christian, Erinnerungen an Johannes Vatter, Schleiz 1959.

Kallmorgen, Wilhelm, Siebenhundert Jahre Heilkunde in Frankfurt am Main, Frankfurt am Main 1936.

Karpf, Ernst, Eine Stadt und ihre Einwanderer. 700 Jahre Migrationsgeschichte in Frankfurt am Main, Frankfurt am Main/New York 2013.

Kerner, Josef, Ein Besuch der Frankfurter Taubstummen-Anstalt, in: Organ der Taubstummen-Anstalten in Deutschland und den deutschredenden Nachbarländern, 34, 1888, S. 73-77, 112-116.

Klingemann, Carsten, Wiederaufbauplanung als Fortsetzung der nationalsozialistischen Raumplanung am Soziographischen Institut an der Universität Frankfurt am Main, in, Lüken-Isberner, Folckert, Hg., Stadt und Raum 1933-1949. Beiträge zur planungs- und stadtbaugeschichtlichen Forschung II, Kassel 1991, S. 179-195.

Klötzer, Wolfgang, Hg., (bearb. v. Reinhard Frost, Sabine Hock), Frankfurter Biographie. Personengeschichtliches Lexikon, Bd. 1, A-L, Frankfurt am Main 1994; Bd. 2 M-Z, Frankfurt am Main 1996.

Köbrich, Friedrich, Die Taubstummen-Anstalten zu Frankfurt a/M., Riehen b/Basel und Schwäb. Gmünd. Reise-Bericht, Weißenfels am 31. Dezember 1878 [Manuskript].

Köhler, Jörg R., Städtebau und Stadtpolitik im Wilhelminischen Frankfurt. Eine Sozialgeschichte, Frankfurt 1995.

Kraus, Elisabeth, Jüdisches Mäzenatentum im Kaiserreich: Befunde - Motive - Hypothesen, in: Kocka, Jürgen, Hg., Bürgerkultur und Mäzenatentum im 19. Jahrhundert, Berlin 1998, S. 38-53.

Krauß, Heinz Ulrich, Frankfurt am Main: Daten, Schlaglichter, Baugeschehen, Frankfurt am Main 1997.

Kruse, Otto Friedrich, Ueber Taubstumme, Taubstummen-Bildung und Taubstummen-Anstalten. Nebst Notizen aus meinem Reisetagebuche, Schleswig 1853.

Kurrer, Rauthgundis, Gehörlose im Wandel der Zeit, Diss. Univ. München 2013, [im Internet].

Langenbach, Martin, Zahnärztlicher Befund und Art der Taubheit, Gelnhausen 1939 [zugleich Diss. Univ. Frankfurt].

Lechta, Viktor, Leonhardt, Annette, Lindner, Brigitte, Schmidtová, Margita, Die historische Entwicklung der Hörgeschädigten- und Sprachbehindertenpädagogik in Bayern und der Slowakei - Ergebnisse einer vergleichenden Studie einer deutsch-slowakischen Forschergruppe, in: Biewer, Gottfried, Luciak, Mikael, Schwinge, Mirella, Hg., Begegnung und

Differenz: Menschen - Länder - Kulturen. Beiträge zur Heil- und Sonderpädagogik, Bad Heilbrunn 2008, S. 166-183.

Leonhardt, Annette, 200 Jahre Gehörlosen- und Schwerhörigenpädagogen-(aus)Bildung in München – vom Jahreskurs am Taubstummeninstitut zum Modellstudiengang „Prävention, Inklusion und Rehabilitation (PIR) bei Hörschädigung" an der Universität, in: Leonhardt, Annette, Ludwig, Kirsten, Hg., 200 Jahre Gehörlosen- und Schwerhörigenpädagogen(aus)bildung in Bayern - Vom Jahreskurs zum interdisziplinären Studium an der Universität, Heidelberg 2017, S. 15-59.

Leonhardt, Annette, Vom Männerberuf zur Frauendomäne, in: Hörgeschädigtenpädagogik, 73, 2019, S. 143-150.

Lustiger, Arno, Jüdische Stiftungen in Frankfurt am Main. [Biographischer Teil mit Kurzbiographien jüdischer Stifter, Politiker und Mäzene; Sachteil mit Beschreibungen von Stiftungen, Schenkungen, Vereinen und Organisationen von Gerhard Schiebler], Sigmaringen 2. Aufl. 1994.

Mai, Uwe, „Rasse und Raum": Agrarpolitik, Sozial- und Raumplanung im NS-Staat, Paderborn [u.a.] 2002.

Maly, Karl, Die Macht der Honoratioren. Geschichte der Stadtverordneten-versammlung. Bd. 1: 1867-1900, Frankfurt am Main 1992.

Medizinische Neuigkeiten für Praktische Ärzte, 6, 1856, Nr. 4, (26.01.)

Meidinger, Heinrich, Frankfurt's gemeinnützige Anstalten. Eine historisch-statistische Darstellung der milden Stiftungen, Stipendien, Wittwen u. Waisen-, Hülfs- und Sparkassen, Vereine, Schulen &c. nebst einem geschichtlichen Ueberblick der in dieser Stadt erschienenen periodischen Schriften und Lokalblätter, von der ältesten bis auf die gegenwärtige Zeit. [Bd. 1], Frankfurt am Main 1845.

Meidinger, Heinrich, Frankfurt's gemeinnützige Anstalten. Eine historisch-statistische Darstellung der milden Stiftungen, Stipendien, Wittwen u. Waisen-, Hülfs- und Sparkassen, Vereine, Schulen &c. nebst einem geschichtlichen Ueberblick der in dieser Stadt erschienenen periodischen Schriften und Lokalblätter, von der ältesten bis auf die gegenwärtige Zeit. Bd. 2. Die Jahre 1845 bis 1855 enthaltend, Frankfurt am Main 1856.

Meyers Großes Konversations-Lexikon. Bd. 8, Leipzig 1907.

Mitchell, Samuel Augustus, Remak, Gustav, Allgemeine Uebersicht der Welt ..., Philadelphia 1846.

Möhring, Reinhold, Reisebericht [Besuch der Taubstummenanstalten Aachen, Cöln, Frankfurt a. M.; Manuskript] 1880.

Mönch, Dieter, Vergessene Namen. Vernichtete Leben. Die Geschichte der jüdischen Frankfurter Unternehmerfamilie Wronker und ihr großes Warenhaus an der Frankfurter Zeil, Frankfurt am Main 2019.

Moser, Arnulf, Die badischen Taubstummenanstalten und ihr Niedergang im Dritten Reich, in: Zeitschrift für die Geschichte des Oberrheins, 156, 2008, S. 405-428.

Müller, Bruno, Schembs, Hans-Otto, Stiftungen in Frankfurt am Main. Geschichte und Wirkung, Frankfurt am Main 2006.

Neubauer, Karin, Haab, Karin, Einführung, in: Institut für Stadtgeschichte, Rep. 549: Findbuch Stiftungsabteilung (2. Aufl.) Frankfurt am Main 2003.

Nicklas, Siegfried, Zur Geschichte. Von der Taubstummenerziehungsanstalt zum Beratungs- und Förderzentrum für Hörgeschädigte. 172 Jahre Hörgeschädigtenbildungswesen in Frankfurt am Main, [Frankfurt am Main, ca. 1999].

Nitschke, Willi, Zum 100jährigen Bestehen der Taubstummen-Erziehungs-Anstalt. Von ihrem Werden und Wachsen, in: Taubstummen-Zeitung für Hessen und Hessen-Nassau, 4, 1927, Nr. 10, S. 1-4.

Perini, Carlo, J. Vatter und die Taubstummen-Anstalt zu Frankfurt a.M., Friedberg [um 1910].

Rae, Luzerne, Miscellanaeous, in: American Annals of the Deaf and Dumb, 1, 1847, S. 67f.

Reinfelder, Konrad, Von Wiesengrund bis Theodor W. Adorno. Der weltbekannte Philosoph, Soziologe und Musiktheoretiker und seine Wurzeln in Dettelbach, in: Dettelbacher Geschichtsblätter. Mitteilungen des Stadtarchivs, 33, 2007, H. 4, (Nr. 256), [in: Dettelbach aktuell. Amts- und Mitteilungsblatt der Stadt Dettelbach, 2007, Nr. 28, 03.08., S. 8f.; im Internet].

Roth, Ralf, Die Herausbildung einer modernen bürgerlichen Gesellschaft. Geschichte der Stadt Frankfurt am Main. 1789-1866, Ostfildern 2013.

Roth, Ralf, 100 Jahre Frankfurter Gesellschaft für Handel, Industrie und Wissenschaft (2 Bde.), Frankfurt am Main 2019.

152

Roth, Ralf, „Der Toten Nachruhm". Aspekte des Mäzenatentums in Frankfurt am Main (1750-1914), in: Kocka, Jürgen, Frey, Manuel, Hg., Bürgerkultur und Mäzenatentum im 19. Jahrhundert, Berlin 1998, S. 99-127.

Roth, Ralf, Verflechtungen von Vereins- und Verwaltungstätigkeit als Form kommunaler Selbstregulierung, in: Collin, Peter, Bender, Gerd, Ruppert, Stefan, Seckelmann, Margrit, Stolleis, Michael, Hg., Selbstregulierung im 19. Jahrhundert – zwischen Autonomie und staatlichen Steuerungs-ansprüchen, Frankfurt am Main 2011, S. 293-310.

Sandner, Peter, Nachkriegskarrieren von Robert Ritter und Eva Justin in Frankfurt 1947-1966, in: www.frankfurt1933-1945.de, [Stand: 10.09.2008].

Sandner, Peter, Roma in Frankfurt am Main, eine historische Betrachtung, in: Nirumand, Bahman, Hubert, Harry, Hg., Roma. Zur Situation einer Minderheit in Frankfurt am Main. Dokumentation einer Anhörung am 20. Februar 1997, Mönchengladbach 1997, S. 13-18.

Sandner, Peter, Verwaltung des Krankenmordes. Der Bezirksverband Nassau im Nationalsozialismus, Gießen 2003.

Scharf, Lothar, Gehörlose in der Hitlerjugend und Taubstummenanstalt Bayreuth; zeitgeschichtliche Dokumentation der Jahre 1933-1945, Berlin 2004.

Scharf, Lothar, 150 Jahre Frankfurter Stiftung für Gehörlose und Schwerhörige. Chronik 1861-2011, Frankfurt am Main 2011 [war auch im Internet].

Scharf, Lothar, Rechtlos, schutzlos, taub und stumm! Gehörlose Juden unterm Hakenkreuz 1933–1945, Frankfurt am Main 2007.

Scharf, Lothar, Taubstumme in der Hitlerjugend? Fridolin W. erzählt. Biografie und Dokumentation zu „Gehörlose im 3. Reich", Stadelhofen 2006.

Scharp, Thea, Zur Frage der Sterilisation bei erblicher Taubheit, Ochsenfurt a.M. 1939 [zugleich Diss. Univ. Frankfurt 1938].

Schmalz, Eduard, Kurze Geschichte und Statistik der Taubstummenanstalten und des Taubstummenunterrichtes nebst vorausgeschickten ärztlichen Bemerkungen über die Taubstummheit, Dresden 1830.

Schmalz, Eduard, Ueber die Taubstummen und ihre Bildung, in ärztlicher, statistischer, pädagogischer und geschichtlicher Hinsicht, nebst einer Anleitung zur zweckmäßigen Erziehung der taubstummen Kinder im älterlichen Hause, Dresden/Leipzig 2. Aufl. 1848. ND Ann Arbor 1980.

Schmid, Armin, Schmid, Renate, Frankfurt in stürmischer Zeit 1930-1933, Frankfurt am Main 1987.

Schmidt, Fritz, Gegenwartsfragen der Gehörlosenbildung, in: [Lambeck, Adolf, Hg.,] Gehörgeschädigte und sprachgestörte Schulkinder. Beiträge Hamburger Lehrer; Sonderdruck aus der Hamburger Lehrerzeitung, Nr. 11, 01.06.1939, S. 11-20.

Schöttle, Ulrich Karl, Taubstummen-Erziehung druch[!] Lehrerinnen, in: Organ der Taubstummen- und Blinden-Anstalten in Deutschland und den deutschredenden Nachbarländern, 11, 1865, S. 179-181.

Schrader, G., Taubstummen-Erziehungs-Anstalt, in: Spiess, Alexander, Hg., Frankfurt am Main in seinen hygienischen Verhaeltnissen und Einrichtungen. Festschrift zur Feier des fünfzigjaehrigen Doctor-Jubilaeums des Herrn Dr. Georg Varrentrapp, Frankfurt am Main 1881, S. 229f.

Schrapper, Christian, Hans Muthesius (1885-1977). Ein deutscher Fürsorgejurist und Sozialpolitiker zwischen Kaiserreich und Bundesrepublik, Münster 1993.

Schürmann, Fritz, Erbbiologischer Unterricht in der Taubstummenschule, in: Die deutsche Sonderschule, 2, 1935, S. 163-166.

Schulerklärung der Evangelischen Gehörlosenseelsorge, in: Sprachrohr. Zeitschrift für Menschen mit Hörbehinderung und Interessierte, 42, 2018, H. 1, S. 16.

Schumann, Paul, Frankfurt und Leipzig. Beiträge zur Frühgeschichte des Frankfurter Institutes, Herrn Schulrat Vatter zu seinem Jubiläum gewidmet, in: Eos. Zeitschrift für Heilpädagogik, 8, 1912, H. 1, S. 11-20.

Schwartz, Hugo, Familie Schwartz im Wandel der letzten drei Jahrhunderte, Ostheim v. d. Rhön 1932.

Schwarz, Max, „Ererbte Taubheit". Grundzüge zur Erkennung ererbter Hörstörungen soweit sie das Gesetz zur Verhütung erbkranken Nachwuchses betreffen, Leipzig 1935.

Söderfeldt, Ylva, From Pathology to Public Sphere. The German Deaf Movement 1848-1914, Bielefeld 2013.

Spiess, Alexander, Die hygienischen Einrichtungen von Frankfurt am Main, Frankfurt am Main 1888.

Städtisches Anzeigeblatt, 1933-1945.

Statistische Jahresübersichten der Stadt Frankfurt am Main [...] Statistisches Amt, Frankfurt am Main. [z. B. für 1906/1907 von 1908].

Statistisches Jahrbuch des Bundes Deutscher Taubstummenlehrer, 25, 1928 [gedruckt 1929/1930].

Stein, Anne-Dore, Die Verwissenschaftlichung des Sozialen. Wilhelm Polligkeit zwischen individueller Fürsorge und Bevölkerungspolitik im Nationalsozialismus, Wiesbaden 2009.

Stemmler, Gunter, Beyschlag, Henriette, in: Frankfurter Personenlexikon (Onlineausgabe), [14.02.2019], http://frankfurter-personenlexikon.de/node/-10940.

Stemmler, Gunter, 100 Jahre Luftschiffhafen Rebstock - Rhein-Main-Flughafen 1912-2012, in: Archiv für hessische Geschichte und Altertumskunde, 70, 2012, S. 427-430.

Stemmler, Gunter, Bruno Müller. Frankfurter Stadtrat für Stiftungen, Hamburg 2020.

Stemmler, Gunter, Polligkeit, Friedrich Wilhelm, in: Hessische Biografie <https://www.lagis-hessen.de/pnd/116264764> (Stand: 1.4.2019).

Stemmler, Gunter, Prestel, Rudolf, in: Hessische Biografie <https://www.lagis-hessen.de/pnd/122050606> (Stand: 27.3.2019).

Stemmler, Gunter, Schuld und Ehrung. Die Kommunalpolitiker Rudolf Keller und Friedrich Lehmann zwischen 1933 und 1960 - ein Beitrag zur NS-Geschichte in Frankfurt am Main, Frankfurt am Main 2017: [12.10.2017] urn:nbn:de:hebis:30:3-445442.

Stemmler, Gunter, Schuld und Ehrung. Die Kommunalpolitiker Rudolf Keller und Friedrich Lehmann zwischen 1933 und 1960 - ein Beitrag zur NS-Geschichte in Frankfurt am Main, Hamburg 2. Aufl. 2020.

Stemmler, Gunter, Schwartz, Amalie, in: Frankfurter Personenlexikon (Onlineausgabe) [9.12.2019], https://frankfurter-personenlexikon.de/node/-11362.

Stemmler, Gunter, Schwarz, Max Theodor, in: Hessische Biografie <https://www.lagis-hessen.de/pnd/14088601X> (Stand: 20.2.2019).

Stemmler, Gunter, Die Vermessung der Ehre. Zur Geschichte der Ehrenbürger, Ehrensenatoren sowie Ehrenmitglieder an deutschen Hochschulen und an der Universität Frankfurt am Main, Frankfurt am Main [u.a.] 2012.

Stillfried, Hans, Zur Erinnerung an Taubstummenoberlehrer i. R. Philipp Hühn. Aus seinen Aufzeichnungen, Frankfurt am Main 1981.

Stricker, Wilhelm Friedrich Karl, Die Geschichte der Heilkunde und der verwandten Wissenschaften in der Stadt Frankfurt am Main, Frankfurt am Main 1847.

Stojentin, Carl Rudolf von, Fundament der Geographie zum Selbststudium und als Handbuch für Diejenigen, welche Militärschulen und Gymnasien besuchen, Minden 1836.

Tanzler, Karin, Der Utilitätsgedanke als Basis für die Gründung des ersten Taubstummeninstituts im Wien des 18.Jahrhunderts[;] eine Spurensuche nach den Beweggründen im Kontext von Erziehung und Bildung, Magister-Arbeit, Univ. Wien 2012 [im Internet].

Uffenorde, H[ellmut], Die Bedeutung des Röntgenbildes für die Begutachtung der erblichen Taubheit, in: Der Hals-, Nasen- und Ohrenarzt, 1939, Bd. 30, H. 2, S. 88-96.

Ureña, Enrique M., Philosophie und gesellschaftliche Praxis. Wirkungen der Philosophie K.C.F. Krauses in Deutschland (1833-1881), Stuttgart-Bad Cannstatt 2001.

Vatter, Arnold, Johannes Vatter. Der Taubstummenlehrer von der Alb 1842-1916, in: Lebensbilder aus Schwaben und Franken, 14, 1980, S. 366-385.

Vatter, Johannes, Zum 75jährigen Bestehen der Taubstummen-Erziehungs-Anstalt in Frankfurt a. M., Frankfurt am Main 1902 [Separatdruck aus den „Frankfurter Nachrichten", Nrn. 302-304].

Vatter, Johannes, Fünfzig Jahre Taubstummenlehrer. Lebenserinnerungen, Frankfurt am Main 1911.

Vatter, Johannes, Das fünfzigjährige Jubiläum der Taubstummen-Erziehungs-Anstalt zu Frankfurt a. M. am 1. November 1877 [Festvortrag], Frankfurt am Main 1877.

Vatter, Johannes, Ludwig Kosel und die Entstehung der Taubst.-Erziehungs-Anstalt in Frankfurt a. M. (Aus einem Vortrag, gehalten in der Frankfurter Allgemeinen Lehrer-Versammlung), in: Organ der Taubstummen-Anstalten in Deutschland und den deutschredenden Nachbarländern, 27, 1881, H. 2, S. 17-26.

Vatter, Johannes, Die Taubstummenanstalt in Frankfurt a.M., in: Blätter für Taubstumme, 26, 1878, S. 22-24.

Vatter, Johannes, Haux, Gottlieb, Bericht über die VI. Bundesversammlung Deutscher Taubstummenlehrer zu Frankfurt a.M. (28. September bis 1. Oktober 1903), Friedberg [1904].

Verzeichnis[/ß] der bei der Taubstummen-Erziehungs-Anstalt vom ... bis ... eingegangenen Geschenke und Legate [1840-1911/12 mit Lücken; dazu: Frankfurter Nachrichten und Intelligenz-Blatt, 1913-1914].

Wagner, Hermann, Besuch in der Taubstummen-Anstalt zu Frankfurt a. M.im Mai 1859. (Schluß), in: Blätter für Taubstumme, 7, 1859, S. 179-182 (im Internet).

Waibel, Harry, Diener vieler Herren. Ehemalige NS-Funktionäre in der SBZ/DDR, Frankfurt am Main 2011.

Walburg, Jürgen, Der dunkle Fleck in der Wegscheide-Historie, in: Frankfurter Neue Presse, 21.11.2019, S. 14 [auch im Internet].

Webster, H. A., Frankfort-on-the-Main, in: The Encyclopaedia Britannica. A Dictionary of Arts, Sciences, and General Literature, 9. Aufl., Bd. 9, 1879, S. 704-708 [im Internet].

Walther, Eduard, Geschichte des Taubstummen-Bildungswesens. Unter besonderer Berücksichtigung der Entwicklung des deutschen Taubstummen-Unterrichtes, Bielefeld/Leipzig 1882.

Wander, Karl Friedrich Wilhelm, Hg., Deutsches Sprichwörter-Lexikon. Bd. 2, Leipzig 1870 [im Internet].

Weise, W., Die Taubstummenanstalten und –schulen in Preussen am 1. Januar 1907, in: Zeitschrift des preussischen statistischen Landesamtes, 47, 1907, S. 131-143.

Weisser, Karl, Bargeldlose Lohn- und Gehaltszahlung. Ihre Durchführung in der Praxis, Wiesbaden 2. Aufl. 1960.

Wiederspahn, August, Die Kronberger Malerkolonie, Frankfurt am Main 2. Aufl. 1976.

Wilcke, Wolfgang, Beitrag zur Erforschung der Taubstummheit im Regierungsbezirk Wiesbaden. (Insbesondere Erhebungen über die letzten 15 Taubstummenjahrgänge (1915-1929) in Frankfurt am Main.), Düsseldorf 1939 [zugl. Diss. Univ. Frankfurt].

Willing, Matthias, Hilde Eiserhardt (1888-1955). Leben und Wirken einer deutschen Fürsorgejuristin. Teil 2, in: Nachrichtendienst des Deutschen Vereins für Öffentliche und Private Fürsorge, 83, 2003, S. 393-400.

27. Endnoten

[1] Siehe Vatter, Kosel, S. 26.

[2] Im Frankfurter Stadtarchiv, dem Institut für Stadtgeschichte, befinden sich umfangreiche Aktenbestände, deren Einblicke in die Schulgeschichte zunehmen, je mehr die Stadtverwaltung Einfluß auf die Geschicke der Stiftung nahm. Weil die hier verwendeten Archivalien fast durchweg aus dem Frankfurter Institut für Stadtgeschichte stammen, ist dies im Unterschied zu anderen Institutionen nicht eigens vermerkt worden. Diese Quellen bilden die wesentliche Grundlage der geschichtswissenschaftlichen Untersuchung, welche methodisch im Sinne von O. G. Oexles „Wissenschaft als Forschung" erfolgt. Die Darstellung der historischen Entwicklung bis 1862 beruht erheblich auf dem Buch „Die Taubstummen-Erziehungsanstalt in Frankfurt am Main", dessen Untertitel „Nach den Akten dargestellt" die Quellenbasis dargelegt. Der Autor ist unbekannt; weil im Buch die Rede von der „Geschichte unserer Anstalt" ist und dem neuen Schulleiter „ein langes und gesegnetes Wirken in seiner neuen Heimath!" gewünscht wird, ist es naheliegend, daß Amalie Schwartz, geb. Schmitt, als bisherige „Directrice" dies verfaßt hat. Selbstredend wurde die einschlägige Literatur berücksichtigt, wobei es keine vergleichbaren Überblicksarbeiten gab - siehe zum Forschungsstand Janett, Gehörlosigkeit, S. 229 – Anm. 16 -, sowie für die ersten Jahrzehnte zeitgenössische Publikationen im Internet ermittelt; Tageszeitungen, Zeitschriften und Internetangaben wie auch persönliche Auskünfte sind zumeist nicht unter Kapitel 25 Quellen resp. Kapitel 26 Literatur eigens aufgeführt worden. Die Kapitel 21 und 22 mit ihrer Darstellung zur Nachkriegszeit und ihren Bewertungen beruhen auf einer sehr umfangreichen unveröffentlichten Forschung des Autors. Die Zitate und die Nachweise aus dem Grundlagenwerk „Die Taubstummen-Erziehungsanstalt in Frankfurt am Main. Nach den Akten dargestellt" wurden nicht eigens aufgeführt. In gleicher Weise wurde mit den Fundorten aus den Spenden-Verzeichnissen zum Stand der Arbeit und zu Gebern und Gaben umgegangen. Allgemein sei darauf hingewiesen, daß zum Teil bei Zitaten die Interpunktion verbessert und bisweilen die Schreibweise angepaßt wurde, ohne daß dies mit eckigen Klammern deutlich gemacht worden ist.

[3] Tanzler, Utilitätsgedanke, S. 146; siehe allgemein zur Diskriminierung Janett, Gehörlosigkeit.

[4] Siehe Janett, Gehörlosigkeit, S. 230 – Anm. 17; Tanzler, Utilitätsgedanke, S. 5; Ellger-Rüttgardt, Geschichte, S. 61.

[5] „Um das Jahr 1750 ... wurden in Schwäbisch Gmünd durch einen Franziskanerpater Gehörlose in der Lautsprache unterrichtet. ... Im Jahr 1807 begann der katholische Stadtpfarrer ... mit dem regelmäßigen Unterricht für

Gehörlose aus dem Stadtgebiet ... Im Jahr 1811 übernahm .. ein ...
Mädchenschullehrer den Unterricht bei gehörlosen Kindern. Bereits im Jahr
1817 wurde [sie] ... verstaatlicht und in ´Königlich Württembergische
Taubstummenanstalt´ umbenannt. ... Im Jahr 1825 übernahm der
evangelische Stadtpfarrer Dr. Viktor August Jäger die Leitung der
Einrichtung," siehe St. Josef - Schule für Hörgeschädigte, „Geschichte der
Hörgeschädigtenbildung in Schwäbisch Gmünd", Webseite [Stand:
20.11.2018].

[6] Siehe Vogel, Geschichte, S. 46; Scharf, Juden, S. 8; Vatter, Bestehen, S. 6.

[7] Siehe Leonhardt, Männerberuf, S. 143f.; Lechta/Leonhardt/Lindner-
/Schmidtová, Entwicklung, S. 172f.; Leonhardt, Jahre, 36-39.

[8] Haux, Taubstummen-Erziehungsanstalt Frankfurt a. M., S. 385.

[9] Haug, Nachrichten, S. 178. Das evangelische Schullehrerseminar in
Esslingen wurde 1810/1811 gegründet. „Seit 1824 war mit dem Esslinger
Seminar eine kleine Taubstummenanstalt verbunden", siehe Archivportal,
[Fund] Landesarchiv Baden-Württemberg, Abt. Staatsarchiv Ludwigsburg, F
1/382, [im Internet; Stand: 20.11.2018]. Denzel hatte Pestalozzis Pädagogik
verbreitet.

[10] Siehe Allgemeine Schulzeitung, 19.07.1828, Abt. 1, Nr. 85, Sp. 680.

[11] Rae, Miscellanaeous, S. 67; siehe auch Ureña, Philosophie, z. B. S. 275 -
Anm. 150; vgl. zudem Meidinger, Anstalten, [Bd. 1], S. 437 – Anm. 2. Der
geplante Kongreß fand 1847 wegen Kosels Tod in Pforzheim statt, siehe
Vatter/Haux, Bericht, S. 26.

[12] Zitat und Nachweis siehe Ellger-Rüttgardt, Überblick, S. 23. Friedrich
Fröbel schrieb über Kosel: „wie viel verdanke ich jetzt dem Freund",
Heiland, Bibliothek, F. an Johannes Arnold Barop, Wilhelm Middendorff u.
Robert Kohl in Keilhau v. 16.11./17.11.1844 (Frankfurt/M.).

[13] Nachweise und Zitate siehe Schumann, Frankfurt, S. 15-18; der
„Contrakt" mit J. C. Foltz-Eberle für seinen achtjährigen Sohn Eduard ist
dort veröffentlicht worden.

[14] Zitate siehe Schumann, Frankfurt, S. 19.

[15] Siehe Meidinger, Anstalten [Bd. 1], S. 350; Stricker, Geschichte, S. 193;
Hellft, Statistik, S. 39; Monatsschrift für Deutsches Städte- und
Gemeindewesen, 3, 1857, S. 692.

[16] Nachweise und Zitat siehe Vatter, Taubstummenanstalt, S. 23f.; Schrader,
Taubstummen-Erziehungs-Anstalt, S. 229; Frankfurter Rundschau,
15.01.1982, [Hebel, Stephan], „Mit der ´Gebärdensprache´ aus der
Isolation".

[17] Müller/Schembs, Stiftungen, S. 66.

[18] Sabine Hock sei für die Recherche des Vornamens Federico gedankt.

[19] Nachweise und Zitate siehe Stemmler, Beyschlag; Deutsche Biographie,
[Internet, Stand: September 2018]; Beyschlag, Leben, Erinnerungen, S. 8,
35f., 85, 96; Beyschlag, Leben, Frühvollendeten, S. 2, 27, 29-31. Johann

August Beyschlag war zeitweise Wechselmakler gewesen, siehe Adress-Buch der Stadt Frankfurt 1834, S. 17.

[20] Nachweise und Zitate siehe Nachlassakte 1869 / 583, Tillmann Jacob Speltz.

[21] Siehe Klötzer, Biographie. Bd. 1, S. 215; Rechnei nach 1816, Nr. 146, Auszug Protokoll des Engeren Raths der freien Stadt Frankfurt, vom 18.12.1845. Er war am 14.05.1819 in Frankfurt geboren worden und starb dort am 24.04.1903. Seine Mutter Anna Sibilla Foltz-Eberle, geb. Voelcker, gehörte über ihren Vater Georg Adolph Voelcker, der Mitglied der ständigen Bürgerrepräsentation war, zu den Erben des Hauses Zum Schwarzen Stern, siehe Hausurkunden 866.

[22] Vatter zitierte Kosel, siehe Vatter, Kosel, S. 19.

[23] Intelligenz-Blatt der freien Stadt Frankfurt, „Erste Beylage zu No. 11, Dienstag, den 5. Februar 1828"; „Vierte Beylage zu No. 11 Dienstag, den 5. Februar 1828"; „Zweyte Beylage zu No. 13. Dienstag, den 12. Februar 1828."

[24] Siehe Allgemeines Repertorium der neuesten in- und ausländischen Literatur, 1828, Bd. 4, S. 300; vgl. Freimüthige Jahrbücher der allgemeinen deutschen Volksschulen, 9, 1829, H. 2, 2. Abt., S. 148.

[25] Siehe Allgemeine Schulzeitung, 19.07.1828, Abt. 1, Nr. 85, Sp. 680.

[26] Fotografie des ersten Gebäudes siehe Vatter, Jahre, S. 31; Scharf, Jahre, S. 4; Nitschke, Bestehen, S. 1.

[27] Zitate und Nachweis siehe Stricker, Geschichte, S. 193; Allgemeine Schulzeitung, 17.12.1836, Nr. 199, Sp. 1594; Frankfurter Ober-Postamts-Zeitung, 26.08.1833, Nr. 238; 04.09.1833, Beilage zu Nr. 247, Anzeige Nr. 1510; Intelligenz-Blatt der freien Stadt Frankfurt, 1833, S. 315; Frankfurter Adress-Buch für das Jahr 1834, S. 117; Heiland, Bibliothek, F. an Heinrich Langethal in Burgdorf 21.03./23.03.1838 (Blankenburg).

[28] Roth, Herausbildung, S. 262.

[29] Gall, Frankfurt, S. 25.

[30] Zitate siehe Roth, Herausbildung, S. 266-268. Gemäß dem Frankfurter Adress-Buch für das Jahr 1835, S. 293, war noch ein „Thorsperren-Geld" zu entrichten; die entsprechenden Zeiten wurden dort mitgeteilt.

[31] Siehe z. B. Bender, Verhandlungen, S. 273, Nr. 309.

[32] Helene Jacobine, geborene Börner, geb. am 28.04.1797, gest. am 13.08.1844, siehe Nachlassakte 1847/188, Ludwig Christian Kosel. Daß Kosel eine Gehörlosenlehrerin geheiratet habe, siehe zu ihm die Frankfurter Biographie, Bd. 1, konnte nicht verifiziert werden, vgl. z. B. bei Vatter, Bestehen, S. 5, und Vatter, Jubiläum, S. 7.

[33] Es sei seine „Frau in Folge einer, jedoch guten Niederkunft vor ein Paar Wochen wahnsinnig geworden .. Sie kam in ein Irrenhaus", Heiland, Bibliothek, F. an die Keilhauer Gemeinschaft, 4.11.1831 (Wartensee); siehe

ebenso F. an Xaver Schnyder von Wartensee in Frankfurt/M. 6./10.11.1831 (Wartensee).

[34] „Die Koselsche Anstalt soll aber eingegangen [sein] wie ich Euch schon schrieb", Heiland, Bibliothek, F. an die Keilhauer Gemeinschaft, 3./5./7./9./10./11.6.1832 (Wartensee).

[35] Haux, Taubstummen-Erziehungsanstalt zu Frankfurt a. M., S. 284. Siehe zu Frau Schmitt z. B. Allgemeines Adreß-Buch der Freien Stadt Frankfurt, 1837/38, S. 232; Staats-Kalender der Freien Stadt Frankfurt, 109, 1847, S. 101; Staatshandbuch der Freien Stadt Frankfurt, 124, 1862, S. 101; ebenda, 126, 1864, S. 102; Adreß-Buch von Frankfurt A.M. [...] 1876, S. 777.

[36] Christine Wilhelmine Caroline, geb. am 16.06.1830, und Maria Catharina, geb. am 16.09.1831, siehe Nachlassakte 1847/188, Ludwig Christian Kosel; die erste wurde Wilhelmine genannt, siehe Heiland, Bibliothek, F. an Henriette Wilhelmine Fröbel in Keilhau, 03.07.1831 (Frankfurt/M.).

[37] Zitate siehe Frankfurter Journal,10.06.1833, Nr. 158; 16.06.1833, Nr. 164; 20.06.1833, Nr. 168; 23.06.1833, Nr. 171: Anzeige Nr. 2439; Frankfurter Ober-Postamts-Zeitung, 26.08.1833, Nr. 238; 04.09.1833, Beilage zu Nr. 247: Anzeige Nr. 1510.

[38] Zitate siehe Frankfurter Jahrbücher, 28.09.1833, Nr. 4, S. 40.

[39] Siehe Vatter, Kosel, S. 23. Friedrich Fröbel spricht später noch über Kosel von „seinen Blinden", Heiland, Bibliothek, F. an Johannes Arnold Barop und Wilhelm Middendorff in Keilhau, 19.12.1844 (Frankfurt/M.).

[40] Zitate und Nachweis siehe Frankfurter Jahrbücher, Bd. 8, 17.11.1836, Nr. 25, S. 158f.

[41] Zitate siehe Frankfurter Jahrbücher, Bd. 9, 17.01.1837, Nr. 4, S. 18-20.

[42] Gall, Frankfurt, S. 24.

[43] Schmalz, Geschichte, S. 203; Schmalz, Taubstummen, S. 437.

[44] Allgemeine medizinische Zeitung, 23.03.1831, Sp. 378.

[45] Zitate siehe Frankfurter Jahrbücher, 28.09.1833, Nr. 4, S. 40.

[46] Vatter, Bestehen, S. 9.

[47] Die Vornamen wurden teilweise ergänzt, siehe SP:ER, Protokoll des Engeren Raths, 1840, [31], Nr. 630. Siehe zu Mylius auch Meidinger, Anstalten. Bd. 2, S. 177; Großkinsky, Bürger.

[48] Vatter, Jubiläum, S. 10.

[49] Siehe auch SP:ER, Protokoll des Engeren Raths, 1840, Bl. 114, Nr. 630 (19. März). In der Bestätigung als juristische Person im Protokoll des Großen-Raths, 1856, Bl. 349verso, Nr. 1551, heißt es zudem, daß die Anstalt dieses Recht „bereits ... besitzt und in dieser Eigenschaft anerkannt ist".

[50] Roth, Herausbildung, S. 326.

[51] Meidinger, Anstalten [Bd. 1], S. 351.

[52] Zitate und Nachweise siehe Meidinger, Anstalten [Bd. 1], S. 351f.

[53] Roth, Verflechtungen, S. 302f.

162

[54] Ein Foto siehe Nitschke, Bestehen, S. 2; Abbildung des Hauses siehe Haux, Taubstummen-Erziehungsanstalt zu Frankfurt a. M., S. 2; Zeichnung siehe Möhring, Reisebericht.

[55] Vatter, Jubiläum, S. 10.

[56] Möhring, Reisebericht, [Bl. 3].

[57] Meidinger, Anstalten [Bd. 1], S. 350.

[58] Siehe Hild, Gehörlosenschule, S. 60; Ohne den Standort zu verändern, hatte das Gebäude über die Zeiten unterschiedliche Ortsangaben, denn in den Frankfurter „Adressbüchern finden sich folgende Angaben: 1844 - Friedhofsweg 62/65; 1849 - Friedhof-Chaussee IX 62; 1850-66 - Eckenheimer Landstraße 13; 1870 und 1888 - Eckenheimer Landstraße 29." Der Dank für den Hinweis geht an Sabine Hock.

[59] Zitate siehe Haug, Nachrichten, S. 181-183; es war im Städel Johann Nepomuk Zwerger (1796-1868).

[60] Zitate und Nachweise siehe Wagner, Besuch, S. 181; Schul-Kalender auf das Jahr 1867 [...], Berlin 1867, S. 138; Deutscher Universitäts- und Schul-Kalender auf die Zeit vom 1. Oktober 1870 bis 31. Dezember 1871, Berlin 1871, S. 173.

[61] Frankfurter Jahrbücher, 28.11.1833, Nr. 4, S. 39.

[62] Zitat und Nachweise siehe Haug, Nachrichten, S. 179; Vatter, Bestehen, S. 5, 11; Heiland, Bibliothek, F. an Heinrich Langethal in Burgdorf, 11.11./12.11./13.11./14.11.1838 (Blankenburg).

[63] Vgl. z. B. DIPF/BBF/Archiv, Fröbel 647, Bl. 1-3, hier Bl. 2, E.W. Schwartz an Fröbel, 27.02.1833; Heiland, Bibliothek, F. an Henriette Wilhelmine F, 17.06./20.06.1831, Bl. 6.

[64] Siehe z. B. Heiland, Bibliothek, F. an Dr. Bagge, 15.04.1831.

[65] Die Vornamen von Frau Schwartz sind Maria und Amalie; sie kommen auch in den Varianten Marie und Amalia vor. Der Rufname war Amilie. Es fehlt an relevanten Akten zur Geburtsgemeinde. Sie wurde in Lambrecht in der Pfalz geboren am 08.05.1805; Taubstummen-Erziehungsanstalt in Frankfurt, S. 8, hat aber 09.05.1805, was der Tag der Taufe sein wird. Sie war die „eheliche Tochter des verstorbenen Gemeinde-Einnehmers zu Landau in .. Heinrich Michael Schmitt", und seiner Ehefrau Elisabethe, geb. Kaysing. Dr. Schwartz und seine Frau hatten „keine eigenen Kinder", heißt es; diese Aussage ist ungenau: ihre gemeinsame Tochter Amalie Wilhelmine Schwartz wurde am 28.05.1842 geboren und verstarb am 14.05.1842, Zitat und Nachweise siehe Nachlaßakte 1871/591, Emil Wilhelm Schwartz, Anlage 1; vgl. Nachlaßakte 1869/568, Schwartz, Emil Wilhelm. 1838 soll Frankfurts Älterer Bürgermeister ein Bekannter von Schwartz Onkel Christian Wilhelm gewesen sein, der Jüngere Bürgermeister von ihm selbst ein „Universitätsgenosse", Nachweise und Zitat siehe Schwartz, Familie, S. 95.

[66] Siehe Vatter, Jubiläum, S. 11. Als Schwartz in einer Anzeige darauf hinwies, erwähnte er, daß dort „seine Gattin und er selbst seit vielen Jahren thätig sind", siehe z. B. Frankfurter Oberpostamts-Zeitung, 09.07.1848, 2. Beil. zu Nr. 191, S. 2 [im Internet]; gezeichnet als Dr. phil, während er im Allgemeinen Adreß-Buch der Freien Stadt Frankfurt von 1837/38, S. 233, noch als cand. theol. geführt worden war. Sein „Doktordiplom ist auf den 1. Mai 1833 datiert", Marcus Dudek vom Universitätsarchiv Jena, dem dafür gedankt sei, siehe UAJ, Bestand M, Nr. 271.

[67] Zitate und Nachweis siehe Vatter, Jubiläum, S 7; Vatter, Jubiläum, S. 11; Vatter, der später lange die Schule leitete, wird bei seinem kämpferischen Charakter ein solches Lob nicht leichtfertig ausgesprochen haben; Schöttle, Taubstummen-Erziehung, S. 179; Vatter, Bestehen, S. 18; Staatshandbuch der Freien Stadt Frankfurt, 124, 1862, S. 101.

[68] Siehe auch Wagner, Besuch, S. 179f.

[69] Siehe Stadtverordnetenversammlung 1.294.

[70] Vatter, Bestehen, S. 14.

[71] Zitate siehe Köbrich, Taubstummen-Anstalten, Bl. 5-7.

[72] Zitate siehe Möhring, Reisebericht, Bl. 6-9, 13.

[73] Nachweis und Zitate siehe Fehmers/Bechhold, Bericht, S. 2f., 30.

[74] Askenasy, Frankfurt, S. 218f.

[75] Zitate und Nachweis siehe Kerner, Besuch, S. 74; S3/N 1978, Bericht über die geschichtliche Entwicklung. Taubstummen-Erziehungs-Anstalt [dies entspricht: Spiess, Einrichtungen], Maly, Macht, S. 364.

[76] Zitate siehe Frankfurter Jahrbücher, 28.09.1833, Nr. 4, S. 39; Haux, Taubstummen-Erziehungsanstalt zu Frankfurt a. M., S. 2; Vatter, Kosel, S. 20.

[77] Ein wiederholt verwendeter Begriff in Perini, Vatter.

[78] Zitate siehe S3/N 1978, Bericht über die geschichtliche Entwicklung. Taubstummen-Erziehungs-Anstalt.

[79] MA V 356, Bd. 2, Bl. 73a, Denkschrift Kollegium, vom 15.01.1925.

[80] Allgemeine Schulzeitung, 19.07.1828, Abt. 1, Nr. 85, Sp. 680.

[81] Literatur-Blatt, 17.11.1837, Nr. 116, S. 463.

[82] Zitate siehe Haug, Nachrichten, S.179f.

[83] Didaskalia. Blätter für Geist, Gemüth, Publizität, Nr. 239, 29.08.1836, „Oeffentliche Taubstummen-Prüfung von L. Kosel in Frankfurt a.M."

[84] Zitate siehe Haux, Taubstummen-Erziehungs-Anstalt zu Frankfurt a. M., S. 3. August 1861 als Rapps Amtsbeginn nennt Vatter, Jubiläum, S. 13, wobei der Senat ihn früher ernannt hatte, siehe Frankfurter Nachrichten, 29.05.1861, Nr. 61, S. 1; Hill, Grundzüge, S. 3; Didaskalia. Blätter für Geist, Gemüth und Publicität, 22.01.1867, Nr. 21/22; Frankfurter Nachrichten, 03.04.1863, Nr. 39, S. 309 [jeweils im Internet]. In dieser Zeit schaltete das Pflegamt überregional Anzeigen für auswärtige Schüler, siehe Allgemeine Zeitung Augsburg, 02.05.1863, Nr. 122, Beil., S. 2027.

[85] Vatter, Jahre, S. 30. Er wurde geboren am 19.02.1842 in Albstadt-Tailfingen und starb am 12.12.1916 in Frankfurt am Main, siehe Landesbibliographie Baden-Württemberg online, ID-Nr.: 158213 [Stand: 20.11.2018]; vgl. auch die Werks- und Literaturangaben in Vatter, Vatter, S. 384f.

[86] Zu seinem Tod siehe die Resonanz in den Zeitungen: Frankfurter Nachrichten und Intelligenz-Blatt, 1. Beiheft, 12.12.1916; Kleine Presse, 13.12.1916; Frankfurter Zeitung und Handelsblatt, 13.12.1916; Weilburger Anzeiger, 14.12.1916; Oberhessischer Anzeiger, 13.12.1916.

[87] Nachweise und Zitate siehe Walther, Geschichte, S. 391; Fehmers/Bechhold, Bericht, S. 24f., 27; Haux, Taubstummen-Erziehungsanstalt zu Frankfurt a. M., S. 4; Möhring, Reisebericht, Bl. 10.

[88] Vatter, Jahre, S. 74f.

[89] Nachweise und Zitate siehe Hühn, Todestag, S. 344; Stillfried, Erinnerung, S. 3; Kaiser, Erinnerungen, S. 1, 27, 6, 28. Vgl. HStAM, 152 Acc. 1938/9, 1574, mit dem jeweiligen Curriculum und dem Stundenplan ab Schuljahr 1883/84. Vgl. andere Perspektiven in Söderfeld, Pathology, S. 58, 254.

[90] Zitate siehe Hühn, Todestag, S. 344; Kaiser, Erinnerungen, S. 37, 55; Frankfurter Jahrbücher, 28.09.1833, Nr. 4, S. 39.

[91] Frankfurter Jahrbücher, 28.09.1833, Nr. 4, S. 39.

[92] Nachweis und Zitate siehe Hühn, Todestag, S. 344; Schulamt 2.016, Kollegium an Stadtverordnetenversammlung, vom 26.06.1920.

[93] Nachweis und Zitate siehe Vatter, Jahre, S. 44f.

[94] Nachweise und Zitate siehe Möhring, Reisebericht, Bl. 1f.; Vatter, Jahre, S. 76, 72; Kaiser, Erinnerungen, S. 40; Walther, Geschichte, S. 389; Haux, Prüfung.

[95] Vatter, Jahre, S. 31.

[96] Wohlfahrtsamt 775, Bl. 74, Frankfurter Zeitung, vom 30.10.1927.

[97] Zitat und Nachweis siehe HStAM, 152 Acc. 1938/9, 1574, vom 22.07.1908, Bl. 2-4; ZA EKHN, z. B. Best. 22, Nr. 74, Bl. 34, 52, 69verso, 124, 131; Best. 22, Nr. 75, Bl. 8, 28.

[98] Frankfurter Intelligenz-Blatt, 07.12.1859, Nr. 288, 4. Beilage.

[99] Zitate siehe Stiftungsabteilung 686, Bl. 11-18.

[100] Siehe z. B. Roth, Herausbildung, S. 328, wonach es in Frankfurt bei der Judenemanzipation „in den dreißiger Jahren ein Stimmungsumschwung in den maßgeblichen Kreisen des städtischen Bürgertums [gab, der] sich relativ rasch auf das Vereinswesen" auswirkte.

[101] Zitate und Nachweis siehe Vatter, Jubiläum, S. 18; Möhring, Reisebericht, Bl. 9; S3/N 1978, Sonderabdruck Verwaltungsbericht Magistrat, 1915; Statistisches Jahrbuch, S. 16f.; Vatter, Bestehen, S. 15; DAL, 236 B/2, vom 15.02.1927, O.E. 920. Zu den vertretenen Konfessionen gehörten auch „griechisch nicht uniert" sowie „Baptisten", siehe HStAM,

152 Acc. 1938/9, 1574, vom 06.11.1892; und Visitationsbericht, vom 15.06.1908, Bl. 2.

[102] Haux, Taubstummen-Erziehungsanstalt zu Frankfurt a. M., S. 3. Erst 1864 wurden Frankfurts Juden staatsbürgerlich gleichgestellt und damit Bürger, siehe Heuberger, Rothschilds, S. 191.

[103] Zitate und Nachweise siehe Bing, Untersuchungen, S. VII, 12.

[104] Zitate und Nachweis siehe Roth, Toten, S. 114, 117f.; Herzig, Emanzipation; Kraus, Mäzenatentum, S. 41f.

[105] Siehe Schmid/Schmid, Frankfurt, S. 219f.

[106] Zitat und Nachweis siehe Frankfurter Jahrbücher, 28.09.1833, Nr. 4, S. 39f.; Heiland, Bibliothek, F. an ? ["Doctor", "Herr", "Freund"] in Frankfurt/M./NiederIngelheim, 26.01.1845 (Frankfurt/M.).

[107] Frankfurter Jahrbücher, Bd. 8, 30.08.1836, Nr. 6, S. 40; siehe Allgemeine Schulzeitung, 03.09.1836, Nr. 139, Sp. 1118.

[108] Siehe Didaskalia. Blätter für Geist, Gemüth und Publizität, Nr. 239, Bd. 14, T. 2, 29.08.1836, „Oeffentliche Taubstummen-Prüfung von L. Kosel in Frankfurt a.M."

[109] Zitate siehe Vatter, Jubiläum, S. 9, 14; Vatter, Jahre, S. 37.

[110] Frankfurter Jahrbücher, Bd. 12, Oktober 1838, Nr. 26, Extra-Beilage.

[111] Zitate siehe Gollhard, Gemälde, S. 459 – Zusatz zu S. 197; Berghaus, Länder, S. 486; Hänle/Spruner, Handbuch, S. 202. Zum Jahr 1853 siehe Kruse, Taubstumme, S. 389; siehe auch Stojentin, Fundament, S. 487; Literatur-Blatt, 15.11.1837, Nr. 115, S. 460; Bilder-Conversations-Lexikon, S. 78; Pierers Universal-Lexikon, Bd. 1, Altenburg 1842, 2. Aufl. (dritte Ausgabe), S. 71; Mitchell, Uebersicht, S. 449: „Frankfurt hat ein Gymnasium, ein Taubstummeninstitut"; Clemens, Ansichten, S. 93; Zeitschrift des Vereins für deutsche Statistik, 1, 1847, S. 791.

[112] Nachweis und Zitat siehe Frankfurter Ober-Postamts-Zeitung, 26.08.1833, Nr. 238; 04.09.1833, Beilage zu Nr. 247: Anzeige Nr. 1510; Frankfurter Oberpostamts-Zeitung, 05.09.1845, S. 2410; vgl. Adress-Buch von Frankfurt, 1874, S. 694.

[113] Zitate siehe Webster, Frankfort-on-the-Main, S. 706; Vatter, Jubiläum, S. 14. Damit lobte sich Vatter selbst und sah darin eine Bewährung seiner Unterrichtsmethode. Mitte des 19. Jahrhunderts wurde die Schule auch in der französischen Literatur beschrieben.

[114] Frankfurter Jahrbücher, Bd. 9, 18.02.1837, Nr. 13, S. 76.

[115] Zitate siehe Bartelsheim, Stiftungswesen, S. 100; Jansen-Degott/Junk/Roth/Scherb, Frauengeschichte, S. 214f.

[116] Zitate siehe Bartelsheim, Stiftungswesen, S. 102, 104.

[117] Zitate siehe Frankfurter Jahrbücher, Bd. 9, 18.02.1837, Nr. 13, S. 75f.

[118] Nachweise und Zitate siehe „Frankfurter Jahrbücher. Extra-Beilage zu Bd. 12 Nr. 26 vom Oktober 1838. Verzeichniß der Geschenke und Legate, welche die Taubstummen-Erziehungsanstalt vom Februar 1837 bis Ende Juli

1838 erhalten hat"; Frankfurter Ober-Postamts-Zeitung, 19.11.1838, Beilage zu Nr. 319.

[119] Zitate und Nachweis siehe Frankfurter Ober-Postamts-Zeitung, 19.11.1838, Beilage zu Nr. 319; Frankfurter Ober-Postamts-Zeitung, 21.11.1838; Frankfurter Ober-Postamts-Zeitung, 07.01.1843, S. 56, 112, 124, 136, 144.

[120] Lustiger, Stiftungen, S. 212.

[121] Siehe Reinfelder, Wiesengrund, S. 8f.

[122] Siehe Meidinger, Anstalten. Bd. 2, S. 177.

[123] Nachweis und Zitat siehe Wander, Sprichwörter-Lexikon, Sp. 111; Meyers Großes Konversations-Lexikon, S. 175; Brockhaus' Kleines Konversations-Lexikon, S. 690.

[124] Siehe MA V 362, Bd. 1, Bl. 2.

[125] Frankfurter Intelligenz-Blatt, 07.12.1859, Nr. 288, 4. Beilage.

[126] Vatter, Jahre, S. 79f.

[127] Zitate siehe Eröffnung, Neubaues, S. 6, 3; MA V 360, Bl. 26, Stadtkämmerei an Magistrat, vom 22.11.1898.

[128] Zitat und Nachweise siehe Eröffnung, Neubaues, S. 4; Vatter, Bestehen, S. 16.

[129] Eröffnung, Neubaues, S. 4. Von Sander stammen einige Häuser in Frankfurt und beispielsweise in Darmstadt das Postgebäude am Bahnhof, siehe Stadtlexikon Darmstadt, [im Internet, Stand: 20.11.2018].

[130] Siehe z. B. Fürsorgeamt 3.434, Verwaltungsordnung, von 1949.

[131] Haux, Taubstummen-Erziehungsanstalt zu Frankfurt a. M. [1915], S. 5-8 [identisch mit Eröffnung, Neubaues, S. 11-13].

[132] Nachweise und Zitate siehe MA V 356, Bd. 1, Einlegeblätter 98-99; HStAM, 152 Acc. 1938/9, 1574, Städtische Schuldeputation, vom 20.02.1901; Frankfurter Nachrichten und Intelligenz-Blatt, 1. Beiheft, 12.12.1916; HStAM, 152 Acc. 1938/9, 1575, Schulrat als Rat vierter Klasse, der Kultusminister, vom 13.11.1911; 152 Acc. 1938/9, 1575, im Jahr 1894, Magistrat, vom 22.09.1911; 152 Acc. 1938/9, 1574, Der Minister der geistlichen, Unterrichts- und Medicinal-Angelegenheiten, vom 10.07.1901; vom 15.03.1901; Vatter/Haux, Bericht, S. 39.

[133] Stiftungsabteilung 662, „Prestel 1 Nov. 1945", Bl. 8; Stiftungsabteilung 686, Vorlage Oberbürgermeister an Gemeinderäte, vom 16.06.1937; Stiftungsabteilung 686, Bl. 11f.

[134] Stiftungsabteilung 662, Schwister, Bl. 5.

[135] Nachweise und Zitate siehe Internetauftritt der Stadt Frankfurt am Main [Stand: November 2017]; Karpf, Stadt, S. 86f.; Bartelsheim, Bürgersinn, S. 135, 140; Bartelsheim, Stiftungswesen, S. 110.

[136] Zitate und Nachweis siehe Stiftungsabteilung 662, „Prestel 1 Nov. 1945", Bl. 10, 13, 11; Fischer, Leistungsverwaltung, S. 272.

[137] Zitate und Nachweis siehe Bartelsheim, Bürgersinn, S. 139; Stemmler, Jahre; MA V 3, Bd. 2, vom 04.03.1899.

[138] Zitat und Nachweise siehe Bartelsheim, Bürgersinn, S. 139; MA V, Bd. 3, an Stadtverordnetenversammlung, vom 31.03.1900; MA V 47, Bd. 3, Magistratsbeschluß, vom 24.11.1930.

[139] MA V, Bd. 3, Pflegamt des Hospitals zum Heiligen Geist, vom 14.04.1900.

[140] Stiftungsabteilung 686, Allgemeine Stiftungs-Ordnung, Bl. 3.

[141] Zitate und Nachweis siehe Bauer, Alter, S. 61; Bartelsheim, Bürgersinn, S. 217; Köhler, Städtebau, S. 127.

[142] Zitate siehe MA V 3, Bd. 2, vom 04.03.1899; MA V 3, Bd. 2, Sartorius, S. 62.

[143] Zitate siehe MA V 3, Bd. 2, Laband, S. 8; MA V, Bd. 3.

[144] Stadtverordnetenversammlung 1.890, Zeitungsausschnitt, vom 11. Mai 1916; vgl. Bockenheimer Anzeiger, 12.05.1916.

[145] Zitate und Nachweise siehe Stadtverordnetenversammlung 1.890, Magistratsvortrag, vom 04.11.1916, Änderung der Verwaltungsordnung der Taubstummen-Erziehungs-Anstalt, Bl.1.

[146] Zitate siehe Rechneiamt III, 231, Kollegium an Stadtverordnetenversammlung, vom 01.06.1922, Bl. 9f.; Schulamt 2.016, Pflegamt an Reichnei-Amt, vom 14.02.1929.

[147] Zitate siehe Stadtkämmerei 2.449, Mitteilungen der Stadtverwaltung; Schulamt 7.471, Landesverband der Gehörlosen Hessens, vom 28.06.1954; MA 3.076, Landesverband der Gehörlosen Hessens an Oberbürgermeister, vom 23.03.1968. Zu Flesch-Thebesius siehe Roth, Jahre, S. 318f.

[148] Gerchow, Stiftungen, S. 6.

[149] Zitat und Nachweise siehe S3/N 1978, Bilanz Taubstummen-Erziehungsanstalt für 31/III. 88-90, Einnahmen .. 1886/87 bis 1889/90; MA V 911.

[150] Siehe MA V 905, Pflegamt an Magistrat, Jahresrechnung 1909-1909/10.

[151] Siehe MA V 362, Bd. 3; MA V 912.

[152] Zitate siehe MA V 357, Bl. 42, Rechnungs-Revisions-Bureau, vom 14.02.1913; Ellger-Rüttgardt, Geschichte, S. 185; Stadtverordnetenversammlung 1.890, Pflegamt an Magistrat, vom 14.03.1905.

[153] In der Paulskirche in Frankfurt am Main trat die Nationalversammlung zusammen. Diese Umstände werden vielleicht für Schwartz günstig gewesen sein, da er als junger Student im Köpenicker Schloß wegen Teilnahme an einer „auf die Umwälzung der bestehenden Staatsverfassungen Deutschlands gerichteten" verbotenen geheimem Verbindung verhaftet worden war. Es ging unter anderem um das Eintreten für eine landständige Verfassung. Er war geständig gewesen. Ihm wurde 1824 statt Gefängnis alternativ ein dreimonatiger Hausarrest mit einem „Unterofficier für 24 Stunden Wache"

angeboten. Dafür mußte er die Kosten selbst übernehmen, was er annahm. Das zeigt seinen finanziellen Hintergrund zu jener Zeit. Nachweise und Zitate siehe Protokolle der Deutschen Bundesversammlung vom Jahre 1831, Frankfurt am Main [o.J.], S. 350f., vgl. S. 322 [im Internet]; Schwartz, Familie, S. 94; Landesarchiv Jena, Geheimes Ratskollegium Rudolstadt, Vernehmungsprotokolle der preußischen Ministral-Untersuchungs-kommission, 5948, 5-12-1070, von 1824 sowie auch in Revolutionäre Studentenbewegung in Deutschland, 5952, 5-12-1070, von 1824–1825 [im Internet], oder Generallandesarchiv Karlsruhe, Badisches Staatsministerium, Generalia, Polizei, Mainzer Zentraluntersuchungskommission 1819 – 1829, 233, Nr. 1688 [im Internet]; Ilse, Leopold Friedrich, Geschichte der politischen Untersuchungen ..., Frankfurt am Main 1860, S. 196, 198, 203, 220 [im Internet].

[154] Siehe Frankfurter Oberpostamts-Zeitung, 09.07.1848, 2. Beil. zu Nr. 191, S. 2 [im Internet]. Er hatte die Anzeige mehrmals dort im Juli geschaltet sowie im Allgemeinen Anzeiger und Nationalzeitung der Deutschen, 14.07.1848, Nr. 189, Sp. 2549 [im Internet] (Vielleicht hatte er zu ihr besondere Beziehungen?) Er wird für politische Reformen gewesen sein.

[155] Vatter, Jubiläum, S. 12.

[156] Zitate siehe Kaiser, Erinnerungen, S. 8; Vatter, Jahre, S. 37.

[157] Siehe Stadtverordnetenversammlung 1.890, Auszug Protokoll, vom 10.02.1891.

[158] Siehe HStAM, 152 Acc. 1938/9, 1574, Bericht vom 22.07.1908.

[159] Zitate und Nachweis siehe Wohlfahrtsamt 775, Bl. 27f., Pflegamt an Magistrat, vom 08.12.1905; MA V 357, Bl. 40, vom 08.01.1906; Stadtverordnetenversammlung 1.890, Pflegamt an Magistrat, vom 01.12.1905.

[160] Nachweise und Zitate siehe Wohlfahrtsamt 775, Bl. 31, Protokoll Magistrat, vom 19.01.1906; Stadtverordnetenversammlung 1.890, vom 03.03.1908; Wohlfahrtsamt 775, Bl. 37, Protokoll Magistrat, vom 23.06.1908; MA V 357, Bl. 41.

[161] Zitate siehe Wohlfahrtsamt 775, Bl. 39f., Rechnungs-Revisions-Bureau, vom 03.10.1908; vom 24.11.1908.

[162] Nachweise und Zitate siehe Stadtverordnetenversammlung 1.890, Pflegamt an Magistrat, vom 15.07.1910; vom 05.01.1911, Bl. 1f.; Protokoll, vom 17.01.1911.

[163] Siehe HStAM, 152 Acc. 1938/9, 1575, vom 03.04.1914; MA V 357, Bl. 48, Provinzial-Schulkollegium an Magistrat, vom 22.05.1914.

[164] Hinzu kommen Versicherungsfragen für die Mitarbeiter, siehe HStAM, 152 Acc. 1938/9, 1575, z. B. vom 02.01.1912.

[165] Zitate siehe Nitschke, Bestehen, S. 4; MA V 916; Schulamt 2.016, Direktor an Pflegamt, vom 21.09.1931. Es gab Alltagsprobleme wie einen Kellerbrand durch „Gerümpel, Papier und Lumpen". „Die Feuerwehr ...

löschte das Feuer in wenigen Minuten", siehe Frankfurter Nachrichten und Intelligenz-Blatt, 15.01.1915.
[166] Zitate siehe z. B. ZA EKHN, Best. 22, Nr. 75, Bl. 32f., 45, 66, 72f. Es ist offen, wofür diese gedruckten Versionen verwendet wurden.
[167] Zitate und Nachweise siehe HStAM, 152 Acc. 1938/9, 1575, vor allem unter dem 23.03.1915, 06.05., 02.08., 22.02.1916, 30.05., 16.02.1917, 05.06, 06.09.
[168] Nachweise und Zitate siehe MA V 358, Bl. 47; Stadtverordnetenversammlung 1.890, Auszug Protokoll, Nr. 312, S. 3-6, 9-11, 16; Zeitschrift für Säuglings- und Kleinkinderschutz, Bd. 8, 1916, S. 661; Soziale Praxis und Archiv für Volkswohlfahrt, 25, 1916, Sp. 1008; Wiesbadener Neueste Nachrichten, 20.01.2016, S. 4; MA V 356, Bd. 2, Bl. 3, an Senior, vom 27.04.1916.
[169] Siehe Schulamt 7.471, Fischer-Defoy an Stiftungsabteilung, vom 16.11.1934.
[170] Zitate und Nachweise siehe Deutsches Historisches Museum, http://www.dhm.de/lemo/html/weimar/innenpolitik/inflation-1923.htm (Michael Kunze, 05.10.2010).
[171] Stadtverordnetenversammlung 1.890, Haushaltspläne, vom 12.07.1917.
[172] Nachweis und Zitate siehe MA V 362, Bd. 4, Fasc. 4, Pflegamt an Rechneiamt, vom 17.03.1920; MA V 358, Bl. 86, Stiftungsdeputation an Magistrat, vom 05.03.1924; Rechneiamt III, 225, Bl. 24, Pflegamt an Magistrat, vom 31.01.1922.
[173] Zitate siehe Rechneiamt III, 225, Bl. 46, Schuldeputation an Personaldezernent, vom 18.07.1922; Bl. 62, Haux an Pflegamt, vom 21.02.1923; Scharf, Jahre, S. 8.
[174] Nachweis und Zitate siehe Rechneiamt III, 225, Bl. 20f., an Magistrat, vom 29.10.1921; Rechneiamt III, 231, Bl. 9, Kollegium an Stadtverordnetenversammlung, vom 01.06.1922; Bl. 56, vom 09.09.1923.
[175] Zitate siehe Schulamt 2.016, Schuldeputation an Magistrat, vom 07.11.1921, Bl. 1; Rechneiamt III, 231, Bl. 8-10, Kollegium an Stadtverordnetenversammlung, vom 01.06.1922, hier Bl. 8f.; siehe auch HStAM, 152 Acc. 1938/9, 157, Minister, vom 19.12.1921.
[176] Zitate und Nachweis siehe Rechneiamt III, 231, Bl. 51, Kollegium, vom 08.08.1923; vom 30.08.1923; Rechneiamt III 224, Bl. 21, vom 21.08.1923; Rechneiamt III, 225, Bl. 84, Direktor an Rechneiamt, vom 23.10.1923; siehe auch HStAM, 152 Acc. 1938/9, 157, vom 03.01.1923
[177] Nachweise und Zitate Rechneiamt III, 225, Bl. 60, Pflegamt an Magistrat, vom 12.02.1923; Bl. 83, vom 20.08.1923; MA V 360, Bl. 93, Magistratsprotokoll, vom 04.10.1923; Rechneiamt III 224, Bl. 3, an Rechneiamt, vom 07.11.1923; Bl. 86, vom 24.11.1923.
[178] Zitate und Nachweise siehe Internet-Auftritt des Landeswohlfahrtsverbands, Archiv, Bestand 3 [Stand: November 2017].

[179] Zitate siehe MA V 356, Bd. 2, Bl. 75d, Schuldeputation an Personaldezernent, vom 09.12.1925; Bl. 75b, vom 10.11.1925.

[180] Siehe MA V 915; MA V 916; MA V 361, Auszug Protokoll Stiftungsdeputation, vom 09.05.1922.

[181] Nachweise und Zitate siehe Rechneiamt III, 231, Bl. 1(blau) / 2(schwarz), Protokoll Stiftungsdeputation, vom 7.01.1921; Rechneiamt III, 231, Bl. 2(blau) / 3(schwarz); Rechneiamt III, 225, Bl. 30, vom 06.04.1922; Bl. 37.

[182] MA V 358, Bl. 59, vom 26.04.1922.

[183] Zitate und Nachweis siehe MA V 361, vom 22.04.1922; vom 26.04.1922. Von Frankfurter Taubstummenvereinen ist schon 1908 die Rede, siehe HStAM, 152 Acc. 1938/9, 1574, Visitationsbericht vom 22.07.1908, Bl. 4.

[184] Zitate siehe MA V 361, Frankfurter Nachrichten, vom 01.05.1922; Handwerkskammer an Magistrat, vom 17.05.1922.

[185] Zitate und Nachweise siehe Klötzer, Biographie. Bd. 1, S. 318; Rechneiamt III, 231, Bl. 11.

[186] Nachweise und Zitate siehe Schulamt 2.016, vom 23.05.1922; Rechneiamt III, 231, Bl. 17-19, Pflegamt an Personaldezernent, vom 28.07.1922.

[187] Rechneiamt III, 225, Bl. 53, Abschrift Protokollbuch IV Stiftungsdeputation, vom 31.08.1922.

[188] Zitate siehe Rechneiamt III, 231, Bl. 27, vom 23.10.1922; Bl. 23, vom 11.10.1922.

[189] Zitate und Nachweise siehe Rechneiamt III, 231, Bl. 29-37; Schulamt 2.016, Haux an Pflegamt, vom Dezember 1922.

[190] Rechneiamt III, 231, Bl. 41, vom 05.03.1923.

[191] Für die Umwandlung in ein Externat äußerte sich auch die Städtische Schuldeputation, siehe HStAM, 152 Acc. 1938/9, 1575, 20.07.1923. In der Gehörlosenschule wurde für ältere Schülerinnen und Schüler eine „Verfassungsfeier" am 11. August 1923 abgehalten, siehe HStAM 152 Acc. 1938/9, 1575, vom 13.08.1923.

[192] Zitate und Nachweise siehe Rechneiamt III, 231, Bl. 47, vom 30.06.1923; Bl. 48, vom 09.07.1923; Bl. 52, vom 29.08.1923; Bl. 54, vom 01.09.1923; Bl. 56, vom 09.09.1923.

[193] Zitate und Nachweise MA V 358, Bl. 68, vom 17.10.1923; Rechneiamt III, 231, Bl. 71, vom 10.11.1923; MA V 358, Bl. 71, vom 27.11.1923; MA V 358, Bl. 77.

[194] Nachweise und Zitate siehe Rechneiamt III, 231, Bl. 101, vom 25.01.1924; Schulamt 2.016, vom 07.01.1924; Rechneiamt III, 231, Bl. 100, vom 09.01.1924; MA V 358, Bl. 84, Elternschaft an Stadtverordneten-versammlung, vom 09.01.1924; Rechneiamt III, 231, Bl. 105, vom 14.02.1924; Bl. 117, vom 25.02.1924; Bl. 131, vom 05.03.1924.

[195] Zitate und Nachweis siehe Schulamt 2.016, Bl. 1, vom 27.02.1924; MA V 362, Bd. 4, Fasc. 8, vom 03.03.1924; Rechneiamt III, 231, Bl. 135, vom 05.03.1924.

[196] Zitate siehe MA V 362, Bd. 4, Fasc. 8, Auszug Protokoll Magistrat, vom 10.03.1924; Rechneiamt III, 231, Bl. 141, vom 12.03.1924; Schulamt 2.016, vom 14.03.1924.

[197] Zitate siehe Schulamt 2.015, vom 24.03.1924.

[198] Zitate siehe Schulamt 2.016, vom 20.03.1924; Schulamt 2.015, vom 23.04.1924.

[199] Zitate siehe Rechneiamt III, 231, Bl. 142, vom 15.03.1924; Schulamt 2.016, vom 17.03.1924, Bl. 1; Rechneiamt III, 231, Bl. 146, vom 02.04.1924.

[200] Zitate und Nachweise siehe Rechneiamt III, 231, Bl. 152, vom 20.05.1924; Bl. 153, vom 02.06.1924; Bl. 175, vom 25.11.1924; Schulamt 2.016, vom 20.08.1926.

[201] Zitate siehe Schulamt 2.016, Direktor an Schuldeputation, vom 26.03.1918; Fürsorgeamt 960, Arbeitsgemeinschaft Nassauischer Taubstummenlehrer in Camberg an Fürsorgeamt, Abschrift Schreiben an Landeshauptmann, vom 07.02.1949, Bl. 3; MA V 356, Bd. 2, Bl. 73a, vom 15.01.1925; Fürsorgeamt 960, Schwerhörigenverein Frankfurt an Fraktionen der Stadtverordnetenversammlung, vom 07.01.1949 [Anlage].

[202] Nachweis und Zitate siehe Rechneiamt III, 231, Bl. 193-196; Schulamt 2.016, vom 12.03.1931; vom 06.07.1931.

[203] Nachweise siehe Jaspert, Wegscheide, S. 347; Walburg, Fleck.

[204] Nachweise und Zitate siehe Schulamt 7.221, an Wohlfahrtsamt, vom 20.05.1924; Schulamt 2.016, Städtisches Maschinenamt, vom 26.08.1924; MA 9.476, Bl. 76, Senior an Magistrat, vom 31.05.1932; Schulamt 2.015, vom 13.01.1932; Schulamt 5.454, Schulamt und Fürsorgeamt über Rechneiamt an Oberbürgermeister, vom 25.08.1936, Bl. 1; Schulamt am Bauamt Hochbau I, vom 02.06.1937; MA 3.075, Entwurf zum Haushaltsplan der Taubstummen-Erziehungsanstalt für das Rechnungsjahr 1939 (1.April 1939–31.März 1940), Bl. 2; Pflegamt über Personaldezernent an Oberbürgermeister, vom 09.02.1937; Schulamt 7.221, Fischer-Defoy an Amt für Volkswohlfahrt, vom 16.11.1934; MA 3.075, Pflegamt an Oberbürgermeister, vom 09.02.1937. Die Turnhalle wurde zumindest in den ersten Jahren bisweilen am Sonntag für einen Gottesdienst für Frankfurter Gehörlose verwendet, siehe ZA EKHN, Best. 22, Nr. 74, Bl. 22.

[205] Nachweis und Zitate siehe MA V 356, Bd. 2, Bl. 54, vom 01.06.1922; Bl. 67, vom 08.08.1923; MA V 356, Bd. 2, Bl. 66a, vom 29.08.1923.

[206] Zitate siehe MA V 356, Bd. 2, Bl. 73e, Magistrat an Stadtverordneten-versammlung, vom 25.02.1925; Bl. 73c, vom 13.02.1925; Bl. 73a, vom 15.01.1925.

[207] Nachweise siehe MA V 366, Frankfurter Zeitung, vom 01.11.1927; MA V 362, Bd. 5, Auszug Protokoll Magistrat, vom 26.09.1927; Magistrat, vom 10.07.1933.

[208] Siehe Schulamt 2.016, Bl. 1, vom 11.02.1929.

[209] Zitate und Nachweise siehe Nicklas, Geschichte, S. 5; Nitschke, Bestehen, S. 4; MA 9.476, Bl. 21(blau) / 8(rot), vom 07.05.1931; Bl. 67, vom 25.01.1932.

[210] Zitate und Nachweise siehe MA V 355, Bl. 114d, vom 06.03.1930; MA 9.476, Bl. 2b, vom 07.04.1930; Bl. 2a, vom 19.02.1931; MA 9.477, Bl. 3, Magistratsbeschluß Nr. 38, vom 13.04.1931; MA 9.476, Bl. 50, vom 09.12.1931; Bl. 54, vom 15.12.1931.

[211] Siehe Städtisches Anzeigeblatt, 1933, Nr. 53, 30.12., Jahres-Chronik, Eintrag zum Datum 22.05.

[212] Nachweise siehe Diamant, Gestapo, S. 38f.; Krauß, Frankfurt, S. 173; Schulamt 7.221, Direktor an Fischer-Defoy, vom 29.01.1934; vom 28.12.1933.

[213] Schulamt 7.221, vom 29.01.1934.

[214] Zitate siehe Schulamt 7.221, vom 04.12.1933; vom 28.12.1933; vom 28.12.1933; vom 16.02.1934.

[215] Zitate siehe Schulamt 7.221, vom 26.04.1934; vom 12.05.1934.

[216] Nachweise und Zitate siehe Schulamt 7.221, an Pflegamt, vom 30.08.1934; vom 18.09.1934; MA 5.584, Monatsbericht, Juni 1936, Bauamt-Raumbeschaffung, vom 01.07.1936, Bl. 3; Monatsbericht, Juli 1937, Gesamtbericht, Bl. 1; Stemmler, Schuld, S. 73-95, sowie ebenda, 2. Aufl., S. 77-100.

[217] Siehe Groschek, Welt, S. 154-171,173, 360; Biesold, Sterilisation; Biesold, Hände.

[218] Zitat und Nachweis siehe Anzeigeblatt, 1936, Nr. 9, 28.02., S. 120; siehe MA 5.587, Stadtgesundheitsamt, vom 04.06.1938.

[219] Zitate und Nachweis siehe Wohlfahrtsamt 142, Bl. 240(blau) / Bl. 2(schwarz), Rundverfügung Nr. 34; Bl. 22(schwarz); Wohlfahrtsamt 143, Bl. 127ff. Allgemein für Deutschland ist die folgende Einschätzung, wonach die Gehörlosenlehrer überrascht gewesen seien, daß das Gesetz alle erblich bedingten Gehörlosen betraf, weil sie diejenigen, die durch ihre Schulung in die Arbeitswelt integriert worden waren, als nichtbetroffen eingeschätzt hatten, im Gegensatz zu denen, die zusätzlich weitere Leiden hatten, siehe Brodehl, Widerstand, S. 369. Siehe auch die erhebliche Erschließung von hessischen Prozeßakten zur NS-Erbgesundheitsgerichtsbarkeit, zu denen in Archiven lokale Daten erfragt werden können.

[220] Nachweise und Zitate siehe PA 19.195, Bl. 12; PA 21.459; UAF Abt. 13 Nr. 162; Abt. 13 Nr. 352; Abt. 14 Nr. 1018; Abt. 120 Nr. 52; Abt.120 Nr. 53; Abt. 120 Nr. 60; HHStAW 520/38, 22070; MA 5.586, Monatsbericht, April 1937, Stadtgesundheitsamt, vom 04.05.1937, sowie Gesamtbericht;

MA 9.477, Bl. 41; Waibel, Diener, S. 309; Scharf, Jahre, S. 11; Uffenorde, Bedeutung, S. 88f. Zum Fragebogen siehe Schwarz, Taubheit, S. 55f; Hals-, Nasen- und Ohrenarzt, 45, 1937, S. 30. Er hat bis 1951 als Chefarzt in Karlsruhe gearbeitet, um dann als Universitätsprofessor in Tübingen zu wirken, siehe Fleischer/Naumann, Lehrstätten, S. 94, 273; Stemmler, Schwarz.

[221] Zitate und Nachweise siehe Scharp, Frage, S. 23; die drei Kinder - dies sind die Untersuchungsopfer 2, 10 und 12 von insgesamt 14 - wurden relativ anonymisiert dargestellt. Wilcke, Erforschung, S. 1-4, 7-10, 17f.; er stellte Gehörlose in einer Art und Weise dar, daß dies ggf. dazu dienen könnte, Opfer der Zwangssterilisation konkret zu benennen, wobei möglicherweise von ihnen heute noch welche leben. Eine weitere von Schwarz betreute einschlägige Doktorarbeit ist Langenbach, Befund, wo auf den Seiten 14 bis 16 zwei Schülerinnen und ein Schüler nur leicht anonymisiert vorgestellt wurden. Vgl. in Stemmler, Vermessung, S. 75, 149, die Ehrungen für Voß, die er trotzdem erhielt.

[222] Zitate und Nachweise siehe Scharf, Juden, S. 15; Festschrift Stiftungsfest, [S. 14]; Scharf, Juden, S. 66; er zeigt auf Seite 70 eine Fotografie aus den 1920er Jahren mit „zwei der Jacob-Schwestern"; Nicklas, Geschichte, S. 7. Zu Johanna Wronker siehe Mönch, Namen, S. 125.

[223] Zitate siehe Moser, Taubstummenanstalten, S. 415; HStAD R 1 B, 19477, „Der Reichsstatthalter in Hessen – Landesregierung – Abteilung VII", 03.08.1939, an „Stadtschulämter". Vgl. auch Kurrer, Wandel, S. 65-78. Zum Charakter des NS-Regimes gehörten auch Denunziationen, so 1933 im weiteren Umfeld durch einen Rechnungsführer, siehe Revisionsamt 77 (nicht paginiert).

[224] Nachweise und Zitate siehe Scharf, Gehörlose, S. 14-18; Scharf, Taubstumme, S. 80-106; Scharf, Jahre, S. 10; siehe auch Fotografien auf Seite 11; Schulamt 3.288, Berufsschule VII an Schulamt, vom 30.09.1936; Daum/Deppe, Zwangssterilisation, S. 110; Schulamt 6.636, vom 24.12.1936; MA 4.052, Bl. 67, Bericht Bezirksverband Nassau 1938/1939, S. 40.

[225] Zitate siehe Scharf, Juden, S. 31, 35f., 38. Vgl. zum Turnverein die Frankfurter Nachrichten und Intelligenz-Blatt, 20.08.1918, 1. Beiheft.

[226] Siehe z. B. ZA EKHN, Best. 1, Nr. 4273, Pfarramt Johannesgemeinde, an Propstei, vom 12.10.1934; an "Evang. Stadtsynode", vom 25.04.1935; Landeskirchenamt Landeskirche Nassau-Hessen [sic] an Hühn, vom 23.09.1938.

[227] Nachweis und Zitat siehe MA Nachtrag 209, Bl. 19; Schulamt 7.471, Oberbürgermeister, vom 02.05.1938.

[228] Nachweise und Zitate siehe Schulamt 6.637, Geschäftsbericht 1935, vom 31.07.1936; Stemmler, Vermessung, S. 100-104; Stemmler, Schuld; MA 9.477, Bl. 32, Rechnungsprüfungsamt, vom 18.03.1935.

[229] Zitate siehe MA 3.075, vom 13.06.1934; vom 16.06.1937. Wegen der antisemitischen Verfolgungen der NS-Zeit werden Frankfurter Juden nicht mehr in der Lage gewesen sein zu stiften.

[230] Zitate siehe Schulamt 6.637, Gemeinnützige Tätigkeit unserer Stiftung, vom 31.03.1935; Institut für Stadtgeschichte, Frankfurt am Main, Webseite, Stadtchronik [Stand: Oktober 2018].

[231] Zitate siehe MA 9.478, Pflegamt, vom 24.01.1936; Oberbürgermeister, vom 17.11.1936; Scharf, Jahre, S. 10. Vgl. auch Moser, Taubstummen-anstalten, S. 427: „Erst mit der 'Heidelberger Erklärung' vom 9. Mai 1997 distanzierte sich der Berufsverband Deutscher Hörgeschädigtenpädagogen vom Verhalten der Kollegen im Dritten Reich und bat die Opfer um Verzeihung."

[232] Siehe Schmidt, Gegenwartsfragen, S. 11. Vgl. auch Moser, Taubstummenanstalten, S. 415: „Im Jahre 1935 ergriff das Reichsministerium für Wissenschaft, Erziehung und Volksbildung die Initiative mit einem Entwurf für einheitliche 'Richtlinien zur Aufstellung von Lehrplänen für die Taubstummenschule' und kündigte Leitsätze zu einer einheitlichen Lehrerausbildung an. ... doch sollte es noch bis 1943 dauern, bis gedruckte reichseinheitliche Lehrpläne vorlagen, die für die Praxis dann keine große Rolle mehr gespielt haben dürften."

[233] Nachweise siehe Stemmler, Müller; Fürsorgeamt 3.434, Verwaltungsordnung, vom 15.03.1940.

[234] Zitate siehe Schulamt 6.637, Verwaltungsbericht Rechnungsjahr 1936/37, vom 26.08.1937; Franke, Schule, [Bl. 1]; MA 5.586, Monatsbericht, Juni 1937, hier Gesamtbericht, Bl. 15. Der Dezernent im Bezirksverband Nassau, Fritz Bernotat, war involviert in die Zusammenlegung der Gehörlosenschulen, siehe Sandner, Verwaltung, S. 210 – Anm. 137.

[235] Nachweise und Zitate siehe MA 9.477, Bl. 39, Stiftung Taubstummenerziehungsanstalt, „Sachbearbeiter, Verw. Insp. Unger, Schulamt", vom 18.03.1938; MA 9.476, Bl. 82f., [Stempel:] „Pflegamt Taubstummen-Erziehungs-Anstalt Frankfurt a.M. Schulamt", vom 11.03.1937, durch Rechneiamt an Oberbürgermeister.

[236] Zitate und Nachweis siehe Schulamt 7.010, Jahresrechnung 1937 (1.4.1937 – 31.3.1938); Bundesarchiv R 1501/141374, S. 129; Schulamt 7.010, Verwaltungsbericht Rechnungsjahr 1946.

[237] Zitate siehe S6b/38-50, Stiftungsabteilung, vom 24.03.1939, Bl. 30ff.; Nicklas, Geschichte, S. 7.

[238] LWV, B 100 P 11, 1775 (1), Bl. 151f., 200; B 100 P 11, 1775 (2), vom 01.07.1938, Fragebogen vom 29.09.1938, Bl. 86f.; B 100 P 11, 1775 (3), Bl. 4-6.

[239] Zitate siehe DAL, 236 B/2, vom 08.04.1937, O.E. 3041; vom 24.04.1938, O.E. 3171; ZA EKHN, Best. 1, Nr. 4273, vom 12.05.1938; an Landeskirchenamt, vom 15.04.1940; vom 01.04.1943. Am Pfingstsonntag

1935 hatte es in der Nikolaikirche einen Gottesdienst zu einer „Reichstagung der Taubstummen Deutschlands" gegeben, siehe ebenda, an Ev. Propstei, vom 11.06.1935.

[240] Vgl. MA 5.586, Monatsberichte an Gauleiter, Müller vom 05.08.1937, S. 2.

[241] Nachweis und Zitate siehe Nicklas, Geschichte, S. 7f.; MA 3.076, Oberbürgermeister an Schulamt, vom 15.04.1940; Schulamt an Oberbürgermeister, vom 22.04.1940.

[242] Nachweise und Zitate siehe LWV, B 100 P 11, 1775 (1), Schule an Oberpräsident, vom 28.10.1943, Bl. 179verso; Vertreter des Landeshauptmanns an Müller, vom 15.11.1943, Bl. 179; HHStAW 405, 18886, Landesgehörlosenschule in Frankfurt a.M., Rückseiten von zwei Postern, Bl. 9, 14, 16, 26; Wikipedia, „Freiherr-von-Schütz-Schule" [Stand: 08.09.2018].

[243] Zitate siehe Städtisches Anzeigeblatt, 16.03.1945, Nr. 6; Fürsorgeamt 960, Schwerhörigenverein Frankfurt an Fraktionen der Stadtverordnetenversammlung, vom 07.01.1949, Anhang.

[244] Nachweis und Zitate siehe Schulamt 7.478, Niederschrift, vom 30.01.1941, „Punkt 3"; MA 3.076, vom 19.03.1942; Schulamt 7.239, Stiftung an Bauamt, vom 05.09.1944.

[245] Zitate und Nachweis siehe MA 9.477, Bl. 47, vom 09.02.1946; Fleischer/Naumann, Lehrstätten, S. 94; Stiftungsabteilung 676, Verwaltungsbericht, hier Bl. 4.

[246] Zitate und Nachweise siehe Schrapper, Muthesius, S. 182; Goethe-Universität, Personal- und Vorlesungsverzeichnis Sommersemester 1944, S. 4, 18 [im Internet]; Eckhardt, Einrichtungen, S. 134f.; Stein, Verwissenschaftlichung, S. 278f., 255; Polligkeit gab das Buch „Der nichtseßhafte Mensch" heraus, in dem Robert Ritter einen Artikel beisteuerte; MA Nachtrag 148, Bl. 100(rot) / 75(schwarz); Klingemann, Wiederaufbauplanung, S. 182f., 186; Broschüre zur Geschichte des Deutschen Vereins für öffentliche und private Fürsorge, [im Internet, Stand: November 2017]; siehe auch Mai, Rasse, S. 135, sowie Willing, Eiserhardt, S. 397.

[247] Siehe Herrmann-Hubert, Jugendfürsorge, S. 66-68, 74f.; Sandner, Nachkriegskarrieren.

[248] Nachweise siehe Hansen, Prestel, S. 479; Hansen, Wohlfahrtspolitik, S. 406; Hubert, Jugendfürsorge, S. 335; Heibel, Prestel, S. 300f.; Sandner, Roma, S. 16f.; MA 9.477.

[249] Zitat und Nachweise siehe Schulamt 7.478; Redaktion Webteam www.eve-rave.net Berlin[.] Pressemitteilung vom 28.02.2007 zur Drogenpolitik, [im Internet, Stand: November 2017]; MA 5.587, vom 02.05.1938: 3. Schulungstagung für Rauschgiftbekämpfung.

[250] Der Gedanke eines Kindergartens war schon 1918 vertreten worden für Kinder aus „weniger begüterten Familien", Haux, Fürsorge, S. 2. Es kam in Deutschland erst 2017 zu einer Schulderklärung der Evangelischen Gehörlosenseelsorge wegen ihrer Unterstützung der nationalsozialistischen Zwangssterilisationen von Gehörlosen, siehe Schulderklärung, Gehörlosenseelsorge.

[251] MA 3.076, Stadtrat Cordt, vom 13.08.1965.

[252] Siehe z. B. die Monatsberichte der Deutschen Bundesbank, 9, 1957, [September], [im Internet], S. 82, wonach Einlagenzinssätze für täglich fällige Gelder nur mit 1% verzinst waren, es jedoch für festverzinsliche Anlagen ab einem Monat über 3% und ab einem Jahr über 5% Zinsen gab; die Verzinsung „von Girokonten erfolgt zu den üblichen, vom Sonderausschuß Bankenaufsicht im Einvernehmen mit der Deutschen Bundesbank festgelegten Zinssätzen", Weisser, Lohn- und Gehaltszahlung, S. 41. Der Historikerin Tabea Hein sei für die Hinweise gedankt.

[253] Zitate siehe Schulamt 7.478, Sitzung Stiftungsvorstand, vom 11.04.1938.

[254] MA 9.477, Bl. 10.

[255] Stiftungsabteilung 676, Müller, vom August 1944, Betr.: Verwaltungsbericht 1943/4, Bl. 6.

[256] Zitate siehe MA 3.076, Stiftungsabteilung an Oberbürgermeister, vom 23.07.1965; Magistratsvortrag ohne Datum; Vereinigte Pflegämter, vom 29.02.1952; Schulamt 7.478, vom 28.02.1952.

[257] Siehe Fürsorgeamt 960, Stadtverordnetenvorsteher, vom 03.12.1949.

[258] Schulamt 7.471, Keller an Stiftungsabteilung, vom 05.03.1946.

[259] Nachweis und Zitate siehe MA 2.695, Abschrift, vom 15.10.1959; LWV, B 100-10 Nr. 2679, Frankfurter Rundschau, 19.11.1959; Frankfurter Neue Presse, 20.11.1959; vgl. ebenda, Darmstädter Echo, 07.10.1959.

[260] Zitate und Nachweis siehe Stiftungsabteilung 791; Schulamt 7.010, Rechnungsprüfungsamt an Rechneiamt-Finanzverwaltung, vom 17.11.1947.

[261] Zitate siehe Hild, Gehörlosenschule, S. 60; Fürsorgeamt 961, Verein zur Unterstützung von Taubstummen, vom 24.01.1959, Bl. 40.

[262] Wohlfahrtsamt 775.

[263] Zitate siehe MA 4.052, Bl. 67, Bericht, S. 40.

[264] Nachweis und Zitate siehe Nicklas, Geschichte, S. 8f.; Fürsorgeamt 4.404, vom 16.03.1973, Bl. 1.

[265] Scharf, Jahre, S. 14.

[266] Nachweise und Zitat siehe MA 3.076, Schulamt durch Stiftungsabteilung an Magistrat, vom 15.12.1967, [Bl. 2f.]; Fürsorgeamt 4.404, Magistratsvortrag; S3/N 1978, Frankfurter Stadt-Rundschau, vom 25.08.1970, Fotograf Hermann Wygoda; Scharf, Jahre, S. 15; Stiftungsabteilung 1.005, Jahresrechnung 1997, Bl. 1b; LWV, B 100-10 Nr. 2679,Taubstummenschule Friedberg, vom 07.11.1959.

[267] Siehe Scharf, Jahre, S. 16.

[268] Nach dem Zweiten Weltkrieg beschloß die Stadtregierung die Verwaltungsordnung der Stiftung, entschied über die Besetzung des Pflegamts, entsandte zwei Dezernenten als Vertreter, vollzog das Stadtschulamt die Finanzverwaltung, das Revisionsamt die Rechnungsprüfung und das Rechtsamt de facto die Stiftungsaufsicht.

[269] Zitate und Nachweise siehe Frankfurter Jahrbücher, 28.09.1833, Nr. 4, S. 40; Frankfurter Jahrbücher, Bd. 9, 18.02.1837, Nr. 13, S. 75f.; Haux, Fürsorge,S. 2; z. B. auch DAL, 236 B/2, vom 27.05.1929, O.E. 3664; vom 19.07.1937, O.E. 5115; vom 25.10.1937, O.E. 8837; vom 24.04.1938, O.E. 3171.

[270] Vatter, Kosel, S. 20. Siehe Haug, Nachrichten, S. 180f.: „Der Unterricht in der biblischen Geschichte wird zuerst nach Bildern ertheilt ... und werden damit Bibelsprüche verknüpft, worauf Herr Kosel großes Gewicht legt, indem sie die religiöse Grundlage des Taubstummen bilden sollen."

[271] Haux, Taubstummen-Erziehungsanstalt Frankfurt a. M., S. 385.

[272] Siehe Eröffnung, Neubaues, S. 8.

[273] Siehe HStAM, 152 Acc. 1938/9, 1574, mit Schülerlisten einschließlich ihrer Religionszugehörigkeit ab dem Schuljahr 1883/84.

[274] Zitate und Nachweise siehe Vatter, Jubiläum, S. 11, 17; Haug, Nachrichten, S. 178; Kruse, Taubstumme, S. 389; Vatter, Jubiläum, S. 17; Vatter, Bestehen, S. 18; Weise, Taubstummenanstalten, S. 134; Statistische Jahresübersicht 1905/06, Frankfurt 1906, S. 175; Statistische Jahresübersichten 1908/09, Frankfurt 1909, S. 74; 1909/10, Frankfurt 1910, S. 71; 1910/11, Frankfurt 1911, S. 69; 1911/12, Frankfurt 1912, S. 98; 1912/13, Frankfurt 1913, S. 82; 1913/14, Frankfurt 1915, S. 95; 1914/15, Frankfurt 1916, S. 81; S3/N 1978, Sonderabdruck Verwaltungsbericht Magistrat, 1916; Kallmorgen, Heilkunde, S. 120; Schulamt 7.221, Direktor an Fischer-Defoy, vom 31.01.1934; Statistisches Jahrbuch, S. 16f.; Nitschke, Bestehen, S. 4; Schulamt 6.637, Verwaltungsbericht Rechnungsjahr 1936/37, vom 26.08.1937; MA 4.052, Bl. 67, Bericht Bezirksverband Nassau 1938/1939, S. 40.

[275] Zitate und Nachweis siehe Eröffnung, Neubaues, S. 10; Kaiser, Erinnerungen, S. 15; Haux, Taubstummen-Erziehungsanstalt zu Frankfurt a. M., S. 5; S3/N 1978, Sonderabdruck Verwaltungsbericht Magistrat, 1915; MA V 916, Jahresrechnung 1920.

[276] Siehe Beiträge, Geschichte, S. 573, 580f.

[277] Die vorhandenen Angaben sind nicht vollständig, im Einzelfall widersprüchlich oder fehlerhaft und auf unterschiedliche Bezugsgrößen klassifiziert.

[278] Fotografien befinden sich (von der Büste Kosels) in Nitschke, Bestehen, S. 1, sowie in Scharf, Jahre, S. 4f., 7, 9, und zu Vatter auch Der Gehörlose, 72, 1943, S. 117.

[279] MA V 356, Bd. 1, Einlegeblätter mit Verweis auf 127-129, 132-132b, 133-133c.

[280] Zitate und Nachweise siehe Vatter, Jubiläum, S. 16; Vatter, Bestehen, S. 18; MA V 356, Bd. 1, Einlegeblätter; HStAM, 152 Acc. 1938/9, 1574 und 152 Acc. 1938/9, 1575. Karl Hiller wurde zu Beginn des Krieges als „Frankfurter Ritter des Eisernen Kreuzes" gerühmt, siehe Kleine Presse, 24.10.1914 [mit Fotografie] sowie auch Frankfurter Nachrichten und Intelligenz-Blatt, 25.10.1914 [im Internet].

[281] Zitat und Nachweise siehe Vatter, Jubiläum, S. 17; Vatter, Bestehen, S. 18; Wiederspahn, Malerkolonie, S. 161; HStAM, 152 Acc. 1938/9, 1574, Städtische Schuldeputation, vom 18.12.1897; siehe andere Informationen zu Hilpisch in DAL 236 B/1, vom 01.10.1888, O.E.5885, sowie zu Link, vom 10.12.1900, O.E. 6351.

[282] Siehe HStAM, 152 Acc. 1938/9, 1574 und 152 Acc. 1938/9, 1575.

[283] Zitate und Nachweise siehe Vatter, Bestehen, S. 18; Vatter, Jubiläum, S. 1, 11, 17; MA V 356, Bd. 1, Einlegeblätter mit Verweis auf 105, 109f., 113, 122f., 125-125b, 134-137; Staatshandbuch der Freien Stadt Frankfurt, 124, 1862, S. 101; HStAM, 152 Acc. 1938/9, 1574, und 152 Acc. 1938/9, 1575.

[284] MA V 356, Bd. 2, Bl. 47, Pflegamt an Personaldezernent, vom 06.05.1921.

[285] Zitate und Nachweise siehe S3/N 1978, Sonderabdruck Verwaltungsbericht Magistrat, 1915; 1917; MA V 356, Bd. 2, Bl. 5; 21f., 26, 28; HStAM, 152 Acc. 1938/9, 1575.

[286] Nachweise siehe MA V 356, Bd. 2, Bl. 29, 32-36, 43f., 54, 58, 61, 63a, 68f., 71, 84; HStAM, 152 Acc. 1938/9, 157.

[287] Zitate und Nachweis siehe Nitschke, Bestehen, S. 4; Schulamt 2.015, Taubstummenerziehungsanstalt an Schuldeputation, vom 12.04.1927; MA 9.478, Pflegamt, vom 24.01.1936; Oberbürgermeister, vom 17.11.1936; Schulamt 6.637, Pflegamt, vom 26.08.1937; MA 4.052, Bl. 67, Bericht Bezirksverband Nassau 1938/1939, S. 40.

[288] Zitat und Nachweise siehe Adreß-Buch von Frankfurt A.M. 1875, Frankfurt 1875, S. 738; Staatshandbuch der Freien Stadt Frankfurt, 126, 1864, S. 103; Adreß-Buch von Frankfurt A.M. [...] 1876, Frankfurt am Main 1876, S. 777; Schwartz, Familie, S. 97.

[289] Nachweise und Zitate siehe Vatter, Vatter, S. 374f.; Haux, Taubstummen-Erziehungsanstalt zu Frankfurt a. M., S. 3; Vatter, Jubiläum, S. 17; Vatter, Bestehen, S. 18; Vatter, Jahre, S. 74; Nicklas, Geschichte, S. 5; MA V 356, Bd. 2, Bl. 75b, Schuldeputation an Personaldezernent, vom 10.11.1925; MA 9.478, Pflegamt, vom 24.01.1936; Fürsorgeamt 960, vom 20.02.1951; Festschrift Stiftungsfest, [S. 14]; MA 8.864, Bl. 4, vom 24. Juli 1952.

[290] Nachweise und Zitate siehe Vatter, Jubiläum, S. 12f.; MA V 355, Bl. 107, vom 24.08.1922; Bl. 109, vom 31.03.1924; Bl. 100; Rechneiamt III

231, Bl.145, vom 31.03.1924; MA 9.477, Bl. 6, Magistratsbeschluß, vom 20.04.1932; Bermejo, Opfer, S. 335-340; MA 9.477, Bl. 4, 7f.; Fürsorgeamt 4.404, Oberbürgermeister an Härdtner, vom 06.05.1975.

FSC
www.fsc.org
MIX
Papier | Fördert
gute Waldnutzung
FSC® C083411

Zeitfracht Medien GmbH
Ferdinand-Jühlke-Straße 7
99095 Erfurt, Deutschland
produktsicherheit@kolibri360.de